"十四五"高等职业教育通识课程系列教材

劳动教育与实践

LAODONG JIAOYU YU SHIJIAN

王英杰　武海波◎主　编
贾雪瑞　路华普◎副主编

中国铁道出版社有限公司
CHINA RAILWAY PUBLISHING HOUSE CO., LTD.

内 容 简 介

本书以习近平新时代中国特色社会主义思想为指导，全面贯彻党的教育方针，坚持立德树人、培育和践行社会主义核心价值观，通过正确认识劳动内涵、正确认识劳动教育、积极参加校内劳动实践、积极参加职场劳动实践、积极参加社会劳动和家务劳动实践五个单元的学习与实践活动，把劳动教育贯穿在学校教育、家庭教育、社会教育的各方面，构建“学校、家庭、社会”三位一体的劳动教育体系，以及“德育、智育、体育、美育、劳育”五育并举相融合的模式，创新劳动教育模式和机制，落实增值评价，促进学生形成正确的世界观、人生观、价值观、劳动观，培养学生形成良好的劳动品质、劳动态度和劳动习惯。

本书将劳动教育的概念、理论和技术知识融入实践中，适合作为高等职业院校劳动教育与实践的教材。

图书在版编目（CIP）数据

劳动教育与实践 / 王英杰，武海波主编. -- 北京 : 中国铁道出版社有限公司，2025. 1. --（“十四五”高等职业教育通识课程系列教材）. -- ISBN 978-7-113-31759-1

Ⅰ. G40-015

中国国家版本馆CIP数据核字第20245PL409号

书　　名：劳动教育与实践
作　　者：王英杰　武海波

策　　划：何红艳　　**编辑部电话：**（010）63560043
责任编辑：何红艳　贾淑媛
封面设计：刘　颖
责任校对：刘　畅
责任印制：赵星辰

出版发行：中国铁道出版社有限公司（100054，北京市西城区右安门西街 8 号）
网　　址：https://www.tdpress.com/51eds
印　　刷：河北宝昌佳彩印刷有限公司
版　　次：2025 年 1 月第 1 版　2025 年 1 月第 1 次印刷
开　　本：787 mm×1 092 mm　1/16　**印张：**11.5　**字数：**251 千
书　　号：ISBN 978-7-113-31759-1
定　　价：39.00 元

前言

劳动是人类实践活动的一种特殊形式，是创造物质财富和精神财富的活动，是人维持自我生存和自我发展的唯一手段，是人类社会生存和发展的基础。

2020年3月，中共中央、国务院出台《关于全面加强新时代大中小学劳动教育的意见》强调：“劳动教育是中国特色社会主义教育制度的重要内容，直接决定社会主义建设者和接班人的劳动精神面貌、劳动价值取向和劳动技能水平。”2020年4月，人力资源和社会保障部在《关于加强技工院校劳动教育的实施意见》中提出：“结合技工教育特点，构建技工院校劳动教育体系，精准把握劳动教育基本原则和基本内涵，开展以‘新时代、新青年、新技能、新梦想’为特色的技工院校劳动教育。”2020年5月，《职业院校在实习实训教学中强化劳动教育的实施办法》中提出“落实立德树人根本任务，把劳动教育纳入人才培养全过程，以实习实训课为主要载体开展劳动教育”。2020年7月，教育部印发《大中小学劳动教育指导纲要（试行）》提出：“当前实施劳动教育的重点是在系统的文化知识学习之外，有目的、有计划地组织学生参加日常生活劳动、生产劳动和服务性劳动，让学生动手实践、出力流汗，接受锻炼、磨炼意志，培养学生正确劳动价值观和良好劳动品质。”

本书以习近平新时代中国特色社会主义思想为指导，全面贯彻党的教育方针，落实全国教育大会精神，坚持立德树人、培育和践行社会主义核心价值观，把劳动教育纳入人才培养全过程中，贯穿学校、家庭、社会各方面，将德育、智育、体育、美育、劳育相融合，紧密结合经济社会发展变化和学生生活实际，积极探索具有中国特色的劳动教育模式，创新劳动教育体制机制，注重劳动教育实效，实现知行合一、理实一体、增值评价，促进学生形成正确的世界观、人生观、价值观和劳动观。本书特点如下：

第一，弘扬劳动精神，实现五育并举。习近平同志发出“在学生中弘扬劳动精神”的号召，赋予新时代加强劳动教育的政治意义。本书以马克思主义劳动观为指导，通过正确认识劳动内涵、正确认识劳动教育、积极参加校内劳动实践、积极参加职场劳动实践、积极参加社会劳动实践五个单元的学习与实践，弘扬和践行劳动精神，实现德智体美劳五育并举。

第二，立德树人，彰显时代特色。把握育人导向，贯彻立德树人根本任务，以培养人才所需的劳动精神和职业素养为目标，以强化劳动认知和培养劳动技能为路径，以课堂实践和劳动典型案例分析为载体，通过深化产教融合、改革创新劳动教育方式，提高创造性劳动能力培养，用新视野、新角度、新方法诠释新时代的劳动情怀、劳动权益、劳动观念、劳动纪律、劳动品质、劳动素养和劳动精神。

第三，系统教学，遵循科学规律。本书通过学生劳动品德涵养、培育劳动情怀、塑造劳动文化、熟练专业技能、激励创新创业、提升职业素养、保护劳动权益、培育团队意识、认知社会责任、培养核心素养等维度，对劳动教育进行系统化设计，囊括了马克思主义政治经济学的劳动理论、心理学的知情意行理论、社会学的分工与合作理念、法学的权益保护知识等，力争全面、科学地构建劳动教育系统。同时尊重学校劳动教育的现实需求，通过科学技术手段将劳动教育与生产实践有机结合，让学生深入生活、接触社会、综合实践、出力流汗、接受锻炼、磨炼意志、培养合作。

第四，碎片化实施，保障劳育落地。遵循学生成长认知的科学规律，从人才培养到产业需求对接的角度，在教学管理、教育研究、课程建设、学生成长、校园文化等方向进行碎片化实施，开展诸如解读劳动概念、指明劳动方法、分析劳动案例、践行劳动活动、分享劳动成果等主题教育。同时，坚持以学生为主体、为中心的理念，以懂劳动、会劳动、爱劳动为引领，力求将劳动教育落实到教学中、生活中、活动中、家庭中和社会中，让学生在劳动过程中获得正确的世界观、人生观、价值观和劳动观的教育和引领，让学生积极主动地参与劳动、创造性地开展劳动，最终教育学生形成正确的劳动观念、劳动态度、劳动习惯等，实现劳动教育的全过程、全方位和全员育人。

本书由山西同文职业技术学院组织编写。王英杰和武海波担任主编，贾雪瑞、路华普任副主编，赵丽莉、毛亚娇、李研琼参与编写。其中，单元一由路华普编写，单元二由赵丽莉编写，单元三由毛亚娇编写，单元四由李研琼编写，单元五由武海波、王英杰、贾雪瑞编写。

全书贯彻“劳动创造美好生活，教育开启智慧人生”理念，编写中借鉴了众多学者的劳动教育研究成果和文献，在此向各位学者表示感谢！

由于时间仓促、水平有限，本书的疏漏和不足之处在所难免，希望广大读者不吝赐教，以使本书更臻完善。

编　者

2024年8月

目 录

学习笔记

单元一
正确认识劳动内涵

引 言

2020年3月20日，中共中央、国务院发布了《关于全面加强新时代大中小学劳动教育的意见》，要求把劳动教育纳入人才培养全过程，贯通大中小学各学段，贯穿家庭、学校、社会各方面，在大中小学设立劳动教育必修课程。

作为新时代职业院校的大学生，应深刻理解实施劳动教育的重要意义，正确理解劳动的内涵，了解有关劳动的法律法规，自觉投身到劳动实践活动中，牢固树立劳动最光荣、劳动最崇高、劳动最伟大、劳动最美丽的观念，具备满足生存发展需要的基本劳动能力，形成良好的劳动习惯。

通过本单元的学习，学生应正确理解劳动的内涵、马克思主义劳动观、社会分工与职业的关系。知道有关劳动的基本制度、有关劳动合同的法律知识、有关实习生的权益等，懂得劳动具有树德、增智、强体、育美的作用。

劳动格言

劳动是人类创造财富的源泉。

——马克思

我觉得人生求乐的方法，最好莫过于尊重劳动，一切乐境，都可由劳动得来，一切苦境，都可由劳动解脱。

——李大钊

在劳力上劳心，是一切发明之母。事事在劳力上劳心，便可得事物之真理。

——陶行知

教学目标

1. 知识目标——正确认识劳动的内涵、马克思主义劳动观、社会分工与职业、劳动基本制度、劳动合同、实习权益、“五育”之间的关系等基础知识。

2. 能力目标——学会运用社会分工与职业的知识，提升职业生涯规划能力；学会与用人单位签订劳动合同，维护自身劳动权益；学会与实习单位签订实习协议，维护自身实习权益。

3. 方法目标——学会用马克思主义的基本原理和方法论分析解决问题；学会

学习笔记

用思维导图等方法总结本单元所学知识；学会用理论联系实际的方法，通过联系社会实际理解本单元内容。

4. 素养目标——学生在学习与劳动实践过程中，要逐步形成适应终身发展和社会发展需要的学习能力、劳动能力、劳动习惯、劳动品质、劳动精神以及良好的核心素养。树立正确的劳动观，培养积极的劳动情感与态度，养成热爱劳动、积极参与社会劳动实践的好习惯。明白劳动只有分工不同，没有高低贵贱之分，树立崇高的职业理想，懂得用劳动法维护自身合法权益。

主题一 正确认识劳动

一、为什么要劳动

一些大学生认为，科学技术的进步极大地解放了生产力，机器代替了许多人力，人民的生活水平有了很大提高，今后就不再需要辛勤劳动了；还有些学生认为，学生的主要任务是学习，只要学好专业知识就可以了，参加劳动会占用学习时间，影响学习。这些学生的观点从表面上看似乎有一定道理，但只要仔细思考就会明白这些都是错误的劳动观。无论科技多么进步，社会多么发展，人类社会都离不开劳动。

第一，劳动是人类社会存在和发展的最基本的条件。劳动在人类形成过程中，起到了决定性作用。人类的祖先猿,是经过长期劳动才成为能制造工具的人。没有劳动，就没有我们人类和人类社会。无论历史上哪个时期，都是广大人民群众的劳动推动了社会的进步和发展。在科技高度发达的今天，要想取得社会各个领域的新突破，在激烈的世界竞争中立于不败之地，同样离不开劳动，否则我们的社会就会停滞不前，甚至倒退。

第二，劳动是人维持自身生存和发展的基本条件。任何人要想在社会上生存和发展，都离不开自己的辛勤劳动，只有通过劳动才能真正实现自己的人生价值，实现人生幸福。在劳动过程中,个人的身体会得到锻炼,精神上会因创造了价值而感到满足，从而有益于身心健康发展。那种有不劳而获的思想，靠剥削他人劳动成果的人，或许能获得短暂的物质上的满足，却很难体会到因自我创造价值而获得的满足感。

二、劳动的定义

劳动,是人类实践活动的一种形式,多指创造物质财富和精神财富的活动。在《中国大百科全书（哲学卷）》中，劳动被定义为“是人类特有的基本的社会实践活动，也是人类通过有目的的活动改造自然对象并在这一活动中改造自身的过程”。

恩格斯在《劳动在从猿到人转变过程中的作用》一文中指出，在一定意义上说，“劳动创造了人本身”。

从哲学高度看，劳动是主体、客体和意义的内涵集成体。劳动是人类运动的一种特殊形式。在商品生产体系中，劳动是劳动力的支出和使用。马克思给劳动下了这样

学习笔记

的定义："劳动力的使用就是劳动本身。劳动力的买者消费劳动力，就是让劳动力的卖者为其提供劳动。"

劳动的本质是人类与自然界相互作用的过程，通过劳动，人们将自然界中的资源转化为可使用的产品和服务。劳动包含着人类对世界的改造和创造活动，也体现了人类的智慧和创造力。

三、劳动的要素

劳动的要素包括：劳动力、劳动对象、劳动资料。劳动力要素就是明确劳动目的、知道劳动内容及方式方法的劳动者；劳动对象包括用于生产的自然物、原材料等；劳动资料包括劳动工具、动力系统、运输系统、信息传递系统和劳动场所等。

劳动力是生产中的能动因素，劳动资料和劳动对象的总和构成生产资料，是生产中不可缺少的物质条件。劳动过程必须具备劳动对象、劳动手段和劳动力三个基本要素。只有这三者紧密结合，才能实现劳动过程的高效、高质和高产。

四、劳动的分类

（一）体力劳动、脑力劳动和生理力劳动

劳动是人类运动的一种特殊形式，为了确定劳动的分类方法，首先应对人类运动的形式进行分类。人类机体是由众多生理系统、组织或细胞有机组合而成的，其中每一个系统、每种组织和各类细胞相互联系、相互作用、各司其职，井然有序地通过新陈代谢来完成各种生理、心理和精神功能，以维持和发展整个机体复杂的生命运动。我们可以把人类机体的各组成部分完成规定功能的过程称为人的主体运动。从不同的观察角度来看，人的主体运动可分为若干种不同形式。根据控制方式的不同，可分为自主运动与随意运动；根据参与运动的主流系统的不同，可分为体力运动、脑力运动与生理力运动。体力运动是指以人体肌肉与骨骼的运动为主，以大脑和其他生理系统的运动为辅的主体运动，如步行、挑水等。脑力运动是指以大脑神经系统的运动为主，以其他生理系统的运动为辅的主体运动，如思考、记忆等。生理力运动是指除了体力运动和脑力运动以外的其他形式的主体运动。

按照传统的劳动分类理论，劳动可分为体力劳动、脑力劳动和生理力劳动。

体力劳动是劳动者以运动系统为主要运动器官的劳动。以生产生活资料和生产资料为主的农民、工人等的劳动属于体力劳动。从人类劳动的演变史来看，劳动是在一个需求和生产体系中不断发展的，不同社会形态的劳动往往有不同的重点和特征。农业社会的农业劳动主要是人的体力借助自然力作用于动植物的劳动，它基本上是动手与动脑相统一的、以体力劳动为主的劳动。工业社会的劳动主要是制造业劳动，其特征是运用生产工具对初级产品进行加工，动手和动脑的社会分工日趋明显。后工业社会或信息社会的劳动是以生产无形产品（非实物使用价值）的服务性劳动为主体的劳动。随着社会的进步，体力劳动与脑力劳动又进一步分离。体力劳动者越来越从属于脑力劳动者，体力劳动在奴隶社会与脑力劳动的相对分离表明，人类在调整自身与自

学习笔记

然的关系、提高认识自然的能力的进程中，起步是多么的艰难，代价是多么的沉重，而影响又是多么的巨大。虽经沧桑，但到如今，体力劳动仍在全人类劳动中占较大比重。

脑力劳动是劳动者以大脑神经系统为主要运动器官的劳动，以脑力消耗为主，其特征在于劳动者在生产中运用的是智力、科学文化知识和生产技能，故亦称“智力劳动”，智力具有无限的广延性和创造性，容量极大，具有明显的历史继承性和积累性，因此脑力劳动是质量较高的复杂劳动。脑力劳动主要体现于劳动者的科学文化知识、生产技能和经验。第二信号系统的形成与发展是脑力劳动得以产生的前提条件，低等动物的大脑由于不具备第二信号系统，不能相对独立地进行脑力劳动，它只是为体力劳动或其他劳动提供必要的本能控制信号，从属于其他形式的劳动，因此脑力劳动是只有人类才具有的运动形式。

生理力劳动是劳动者以除运动系统及大脑神经系统以外的其他生理器官为主要运动器官的劳动。广义地讲,生理力劳动是一切生物都具有的劳动形式。对于动物来说，有消化运动、呼吸运动、血液循环运动、生殖运动、分泌运动与神经运动等。任何形式的生理力运动都可归结于细胞的运动，而细胞的运动实际上就是一个物质和能量代谢的过程，人的生理系统通过一定的生理力运动对所获取的食物进行消化、吸收、传输和能量转换，为整个生理系统的正常运行提供所需的物质和能量，以保证机体协调一致地运行。

一般的人类劳动由脑力劳动、体力劳动和生理力劳动按照不同的比例关系组合而成。通常意义上的脑力劳动是指那些脑力劳动占主要比例的复合劳动，体力劳动是指那些体力劳动占主要比例的复合劳动，生理力劳动是指那些生理力劳动占主要比例的复合劳动。例如，人口的生产过程虽然以生理力劳动为主，但也伴随着一定的体力劳动和脑力劳动。

（二）日常生活劳动、生产劳动和服务性劳动

按照劳动的内容来划分，劳动可以分为日常生活劳动、生产劳动和服务性劳动。

2020 年 3 月 20 日，中共中央、国务院发布了《关于全面加强新时代大中小学劳动教育的意见》，根据劳动教育目标，针对不同学段、类型学生的特点，要求以日常生活劳动、生产劳动和服务性劳动为主要内容开展劳动教育。那么，为什么要突出强调这三类劳动教育呢?

这是根据马克思主义劳动观分类的。马克思将劳动分为生产劳动和非生产劳动，相应地将劳动教育分为生产劳动教育和非生产劳动教育。考虑到劳动教育内容的针对性和可行性，因此又将非生产劳动教育分为日常生活劳动教育和服务性劳动教育。其中，日常生活劳动注重在学生个人生活自理中强化劳动自立意识，体验持家之道，这也是学生健康发展、适应社会生活的重要基础；服务性劳动具有较强的时代特点，注重利用知识、技能、工具、设备等为他人和社会提供服务，特别是在公益劳动、志愿服务、社会实践中强化社会责任，培养良好的社会公德和家国情怀。

这三类劳动教育内容不同，但从总体上看，三者都很重要，不能偏废。

日常生活劳动是指为满足日常生活需求而从事的劳动。主要包括清洁与卫生、整理与收纳、烹饪与营养、家用器具使用与维护等。日常生活劳动教育重点培养学生最基本的生活技能和适应社会的生存能力与自理能力，为他们从事生产劳动和服务性劳动打下良好的基础。

生产劳动是指劳动者借助劳动资料，使自己的劳动作用于劳动对象，按照预定的目的生产某种产品的活动。生产劳动主要包括农业生产劳动、传统工艺制作、工业生产劳动、新技术体验与应用等。生产劳动教育的关键在于，让学生利用自己所学的科学文化知识，以及一定的工具、材料、技术、体力和脑力作用于劳动对象，参加力所能及的体力、脑力劳动，体验出力流汗和动脑的劳动过程。生产劳动注重让学生通过劳动过程感受科学技术的发展和进步，引导学生亲身经历并明白劳动创造的财富和价值，了解劳动成果的来之不易，培养学生热爱劳动、尊重劳动、尊重劳动者的良好品格，形成正确的劳动观。

服务性劳动有广义和狭义两种概念。广义的服务性劳动，把社会的分工与协作都看成彼此提供服务。狭义的服务性劳动，同农业劳动、工业劳动、商业劳动等专业劳动相并列，是社会分工的产物，因而服务性劳动亦称服务业劳动。服务性劳动主要包括现代服务业劳动、公益劳动和志愿服务等，其主要让学生学会利用知识、技能等为他人和社会提供服务。服务性劳动教育旨在培养学生的社会责任感、家国情怀和奉献精神，提高学生对生存意义和社会价值的认识，为未来自觉服务社会、服务他人奠定基础。

另外，高等学校要注重围绕创新创业，结合学科和专业积极开展实习实训、专业服务、社会实践、勤工助学等，重视新知识、新技术、新工艺、新方法的应用，创造性地解决实际问题，使学生增强诚实劳动意识，积累职业经验，提升就业创业能力。同时，引导学生树立正确的择业观和劳动观，具有到艰苦地区和行业工作的奋斗精神，懂得空谈误国、实干兴邦的深刻道理；注重培育学生形成公共服务意识，使学生具有面对重大疫情、灾害等危机主动作为的奉献精神。

拓展知识

“劳动”的起源

“劳动”最早见于《庄子·让王》篇：“春耕种，形足以劳动；秋收敛，身足以休食。”这句话中的“劳动”与“休食”对言，指“活动身体”。

《三国志》中的《华佗传》有这样一段记载：

华佗告诉广陵人吴普说：“人的身体应该劳动，但是不要太过分。身体活动了就容易消化，血脉流通，不会生病。门窗的框，因为经常动，不会朽，就是这个道理。”吴普听了华佗的话，身体力行，活到 90 多岁还耳目聪明。

这里的“劳动”是“体育活动”的意思。

学习笔记

"劳动"一词也见于白居易的诗："劳动故人庞阁老，提鱼携酒远相寻。"这里的"劳动"有"有劳了"和"感谢"的意思。

主题二 正确认识马克思主义劳动观

什么是劳动观？劳动观是人们对劳动的根本看法和观点，包括关于劳动的目的、劳动的价值、劳动的意义以及对待劳动的态度。劳动观也并不是一成不变的，是随着时代变迁，顺应时代发展而变化的。科学的劳动观一定是符合历史发展的客观规律的。人们只有树立了正确的劳动观，才能真正地懂得尊重劳动人民，更好地珍惜劳动成果，积极主动地投入劳动实践中，为社会创造价值，实现人生幸福。

一、马克思主义劳动观

马克思主义劳动观是马克思主义理论体系的重要组成部分，是马克思主义理论研究的基础，主要包括以下三个基本观点：

第一，人是劳动的产物，劳动创造了人类生存所必需的全部物质条件和精神条件。劳动是人的生命存在和全部社会活动的前提，作为生命存在的人要解决吃、穿、住等生活问题，因此，人必须从事生产劳动，通过劳动改造自然，从大自然中获取生活资料。

第二，劳动是人类全部社会关系形成和发展的基础。人们在劳动过程中，一方面同自然界发生关系，另一方面在人们之间又结成了生产关系。

第三，劳动是促使社会历史发展的根本推动力量。社会发展的最终决定力量不是精神、意志、神灵，而是人的劳动实践。

马克思认为劳动是一种自由自觉的创造性活动，是自由的生命表现。是劳动创造了人，劳动与人类社会历史共始终。劳动是具体的社会历史活动，劳动也具有超越社会历史的性质。在马克思看来，人不是理性的动物，而是劳动的动物，将人类与动物相区别的，不是理性而是劳动。

马克思主义劳动观也是创立唯物史观和剩余价值学说的基础。从人类自身的起源和发展来看，劳动都具有决定性作用。构成人类赖以存在的现实世界的关键要素之一正是人的劳动，而且这种劳动并不是抽象层面的劳动，而是作为人类实践活动最基本形式的生产劳动，这是区分人与动物的关键。

首先，劳动创造了人。人类在劳动过程中开始越来越多地体现自己的主观能动性，将人类从动物界分离出来的就是这种有意识的劳动过程。这种特有的活动形式，其目的在于改造自然界以满足自身需求。所以马克思认为，通过劳动，人类就可以证明自身的诞生和形成。

其次，劳动创建了人类社会。劳动在人类社会发展中具有基础性作用。为了生存，人类必须生产劳动，以获得生存所必需的物质资料。劳动是社会中的劳动，在物质生产劳动中人们会结成一定的社会关系，即产生了社会，在其现实性上，社会就是个人

学习笔记

彼此间关系的总和。当人开始生产生活资料，即迈出由肉体组织所决定的这一步时，人本身就开始把自己和动物区别开来。

二、新时代马克思主义劳动观

党的十八大以来，在继承和发展马克思劳动观的基础上，我们党逐步形成了新时代马克思主义劳动观。因而，厘清其内涵和价值，对维护劳动者主体地位、促进社会财富更加公平合理分配、发展和谐劳动关系具有重要意义。马克思主义劳动观要求我们必须深刻把握劳动对于促进人类进步、引领经济社会发展的重要作用，并结合我国具体国情，将新时代马克思主义劳动观贯彻落实到社会主义现代化建设实践全过程的各方面。

习近平总书记指出："我们一定要在全社会大力弘扬劳模精神、劳动精神，大力宣传劳动模范和其他典型的先进事迹，引导广大人民群众树立辛勤劳动、诚实劳动、创造性劳动的理念，让劳动光荣、创造伟大成为铿锵的时代强音，让劳动最光荣、劳动最崇高、劳动最伟大、劳动最美丽蔚然成风。"

三、当代大学生如何树立正确的劳动观

大学生毕业后进入社会，将成为国家的中坚力量，他们的劳动观和劳动态度的正确与否，直接关系到国家的发展和个人的成就。然而，当前社会上存在着一些大学生对劳动的认识和态度存在偏差的现象，有必要引起我们的重视。那么，当代大学生应该如何树立正确的劳动观和劳动态度呢？

首先，大学生要认识到劳动的重要性。劳动是人类社会发展的源泉，没有劳动就没有社会的进步。大学生要明白，只有通过劳动才能创造财富，实现自身的价值。劳动不仅仅是为了挣钱，更是一种锻炼自身能力、增长知识的途径。因此，大学生要树立正确的劳动观，将劳动看作是实现自身价值的重要途径。

其次，大学生要具备积极的劳动态度。劳动是一种责任，是一种对社会和他人的贡献。大学生要具备勤奋、细心、负责任的态度，对待自己的工作要有积极的态度，不怕辛苦，不怕困难。只有积极投入到劳动中，才能够发挥自己的优势，更好地实现自我价值。

再次，大学生要树立正确的劳动道德观。劳动不仅仅是为了自己，更是为了社会和他人。大学生要具备诚信、守时、团队合作等良好的劳动道德。要尊重他人的劳动成果，不抄袭、不剽窃，要遵守劳动纪律，不懈怠、不偷懒，要善于与他人合作，共同完成劳动任务。只有树立正确的劳动道德观，才能建立和谐的劳动关系，促进工作的顺利进行。

总的来说，大学生要认识到劳动的重要性，具备积极的劳动态度，树立正确的劳动道德观。只有这样，才能够在今后的工作中取得更好的成绩，为国家繁荣做出更大的贡献。

学习笔记

拓展知识

马克思简介

卡尔·马克思（1818 年 5 月 5 日—1883 年 3 月 14 日），全名卡尔·海因里希·马克思（Karl Heinrich Marx），出生于特里尔，马克思主义的创始人，第一国际的组织者和领导者，马克思主义政党的缔造者，全世界无产阶级和劳动人民的革命导师，无产阶级的精神领袖，国际共产主义运动的开创者，德国的思想家、政治学家、哲学家、经济学家、革命理论家、历史学家和社会学家。

1847 年，与恩格斯一起参加了“正义者同盟”（后改为“共产主义者同盟”），并合著了同盟宣言——《共产党宣言》。1859 年，发表《政治经济学批判》。1864 年，参加了“第一国际”成立大会，成为该组织领袖。1867 年，发表经济学巨著《资本论》第一卷，阐明剩余价值理论，揭示了资本主义社会的经济运动规律。后完成《资本论》第二、三卷。他创立的剩余价值理论和历史唯物主义，被恩格斯称为两项伟大的发现。

主题三 认知社会劳动分工与职业

在社会生活中，有救死扶伤的白衣天使，有教书育人的人民教师，有辛勤耕耘的农民，有吃苦耐劳的工人，有为人民服务的公务员，有刻苦钻研的科学家，还有戍守边关的战士……

他们都是社会主义祖国的劳动者，他们都坚守在自己的工作岗位上，维护着我们社会的正常运转。之所以会有这么多不同的劳动者，主要是由于社会分工的不同。那么什么是社会分工？为什么会出现社会分工？社会分工有什么意义？社会分工和职业有什么关系？学习了本主题的内容，相信同学们一定会豁然开朗。

一、社会分工的定义

社会分工是指在社会组织中，人们根据自身的能力、技能、知识和兴趣，在特定的职能领域内进行专业化的工作分配。

二、社会分工的产生

社会分工是在自然分工基础上，随着生产力的发展而逐步形成的。自然分工是指自然的、生理的因素形成的关系，是分工发展的第一阶段。

分工的产生是由于群居生活，为使群体能够生存下去，就要提高群体中各种工作效率，因而产生分工，最早的分工是自然分工。许多群居的动物，都存在自然分工，蚂蚁便是一种典型的自然分工的动物。

蚂蚁是一种群居动物，在一个群体里有多个种类，相应的，也有不同的分工。蚂蚁具有社会性昆虫的特点，即同种类的个体之间会相互合作共同照顾幼体，具有明确

学习笔记

的劳动分工。蚂蚁的分工一般有五类：蚁后、雌蚁、雄蚁、工蚁、兵蚁。它们分工明确，蚁后、雌蚁及雄蚁一般负责繁育，蚁后还会管理蚁群，工蚁主要负责寻找食物，兵蚁主要负责保护蚁巢。

在原始社会，人类的劳动也主要是自然分工。成年男子从事捕猎等劳动，妇女从事采集和原始种植等劳动，老年人指导生产，小孩帮助妇女劳动。在近代农业和手工业中，也存在自然分工，是与社会分工相对应的一对范畴。这种最简单的分工形式，能够发挥个人的身体特长，使劳动生产率有所提高。自然分工在近代一些农民和手工业者家庭中依然存在。随着生产力的发展，自然分工不能在更大范围内和多样化的劳动中实行，因而逐渐失去意义，被社会分工所取代。

三、社会分工的意义

（1）社会分工有利于提高工作效率，促进个人专业化发展。

社会分工使得每个人都可以专注于自己的专业领域，充分发挥自己的特长和技能，从而提高生产效率。例如，在一个工厂中，不同的工人可以分工协作，每个人只需要完成自己专业领域内的工作，就可以生产出高质量的产品。

（2）社会分工有利于促进经济发展和社会进步。

社会分工可以使人才和资源得到合理配置，实现资源的优化配置，提高生产效率和产品质量，从而促进经济发展。例如，在一个国家中，可以使不同的地区分工合作，使得各地区能够根据自身资源和优势生产出不同的产品，形成区域经济的互补和协作。

（3）社会分工有利于促进交流合作，实现社会和谐稳定。

社会分工可以实现各个群体之间的协作和合作，促进社会的和谐和稳定。例如，在一个国家中，不同的职业和群体可以分工协作，共同完成各种重要的任务和工作，从而促进社会的发展和进步。

在一个团体内，如果分工不明确，团队成员不明白自己的工作职责，就会存在当我想干什么的时候，发现很多工友也想干同样的事，这样就会造成很大的内耗。只有团队沟通好了，分工明确了，让团队成员知道自己应该做什么，各司其职，才能更好地促进团队内部的和谐稳定，从而有利于团队的发展。

四、三次社会大分工

恩格斯在《家庭、私有制和国家的起源》一书中提出的发生在东大陆原始社会后期的三次社会大分工，即：游牧部落从其余的野蛮人群中分离出来，手工业和农业的分离，以及商人阶级的出现。

（一）第一次社会大分工——游牧部落从其余的野蛮人群中分离出来

第一次社会大分工是畜牧业和农业的分工，发生于原始社会后期。这次社会大分工促进了劳动生产率的提高，引起了部落之间的商品交换，为私有制的产生创造了物质前提。

学习笔记

人类在早期的征服自然过程中，有些部落学会驯养动物以取得乳、肉等生活资料，随着较大规模畜群的形成，这些部落就主要从事畜牧业，使自己从其余的野蛮人群中分离出来，成为游牧部落。游牧部落生产的生活资料不同于其他部落，数量较多，从而促进了交换的发展，使经常的交换成为可能。放牧一群牲畜，只需要少数人，于是，个体劳动代替了共同劳动，相应地出现了私有制，家庭也随之发生了变化。男子从事的畜牧业成为谋生的主要手段。男子在家庭中取得了统治地位。后来，农业和手工业也有所发展，谷物成为人类的食物，出现了织布机和青铜器，人们开始掌握矿石冶炼和金属加工。一切部门生产的增加，使人的劳动力能够生产出超过劳动力所必需的产品。于是战俘不再被杀掉，而被吸收为劳动力，成为奴隶。这样，就零散地出现了奴隶制。第一次社会大分工的结果产生了第一次社会大分裂，社会分裂为两个阶级：主人和奴隶、剥削者和被剥削者。

（二）第二次社会大分工——手工业和农业的分离

第二次社会大分工是手工业和农业的分工，发生于原始社会末期。这次社会大分工促进了劳动生产率的进一步提高，促使私有制形成。

铁制工具的使用和生产技术的进步，促进了农业的发展和劳动生产率的提高，也使手工业向多样化发展。如此多样化的活动已经不能由一个人来进行了，于是发生了第二次社会大分工，手工业从农业中分离出来。随着第二次社会大分工，出现了直接以交换为目的的商品生产。交换的发展，使贵金属成为占优势的货币商品。在社会上一旦出现了货币财富，它便成为人们追求的对象和重要的生活目的，一些人会想方设法积累财富。在剩余产品逐渐增多的情况下，提高了人的劳动力的价值，在前一阶段还是零散现象的奴隶制，成为社会制度的本质组成部分。

（三）第三次社会大分工——商人阶级的出现

第三次社会大分工是出现了不从事生产、专门从事商品交换的商人阶级，它发生于原始社会瓦解、奴隶社会形成的时期。

由于商品交换的发展，出现了一个不从事生产、只从事交换的商人阶级。他们作为生产者之间的中间人，促进商品生产，并取得了生产的领导权。交换的发展产生了金属货币。货币借贷、利息和高利贷也相继出现。土地私有权被牢固地确立起来，土地完全成为私人财产，它可以世袭、抵押以至出卖。除了自由人和奴隶的差别以外，又出现了富人和穷人间的差别。这是随着新分工产生的新的阶级划分。财富更加集中，奴隶人数增多，奴隶的强制性劳动成为整个社会的经济基础。由于有了阶级对立，于是产生了国家。

恩格斯对于三次社会大分工的论述，是与他把人类社会划分为蒙昧时代、野蛮时代、文明时代的论述相结合的。三次社会大分工发生于野蛮时代的中后期，经过这三次大分工（见图 1-1），人类进入文明时代。

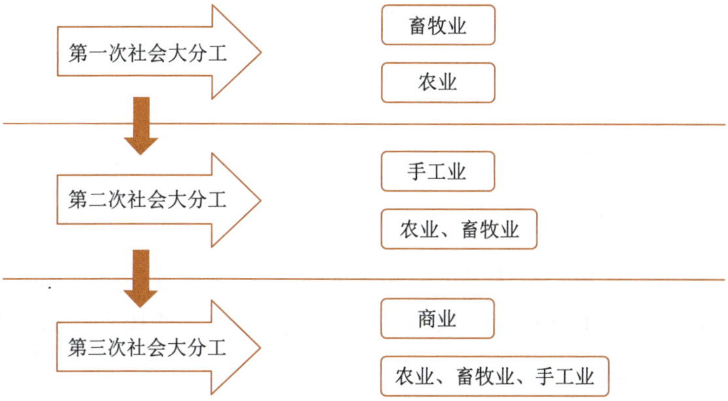

图 1-1　人类历史上三次社会大分工

学习笔记

五、职业理想与社会分工

（一）职业的定义

职业是参与社会分工，利用专门的知识和技能，为社会创造物质财富和精神财富，获取合理报酬，作为物质生活来源，并满足精神需求的工作。

（二）职业的产生

职业是人类生产力进展到一定阶段的产物，是随着社会分工的产生而出现的。原始社会人们只能采集果实、外出打猎，为了获取食物从事原始的劳动活动。确切地说，这些活动还不能算真正意义上的职业，因为还没有固定从事某项特定工作的人群。随着人类征服自然能力的提高、社会生产力的逐步发展，人类社会产生了三次社会大分工。因为三次社会分工，便出现了人类社会最初的职业，如工匠、商人、农民等。

体力劳动和脑力劳动分工的出现，又逐渐产生了国家管理、技术发明、文学创作等多种职业。生产力发展使社会分工越来越细，职业也就越来越多。

（三）职业的特征

职业须同时具备下列特征：

（1）目的性，即职业以获得现金或实物等报酬为目的。

（2）社会性，即职业是从业人员在特定社会生活环境中所从事的一种与其他社会成员相互关联、相互服务的社会活动。

（3）稳定性，即在一定时期长期存在，大的形式变化不是很频繁。

（4）规范性，即职业必须符合国家法律和社会道德规范。

（5）群体性，即职业必须具有一定的从业人数。

（四）职业生活中的道德规范

社会主义职业生活中的基本道德规范以爱岗敬业、诚实守信、办事公道、服务群众、奉献社会为主要内容，鼓励人们在工作中做一个好建设者。

（1）爱岗敬业。爱岗敬业是最基本的要求，是职业道德基本规范的核心和基础。

学习笔记

（2）诚实守信。诚实守信既是做人的准则，也是对从业者的道德要求。

（3）办事公道。以公道之心办事，是职业活动所必须遵守的道德要求。

（4）服务群众。为人民服务是社会主义道德建设的核心。

（5）奉献社会。奉献社会是社会主义职业道德中最高层次的要求。

六、树立正确的职业观

大学生即将步入社会，成为新时代的劳动者，开始职业生活。树立正确的职业观对于他们未来的择业和工作都十分重要。那么，大学生应该树立什么样的职业观呢？应该从下面几方面考虑：

第一，树立职业平等观念。无论是政府机关的公务员，企业的领导，医院的医生，学校的教师，还是工厂里上班的工人，田野里劳作的农民，大街上的环卫工人等，他们都是社会主义祖国的建设者，只是社会分工不同，没有高低贵贱之分。大学生在择业时不应有职业歧视，应结合自己的实际情况和社会需求做出正确的选择。

第二，树立职业荣誉感与责任感。每一种职业都具有一定的社会责任。医生承担着救死扶伤的责任，教师承担着教书育人的责任，解放军承担着保卫祖国的责任，警察承担着维护社会安全的责任，清洁工承担着清洁城市的责任等。正是这种责任为某种职业带来了崇高的荣誉。作为大学生，不仅要看到某种职业所带来的光鲜亮丽的荣誉，更要明白这些荣誉背后所承担的社会责任。大学生只有真正明白其从事的职业所承担的社会责任，才能够真正地热爱这份职业，自觉地为其奉献青春和热血。

第三，树立注重兴趣观念。只要你对这份工作有浓厚的兴趣，就会有自驱力，即使薪水不高，你也会愿意去做。相反，如果你对这份工作没有兴趣，再高的薪水也无法激发你的动力去高质量地完成它。因此，在选择职业时，应该先考虑自己的兴趣和职业发展方向，针对性地去寻找符合这些条件的工作机会。

第四，树立注重个人成长观念。作为一名大学生，在选择职业时，应考虑这个职业是否能够给自己提供学习和成长机会。如果你选择的职业能够让你不断学习和成长，那么你将会在这个职业中获得更多的机会和成就感。

工作环境和企业文化是大学生择业时重点考虑的要素。工作环境和企业文化对于职业发展也非常重要。在选择职业时，应该考虑这个职业的工作环境和文化是否符合自己的要求。如果你选择的工作环境和文化不符合自己的期望，那么你可能会感到不适应或者不满意。

拓展知识

职业的分类

2022年7月，修订的《中华人民共和国职业分类大典》颁布。其中，职业分类结构包括大类8个、中类79个、小类449个、细类（职业）1 636个。

根据中国职业规划师协会定义：职业包含10个方向（生产、加工、制造、服务、

学习笔记

娱乐、政治、科研、教育、农业、管理)。

细化分类有90多个常见职业,如工人、农民、个体商人、公共服务、知识分子、管理、军人等。

第一产业:粮农、菜农、棉农、果农、瓜农、猪农、豆农、茶农、牧民、渔民、猎人等。

第二产业:瓦工、装配工、注塑工、折弯工、压铆工、投料工、物流运输工、普通操作工、喷涂工、搬运工、缝纫工、司机、木工、电工、修理工、普工机员、屠宰工、清洁工、杂工等。

第三产业:公共服务业(大型或公办教育业、政治文化业、大型或公办医疗业、大型或公办行政、管理业、管理人员、军人、公办金融业、公办咨询收费业、公办事务所、大型粮棉油集中购销业、科研教育培训业、公共客运业、通信邮政业、通信客服业、影视事务所、声优动漫事务所、人力资源事务所、发行出版业、公办旅游文化业、文员、家政服务业);个体商人(服务)业(盲人中医按摩业、个体药店、个体外卖、个体网吧、售卖商业、流动商贩、个体餐饮业、旅游住宿业、影视娱乐业、理发美容服务性行业、个体加工业、个体文印部、个体洗浴业、回收租赁业、流动副业等);综合服务业(房地产开发)。

主题四 认知基本的劳动制度

基本劳动制度包括劳动合同制度、集体合同制度、劳动保障制度、劳动用工制度和劳动仲裁制度等。根据《中华人民共和国劳动法》规定，这些制度适用于中华人民共和国境内的企业、个体经济组织（以下统称用人单位）和与之形成劳动关系的劳动者，国家机关、事业组织、社会团体和与之建立劳动合同关系的劳动者也适用这些制度。

一、劳动合同制度

专门规范劳动合同的制度，称为劳动合同制度。劳动合同与每一个劳动者息息相关，是每一个劳动者走上工作岗位与用人单位发生劳动关系时都必须签署的协议。劳动合同的内容包括劳动者与用人单位经过平等协商后达成的关于权利和义务事项的条款。

中国的劳动合同制度从20世纪80年代中期开始试点，在20世纪90年代得到大力推行，至今已在城镇各类企业中广泛实施。《中华人民共和国劳动合同法》规定：用人单位与劳动者依法建立劳动关系，应书面订立有固定期限、无固定期限或以完成一定的工作为期限的劳动合同；在订立劳动合同过程中，劳动关系双方必须遵循平等自愿、协商一致的原则。实行劳动合同制度，明确了劳动者与用人单位双方的权利和义务，保障了劳动者择业自主权和用人单位的用人自主权。

学习笔记

（一）劳动合同制度的作用

劳动合同法律制度，是通过平等自愿、协商一致的原则，确立劳动者与用人单位之间稳定和谐劳动关系的制度，是通过劳动合同明确双方权利和义务，保护双方合法权益的制度。劳动合同制度的建立，从源头上规范了企业用工行为。劳动合同制度是劳动社会保障工作的基础工作。通过劳动合同制度来保护劳动者和用人单位双方的合法权益、调整好劳动关系、加强企业管理、提高劳动者的生产积极性、促进经济发展和社会进步的事实越来越被人们肯定。

（二）劳动合同制度的意义

（1）实行劳动合同制度可以促进劳动力资源的合理配置。

我国曾实行以固定工为主的劳动合同制度。由于需求单位没有录用职工的自主权，只有按国家规定的指标安置职工的义务，导致就业者无法选择最适合自己条件的就业岗位。这种制度使得用人单位不可能根据生产的情况与市场的变化调配劳动力数量，也使劳动者个人不能做到人尽其才，造成劳动力资源不能合理配置，导致经济效益差。如果实行了劳动合同制度，就能消除旧的用工制度的这种弊端，使用人单位真正行使劳动用人自主权，它可根据市场情况与企业发展需要，合理选择和录用劳动者，并与劳动者签订有期限的劳动合同，灵活地变动职工的数量和结构，同时，劳动者也有了选择职业的自主权，可根据市场需求情况与自身条件选择职业，从而使劳动力资源得到合理配置。

（2）建立劳动合同制度可以增强劳动者的竞争意识和促进劳动者自身素质的提高。

实行固定工制度，只要工作指标下达，不管劳动者是否具有适合生产力发展需要的劳动能力，只要到了一定年龄就可就业。到了某个经济组织就业后，即使单位不需要，也只能养着不能辞退。而且劳动者成为固定工后，不管他的劳动态度好坏、技术水平高低，用人单位都一聘到底，这就是人们常说的“铁饭碗”。这种缺乏竞争机制的劳动用工制度阻碍了劳动者的积极性、主动性和创造性的发挥，不利于劳动者自身素质的提高。而建立劳动合同制度后，就解决了固定工制度的这个弊端，即用人单位对劳动者择优录用，择业选优必须通过市场机制加以实现，这必然增加劳动者的竞争意识，促进劳动者自身素质的提高。

（3）实行劳动合同制度有利于调动劳动者的积极性和创造性。

用人单位在与劳动者订立劳动合同时，便将有关劳动者利益的内容（如劳动报酬、劳动保护、劳动条件、其他福利待遇等）与本单位的经营状况紧密挂钩，使职工在上岗前就明确地知道企业与职工的关系。这就增强了职工的主人翁责任感，极大地调动了劳动者的积极性与创造性。

（4）实行劳动合同制度是维护劳动者权利与义务、体现劳动者主人翁地位的法律保障。

劳动合同是有能力的劳动者实现劳动权利和履行劳动义务的一种重要的法律形

式。劳动者与用人单位签订劳动合同后，就意味着劳动者自身应该享有的劳动权利和应该履行的劳动义务都被纳入了国家法律管理和保护的体系中，使得劳动者在尽职尽责履行义务的前提下，其合法权益得到了切实的保护。

二、集体合同制度

集体合同制度形成于 19 世纪初中叶，而现代意义的集体合同制度实际上完善于 20 世纪中叶，现在已成为世界各国调整用人单位和员工之间关系的最主要和最有效的手段，被各国普遍采用。

集体合同制度，是一种法律制度，在市场经济国家通常被称作集体谈判制度。集体合同制度是指用人单位职工一方与用人单位就劳动报酬、工作时间、休息休假、保险福利、劳动条件、职业培训等双方共同关心的问题，依法经过谈判达成一致协议，以书面形式确定该用人单位劳动标准，用此协议规范劳动和劳动管理行为的法律制度。集体合同制度是当今国际上普遍采用的调整劳动关系的一项重要法律制度。

所谓集体合同，又称团体协约、集体协议等，是指工会或者职工推举的职工代表代表职工与用人单位依照法律法规的规定就劳动报酬、工作条件、工作时间、休息休假、劳动安全卫生、社会保险福利等事项，在平等协商的基础上进行协商谈判所缔结的书面协议。《中华人民共和国劳动合同法》第五十一条规定 ：“企业职工一方与用人单位通过平等协商，可就劳动报酬、工作时间、休息休假、劳动安全卫生、保险福利等事项订立集体合同。集体合同草案应当提交职工代表大会或者全体职工讨论通过。集体合同由工会代表企业职工一方与用人单位订立 ；尚未建立工会的用人单位，由上级工会指导劳动者推举的代表与用人单位订立。”可见，作为一种契约关系，集体合同是集体协商的结果。

三、劳动保障制度

劳动保障制度是劳动制度的一个重要组成部分，它是国家根据有关法律规定，通过国民收入分配和再分配的形式，对劳动者因年老、疾病、伤残和失业等而出现困难时向其提供物质帮助以保障其基本生活的一系列制度。劳动保障制度的主要功能是保证劳动者的职业安全，从而保证劳动者及其家庭生活稳定，保证整个社会经济发展和社会进步。

劳动保障制度所涉及的内容非常广泛，职工的生育保障、疾病保障、失业保障、伤残保障、退休保障、死亡保障等都是劳动保障制度的内容，其中失业保障制度和退休保障制度是劳动保障制度中两项最主要的制度。

四、劳动用工制度

劳动用工制度是指国家关于企业使用劳动力的各项政策规定，即使用工人的各项制度。大体可以分为两种基本类型，即固定工制度和临时工制度。它的主要内容有招收录用、工作期限、工作分配、劳动组织等。

学习笔记

五、劳动仲裁制度

劳动仲裁，是劳动诉讼的法定前置程序，是指劳动争议仲裁机构根据劳动争议当事人的请求，对劳动争议的事实和责任依法做出判断和裁决，并对当事人具有法律约束力的一种劳动争议处理方式。近年来，随着市场经济的发展和企业改革力度的加大，劳动争议案件大幅度上升。

申请劳动争议仲裁时，当事人应亲自或者书面委托代理人到有管辖权的仲裁委进行书面申请，按照申请书上的要求填写后递交给仲裁工作人员，然后等待是否受理通知。

拓展知识

劳动仲裁历史

1949年11月，中华全国总工会为了及时合理地解决当时私营企业存在的劳资争议，对劳动争议的协调、调解、仲裁和法院判决做出了规定。1950年，劳动部对劳动仲裁工作做了更进一步的规定，包括处理一切国营、公营、私营、公私合营及合作经营中因雇佣、解雇、工时、生活待遇、劳动纪律发生的争议。针对国家机关、人民团体、学校、卫生等非企业单位发生的劳动争议，由上级主管行政部门处理，无法解决的向法院诉讼。这个时期的劳动争议调处机制有力地保证了资本主义工商业的社会改造。

1986年4月，中共中央、国务院《关于认真执行劳动制度几个规定的通知》中，要求做好劳动争议处理问题。在党的十三大报告中，正式提出“建立劳动仲裁制度”，1993年8月1日出台的《中华人民共和国企业劳动争议处理条例》，标志着我国劳动争议制度进入了一个新的发展时期。这个条例一直沿用到了2008年5月1日，这也确立了劳动争议“一调一裁二审”制度。《中华人民共和国劳动争议调解仲裁法》自2008年5月1日起施行。

主题五 认知劳动合同

一、劳动合同的定义

劳动合同是指劳动者与用人单位之间确立劳动关系、明确双方权利和义务的协议。订立和变更劳动合同，应当遵循平等自愿、协商一致的原则，不得违反法律、行政法规的规定。劳动合同依法订立即具有法律约束力，当事人必须履行劳动合同规定的义务。

二、劳动合同生效时间

劳动合同由用人单位与劳动者协商一致，并经用人单位与劳动者在劳动合同文本上签字或者盖章生效。劳动合同文本由用人单位和劳动者各执一份。

学习笔记

三、劳动合同的种类

劳动合同分为固定期限劳动合同、无固定期限劳动合同和以完成一定工作任务为期限的劳动合同。具体选择哪一种类型的劳动合同，通常由劳动者与用人单位协商。

（1）固定期限劳动合同，是指用人单位与劳动者约定合同终止时间的劳动合同。例如，约定劳动合同期限为 2020 年 12 月 30 日起至 2023 年 12 月 30 日止。

（2）无固定期限劳动合同，是指用人单位与劳动者约定无确定终止时间的劳动合同。

（3）以完成一定工作任务为期限的劳动合同，是指用人单位与劳动者约定以某项工作的完成为合同期限的劳动合同。

四、劳动合同的试用期

劳动合同期限 3 个月以上不满 1 年的，试用期不得超过 1 个月；劳动合同期限 1 年以上不满 3 年的，试用期不得超过 2 个月；3 年以上固定期限和无固定期限的劳动合同，试用期不得超过 6 个月。同一用人单位与同一劳动者只能约定一次试用期。以完成一定工作任务为期限的劳动合同或者劳动合同期限不满 3 个月的，不得约定试用期。试用期包含在劳动合同期限内。劳动合同仅约定试用期的，试用期不成立，该期限为劳动合同期限。

如果用人单位违反劳动合同法的规定与劳动者约定试用期的，由劳动行政部门责令改正；违法约定的试用期已经履行的，由用人单位以劳动者试用期满月工资为标准，按已经履行的超过法定试用期的期间向劳动者支付赔偿金。

五、劳动合同的解除

（一）劳动者可以解除劳动合同的情形

协商解除。用人单位与劳动者协商一致，可以解除劳动合同。

劳动者通知解除（不需要任何理由，也不承担任何责任）。劳动者提前 30 日以书面形式通知用人单位，可以解除劳动合同。劳动者在试用期内提前 3 日通知用人单位，可以解除劳动合同。

劳动者权利被侵犯时可随时解除。用人单位有这些情形之一的，劳动者可以解除劳动合同：未按照劳动合同约定提供劳动保护或者劳动条件的；未及时足额支付劳动报酬的；未依法为劳动者缴纳社会保险费的；用人单位的规章制度违反法律、法规的规定，损害劳动者权益的；其他情形。

（二）用人单位可以解除劳动合同的情形

用人单位必须遵守劳动法。劳动者存在这些情形之一的，用人单位可以解除劳动合同：在试用期间被证明不符合录用条件的；严重违反用人单位的规章制度的；严重失职，营私舞弊，给用人单位造成重大损害的；劳动者同时与其他用人单位建立劳动

学习笔记

关系，对完成本单位的工作任务造成严重影响，或者经用人单位提出，拒不改正的；被依法追究刑事责任的。

有下列情形之一的，用人单位提前 30 日以书面形式通知劳动者本人或者额外支付劳动者 1 个月工资后，可以解除劳动合同：劳动者患病或者非因工负伤，在规定的医疗期满后不能从事原工作，也不能从事由用人单位另行安排的工作的；劳动者不能胜任工作，经过培训或者调整工作岗位，仍不能胜任工作的；劳动合同订立时所依据的客观情况发生重大变化，致使劳动合同无法履行，经用人单位与劳动者协商，未能就变更劳动合同内容达成协议的。

拓展知识

最早的劳动合同

早在公元前 1762 年，古埃及的工人就签订了最早的劳动合同。这份劳动合同规定了工人的工时、薪资、待遇和工作条件。同时，合同还有主人和工人之间的约定，如必须完成工作、不得过分劳累、不得擅自离开岗位等。

在中国，劳动合同的起源可以追溯到古代的村落生产组织。农民与地主之间签订的劳动合同，也被称为“佃约”或“佃书”，它规定了种地的时间、分成方式、土地质量、耕作方式等细节。

随着工业革命的到来，异乡务工人员增多，复杂的工作环境和劳动争议的频繁出现使劳动合同的规范化和法制化得到了进一步发展。

主题六 认知实习

实习是即将毕业的大学生必须经历的一个学习环节，是校内教育的一种延伸，是尽快适应未来工作要求的一种有效的实践教学途径。那么，职业院校的学生在实习前应做好哪些准备？实习过程中应注意什么？实习期间有哪些权益受到法律保护？这些问题是每个即将走向实习岗位的大学生都应提前了解的。

一、实习准备

职业院校的大学生在实习前做好充分的准备，有利于实习生活的顺利进行，为未来的工作与就业打下坚实的基础。大学生实习前应该从思想、知识、心理等方面做好准备。

（一）思想准备

大学生首先应从思想上充分认识到实习的重要性。通过实习不仅可以让大学生了解未来工作岗位的工作内容、工作职责、工作流程、工作环境，提升实践能力、职业素养和专业水平，而且还可以检验大学生在学校学到的基础知识和专业技能。同时，实习过程中还能培养大学生不怕吃苦、勇于实践、敢于坚持的顽强意志和团结协作的

学习笔记

团队精神，树立服务他人、服从管理、服务社会的劳动意识和良好的劳动纪律观念。大学生从思想上认识到了实习的重要性，便能认真对待实习生活，顺利完成实习的各项任务。

（二）知识准备

实习是对在校期间所学知识的一种应用。这就要求大学生在实习前对所学专业有比较系统的专业知识储备，这样才能更好地解决实习中遇到的问题和困惑。除了专业知识外，大学生在实习前，还应掌握一些劳动法律法规的知识以维护自己的合法权益不受到侵害，掌握一些安全急救的知识以保障自己的生命安全，掌握一些人际交往的知识以维护和谐的人际关系等。

（三）心理准备

实习是大学生正式步入职场前必经的实践学习环节，与在校期间的学习和生活有着很大的不同。一些大学生在实习前会出现迷茫、焦虑、困惑、自卑等各种心理问题。但如果大学生能够在实习前做好充分的心理准备，学会心理调适的一些方法，就能够克服实习前的各种心理问题，为实习顺利进行打下良好的心理基础。

首先，大学生在实习前应做好“吃苦”的心理准备。许多实习生往往会抱怨，实习期间的工作又脏又累，实习老师经常将别人不愿意做的工作交给实习生去做。但是我们要调整好心态，将实习经历看成是增长知识、提高技能、磨炼心志的一种人生必经的过程，也是认识职场和工作岗位的必经之路，这样我们就会减少抱怨，以积极热情的态度投入到实习生活中，从而在实习中真正提升自己和历练自己。其次，大学生应正确对待实习期间的薪资报酬。许多大学生经常会抱怨实习期间的工资低，甚至没有工资。为此，大学生应明白实习是学校学习的一种延伸，主要任务是增长知识，提升自己应用知识的能力，其身份仍然是一名学生，不应将工资报酬作为主要考虑的因素。最后，大学生在实习期间要做好就业的心理准备。实习在一定意义上讲是在为就业做准备。作为大学生，在选择实习岗位时应结合未来的就业方向进行综合考虑，为就业做铺垫。同时，在实习期间应主动了解未来工作岗位的工作内容、工作过程和工作职责等，以便能尽快胜任未来的工作要求。

二、实习权益

2021 年 12 月 31 日，经教育部、工业和信息化部、财政部、人力资源和社会保障部、应急管理部、国资委、市场监管总局和中国银行保险监督管理委员会修订后的《职业学校学生实习管理规定》正式印发。该规定分八章 50 条，包括总则、实习组织、实习管理、实习考核、安全职责、保障措施、监督与处理和附则等内容。

（一）实习的定义

实习是指实施全日制学历教育的中职学校、高职专科学校、高职本科学校（以下简称职业学校）学生按照专业培养目标要求和人才培养方案安排，由职业学校安排或者经职业学校批准自行到企（事）业等单位进行职业道德和技术技能培养的实践性教

学习笔记

育教学活动。学生实习的本质是教学活动，是实践教学的重要环节。

（二）实习的分类

实习包括认识实习和岗位实习。其中，认识实习指学生由职业学校组织到实习单位参观、观摩和体验，形成对实习单位和相关岗位的初步认识的活动；岗位实习指具备一定实践岗位工作能力的学生，在专业人员指导下，辅助或相对独立参与实际工作的活动。

（三）实习单位资质

职业学校应当选择符合以下条件的企（事）业单位作为实习单位：

（1）合法经营，无违法失信记录。

（2）管理规范，近三年无违反安全生产相关法律法规记录。

（3）实习条件完备，符合专业培养要求，符合产业发展实际。

（4）与学校有稳定合作关系的企（事）业单位优先。

（四）实习期限

学生在实习单位的岗位实习时间一般为六个月，具体实习时间由职业学校根据人才培养方案安排，应基本覆盖专业所对应岗位（群）的典型工作任务，不得仅安排学生从事简单重复劳动。鼓励支持职业学校和实习单位结合学徒制培养、中高职贯通培养等，合作探索工学交替、多学期、分段式等多种形式的实践性教学改革。

（五）实习协议

学生参加岗位实习前，职业学校、实习单位、学生三方必须以有关部门发布的实习协议示范文本为基础签订实习协议，并依法严格履行协议中有关条款。未按规定签订实习协议的，不得安排学生实习。

实习协议应当明确各方的责任、权利和义务，协议约定的内容不得违反相关法律法规。实习协议应当包括但不限于以下内容：

（1）各方基本信息。

（2）实习的时间、地点、内容、要求与条件保障。

（3）实习期间的食宿、工作时间和休息休假安排。

（4）实习报酬及支付方式。

（5）实习期间劳动保护和劳动安全、卫生、职业病危害防护条件。

（6）责任保险与伤亡事故处理办法。

（7）实习考核方式。

（8）各方违约责任。

（9）三方认为应当明确约定的其他事项。

（六）实习报酬

接收学生岗位实习的实习单位，应当参考本单位相同岗位的报酬标准和岗位实习

学习笔记

学生的工作量、工作强度、工作时间等因素，给予适当的实习报酬。在实习岗位相对独立参与实际工作、初步具备实践岗位独立工作能力的学生，原则上应不低于本单位相同岗位工资标准的80%或最低档工资标准,并按照实习协议约定,以货币形式及时、足额、直接支付给学生，原则上支付周期不得超过1个月，不得以物品或代金券等代替货币支付或经过第三方转发。

（七）职业学校和实习单位禁止行为

职业学校和实习单位要依法保障实习学生的基本权利，并不得有以下情形：

（1）安排、接收一年级在校学生进行岗位实习。

（2）安排、接收未满16周岁的学生进行岗位实习。

（3）安排未成年学生从事《未成年工特殊保护规定》中禁止从事的劳动。

（4）安排实习的女学生从事《女职工劳动保护特别规定》中禁止从事的劳动。

（5）安排学生到酒吧、夜总会、歌厅、洗浴中心、电子游戏厅、网吧等营业性娱乐场所实习。

（6）通过中介机构或有偿代理组织、安排和管理学生实习工作。

（7）安排学生从事Ⅲ级强度及以上体力劳动或其他有害身心健康的实习。

（八）实习考核

职业学校要会同实习单位，完善过程性考核与结果性考核有机结合的实习考核制度,根据实习目标、学生实习岗位职责要求制定具体考核方式和标准,共同实施考核。

学生实习考核要纳入学业评价，考核成绩作为学生毕业的重要依据。不得简单套用实习单位考勤制度，不得对学生简单套用员工标准进行考核。

（九）实习安全

职业学校和实习单位要确立“安全第一、预防为主”的原则，强化实习单位主要负责人为安全生产第一责任人职责，严格执行国家及地方安全生产、职业卫生、人格权保护等有关规定。职业学校主管部门应当会同相关行业主管部门加强实习安全监督检查。实习学生应遵守国家法律法规、校纪校规和实习单位安全管理规定，认真完成实习方案规定的实习任务，提高自我保护意识。

加快发展职业学校学生实习责任保险和适应职业学校学生实习需求的意外伤害保险产品，提高职业学校学生实习期间的风险保障水平。鼓励保险公司对学徒制保险专门确定费率，实现学生实习保险全覆盖。积极探索职业学校实习学生参加工伤保险办法。

学生在实习期间受到人身伤害，属于保险赔付范围的，由承保保险公司按保险合同赔付标准进行赔付；不属于保险赔付范围或者超出保险赔付额度的部分，由实习单位、职业学校、学生依法承担相应责任;职业学校和实习单位应当及时采取救治措施，并妥善做好善后工作和心理抚慰。

学习笔记

拓展知识

中国古代有实习一说吗?

古代实习叫监生历事，是指国子监监生。国子监，中国古代最高学府和教育管理机构。晋武帝司马炎始设国子学，至隋炀帝时，改为国子监。唐、宋时期，国子监作为国家教育管理机构，统辖其下设的国子学、太学、四门学等，各学皆立博士，设祭酒一人负责管理。

在明代，当时是有一种实习制度，起于中央官学，叫“监生历事”，就是国子监监生，学制期满以后就必须要去乡下或者其他相关的部门实习，一般是一年或是半年，实习结束以后由实习单位开证明，那时候的实习证明非常严格，如果实习不过，就必须回到国子监继续学习，如果实习过了，就一定会得到工作，具体分配的品级也直接和实习业绩挂钩。

主题七　正确认知“五育”关系

2018 年 9 月 10 日，第 34 个教师节，习近平总书记出席全国教育大会并发表重要讲话，首次完整提出“培养德智体美劳全面发展的社会主义建设者和接班人”，并写入国家法规文件。

办好新时代的职业教育，必须要坚持“五育”并举，培养德智体美劳全面发展的社会主义建设者和接班人，办好人民满意的教育。作为职业院校的大学生应该正确认识“五育”之间的关系，树立德智体美劳全面发展的理念，不仅要学好专业知识，也要自觉提高自己的思想道德水平、身体素质、审美能力、劳动技能，做到德智体美劳全面发展。

一、“五育”并举的提出

“五育”并举是由教育思想家蔡元培提出的一种思想主张。蔡元培“五育”并举的教育就是德智体美和谐发展的教育，是符合当时历史发展要求的，是对封建教育及半殖民地半封建教育宗旨的否定，在教育思想史上也是一个巨大的进步。从人才培养看，也符合人的全面发展的教育规律。新中国成立后，适应我国国情的教育理念也在一步步完善。

（一）德智体“三育”并重

1957 年 2 月，毛泽东在扩大的最高国务会议上作《关于正确处理人民内部矛盾的问题》的讲话，提出：“我们的教育方针，应该使受教育者在德育、智育、体育几方面都得到发展，成为有社会主义觉悟的有文化的劳动者。”后面以教育工作指示的形式，提出教育必须与生产劳动相结合。

学习笔记

（二）德智体美“四育”并重

1999年6月《中共中央 国务院关于深化教育改革，全面推进素质教育的决定》提出：以提高国民素质为根本宗旨，以培养学生的创新精神和实践能力为重点，造就“有理想、有道德、有文化、有纪律”的、德智体美等全面发展的社会主义事业建设者和接班人。这个方针中，再次提出了美育，这是新中国第一次把美育写进教育方针中。

（三）德智体美劳“五育”并重

2019年6月，《中共中央 国务院关于深化教育教学改革全面提高义务教育质量的意见》中提出德育、智育、体育、美育和劳育，要求坚持“五育”并举，全面发展素质教育。这一教育理念强调德智体美劳全面发展，是加换推进教育现代化、建设教育强国的重要指导理念。

二、“五育”的内涵

五育，是指德育、智育、体育、美育、劳育。

德育，是培养学生正确的人生观、价值观，培养学生具有良好的道德品质和正确的政治观念，培养学生形成正确的思想方法的教育。

智育，是授予学生系统的科学文化知识、技能，发展他们的智力和与学习有关的非智力因素的教育。

体育，是授予学生健康的知识、技能，发展他们的体力，增强他们的体质，培养他们的意志力的教育。

美育，是培养学生的审美观，发展他们鉴赏美、创造美的能力，培养他们的高尚情操和文明素质的教育。

劳育，是培养学生劳动观念和劳动技能的教育。

德智体美劳是对人的素质定位的基本准则，也是人类社会教育的趋向目标，所以人类社会的教育离不开德智体美劳这个根本。现在是这样，过去也是这样，未来还是如此。

三、“五育”的关系

德智体美劳五育是人全面发展的基本要求，是一个有机统一的整体，它们之间既相互独立，又相互联系、相互渗透、相互融合、相互促进，共同作用于人的全面发展，如图1-2所示。

德育是根本，是实施其他方面教育的思想基础。职业教育要将“立德树人”作为根本任务。就是因为德育为其他方面教育起着保障作用。德育既是社会对人才的需求，也是个人自我修养的需求。

就社会需求而言，德育是人民利益的需要，是国家利益的需要。一个人如果道德败坏，智力水平越高，身体素质越好，反倒会对社会造成越大的危害，最终损害国家和人民的利益。

学习笔记

图 1-2　五育并举、五育共融

就个人自我修养而言，德育是一个人安身立命之本。我们每个人要想在社会上生存，必须要不断完善自我道德修养，这样才能赢得人们的信任，结交更多的朋友，获得有效的帮助和支持。

智育是核心，是实施其他方面教育的智力基础。智育为其他方面教育的实施提供了知识和智力基础，是实施其他方面教育不可缺少的手段。在科学技术日新月异、国际竞争日趋激烈的今天，智育显得尤为重要。一个国家只有提升全民的智育水平，才有可能在科技领域取得突破，在国际竞争中处于优势地位。同样，对于个人而言，也只有提升自身的智力水平，才能在激烈的社会竞争中立于不败之地。

体育是保障。体育为其他方面教育的实施提供了健康的基础，是其他方面教育得以实施的物质保障。一个人如果没有健康的身体，无论道德水平、智力水平有多高，也无法充分发挥。同时，体育对德育、智育也有促进作用，体育运动能磨炼人坚强的意志，培养人克服困难的勇气，促进人大脑的发育，从而有益于德育和智育的发展。

美育和劳动技术教育渗透到全面发展教育的各个方面，起着辅德、益智、促体的作用。

五育之间并无主次之分。在全面发展教育中，五育之间是相互联系、相互影响、辩证统一的。首先，五育之间不可分割；其次，五育之间不能互相替代。它们相互依存、相互促进、相互制约，构成一个有机整体，共同促进人的全面发展。在对待五育的关系上，既要坚持全面发展，五育并举，五育并重，实现五育的整体配合，发挥五育的整体功能；又要注重因材施教，充分发挥学生的个人兴趣、特长和爱好，将全面发展与个性发展有机结合起来。

四、劳动教育与五育的关系

劳动教育作为五育有机整体中不可或缺的一部分，在育人过程中发挥着自身独特而又不可替代的作用。

学习笔记

（一）劳动磨炼品德

勤劳是中华民族传统美德之一，正是劳动创造了中华民族五千年灿烂的历史文化。热爱劳动本身就是人的一种美德。一个不爱劳动的人，很难说他品德有多么高尚，而一个德性好的人，一定懂得劳动的价值和意义，会主动投身到劳动实践中。

劳动有助于形成良好的思想和道德品质。实践证明，人的许多优秀品质是在劳动中形成的。劳动可以让人懂得珍惜劳动成果，尊重劳动人民，养成勤劳节俭的良好习惯。一个人只有真正投入到劳动中，才能切身感受到劳动的艰辛，懂得劳动成果的来之不易，从而养成节俭的优良品质。劳动可以让人养成吃苦耐劳的精神，磨炼克服困难的坚强意志。在劳动过程中，克服一个个困难，解决一个个问题，这种身体上的劳累最终会内化为人宝贵的精神财富。劳动可以培养人自立自强、锐意进取的精神。通过个人劳动，独立完成某项任务，一个人会更加的自信，在遇到新的问题时就会有一种持之以恒的信念。劳动可以培养人团结协作、互助互爱的团队精神。劳动过程离不开与他人的合作，通过与他人合作共同完成某项任务，让人能够认识到团队合作的力量，学会在团队中互助互爱。

（二）劳动增长智慧

劳动能增长人的智慧，促进人的智力发展。人类的智慧本来就是在长期的生产劳动实践中不断获得和发展的。这是因为劳动可以改善呼吸，加速血液循环，促进生理的新陈代谢过程，调节大脑疲劳，有利于大脑发育。在劳动中，双手的活动有益于左右脑的开发，促进逻辑思维和形象思维的开展，有助于提高学习能力。劳动还可以培养人的观察能力、分析能力、判断能力、创造能力和动手能力。

每一项劳动中都蕴含着智慧，任何劳动都不仅需要动手，同时也需要动脑，都是脑力劳动和体力劳动共同作用的结果。在劳动过程中，懂得勤思考、多动脑往往能提高劳动效率，收到事半功倍的效果。

（三）劳动增强体质

劳动在增强体质方面的作用是显而易见的，主要表现在以下几个方面：

第一，劳动促进新陈代谢。劳动能够促进身体的新陈代谢，加速血液循环，增强心肺功能，有助于预防心血管疾病。

第二，劳动增强肌肉力量。劳动中需要不断移动身体、使用肌肉，这有助于增强肌肉力量和耐力，改善身体协调性。

第三，劳动改善骨骼质量。适当的体力劳动能够刺激骨骼生长和骨质密度增加，有助于预防骨质疏松症。

第四，劳动调节身体机能。劳动能够调节身体各项机能，如体温、心率、血压等，增强身体的免疫力，提高抵抗力。

第五，劳动缓解压力。通过劳动进行身体活动，有助于释放压力，增强心理抗压能力，提高心情愉悦度。

需要提示的是，过度的劳动可能会对身体造成负担，甚至引发职业病。因此，在

学习笔记

劳动过程中应注意适度劳动，避免过度劳累。同时，对于长期从事某些特定劳动的人群，应注重定期进行身体检查和必要的休息调整。

（四）劳动可以育美

劳动创造了人类本身，同时创造了艺术，创造了美。劳动在育美方面自然也具有积极的作用。具体表现在：

第一，劳动培养审美意识。劳动中的创造性和艺术性可以激发人们对美的追求和向往，促使人们形成自己的审美观念和意识。

第二，劳动提升艺术修养。通过参与劳动，人们可以接触到各种艺术形式和作品，从而提升自己的艺术修养和欣赏能力。

第三，劳动有助于创造美的生活环境。劳动中需要保持整洁、有序，这种习惯有助于培养人们在日常生活中注重卫生、整洁，使自己的生活环境更加美好。

第四，劳动促进艺术创造力发展。劳动中的创造性和探索精神有助于激发人们的艺术创造力，从而在艺术、设计等领域发挥更大的潜力。

第五，劳动有助于增强自信心。通过劳动，人们可以创造出美丽的作品，从而增强自信心和自尊心，更加积极地面对生活和工作。

拓展知识

蔡元培简介

蔡元培（1868—1940 年），字鹤卿、孑民。浙江绍兴人，民主主义革命家，著名的思想家、教育家，清光绪年间进士，1892 年补授翰林院庶吉士，1894 年补编修，有深厚的汉学功底。

中日甲午战争后，开始接触西学，立志举办新式教育。1898 年起历任绍兴中西学堂监督、上海南洋公学特班总教习，先后参与发起成立中国教育会、光复会，亲任会长。1905 年加入同盟会，任上海分部负责人。1907 年赴德国留学，进莱比锡大学攻读哲学、伦理学、文学等课程，接受进化论观点，主张教育救国。辛亥革命后回国，出任南京临时政府第一任教育总长，仿照西方教育制度建立我国近代的教育体制。1915 年与吴玉章等人组织留法勤工俭学会和华法教育会。1917 年任北京大学校长，在主持北京大学工作期间，主张“思想自由，兼容并包”，为新文化、新思想的传播开拓道路，并实行民主管理和教授治校，提倡学生德、智、体、美、劳全面发展。这些革新思想与措施不仅推动北京大学成为当时新文化运动的发源地与中心，而且对我国近代教育产生深远影响。

蔡元培先生毕生从事民主革命和现代教育事业，并为之做出了重大贡献，被中国共产党誉为“现代知识界的卓越前驱”。蔡元培先生博学多识，对哲学、美学、伦理学、教育学等学科均有研究和建树，论著约 300 万字，都收入《蔡元培全集》。

学习笔记

温故知新 巩固所学知识

一、名词解释

1. 劳动 2. 社会分工 3. 劳动合同

二、填空题

1. 劳动要素包括：________、________、________。

2. 基本劳动制度包括：________、________、________、________和________等。

3. 实习包括：________和________。

三、简答题

1. 新时代大学生应该树立什么样的劳动观？

2. 大学生在实习前应该做好哪些准备？

3. 简单陈述劳动教育与五育的关系。

劳动光荣 积极参加课外劳动实践活动

通过本单元的学习，同学们熟知了劳动的内容划分，即劳动分为日常生活劳动、生产劳动和服务性劳动。请同学之间进行交流与探讨，围绕去养老院参加服务性劳动，以班级为单位制定一份劳动方案。要求明确劳动目标，做好劳动分工与安全应急预案。通过劳动实践，探讨如何提高劳动安全、劳动技巧、劳动质量和劳动效能，体验劳动艰辛，懂得劳动成果来之不易，树立劳动光荣思想。

劳动美丽 用情景剧展示劳动实践活动

通过本单元的学习，同学们认知了什么是职业，职业生活中应具备什么样的道德规范，以及如何树立正确的职业观。请结合自身所学专业，设想未来职业场景，同学之间团结协作，以“新时代职业道德”为主题，组织编写和排练一部简单的反映劳动精神、劳模精神、工匠精神、创业精神、创新精神等方面的情景剧（话剧）或微电影，以微电影、微视频的方式，向班级、老师和学校展示，营造劳动美丽、劳动崇高、劳动光荣、技能宝贵、创造伟大的氛围。

技能宝贵 开展劳动技能竞赛活动

剪纸是一种用剪刀或刻刀在纸上剪刻花纹，用于装点生活或配合其他民俗活动的民间艺术。剪纸传承的视觉形象和造型格式，蕴涵了丰富的文化历史信息，表达了广大民众的社会认知、道德观念等。剪纸艺术遗产先后入选中国国家级非物质文化遗产

学习笔记

名录和人类非物质文化遗产代表作名录。

全班以分组（或以个人）参赛方式，开展剪纸劳动技能展示和竞赛活动，同学们可通过网络学习、拜访艺人等方式学习剪纸工艺与剪纸文化。通过比赛加深对剪纸传统文化的热爱与理解，培养精湛的剪纸技能，展示你的劳动态度、劳动品质和劳动成果。

考核评价　劳动成果与行为表现评价

通过系列劳动实践与学习，你的劳动表现、学习效果及劳动成果可按如下标准进行评价。

劳动成果与行为表现考核评价表

（考核时间：________-________学年________学期）

序号	评价内容	满分值	评价主体及权重			实际得分
			自评（10%）	组评（20%）	师评（70%）	
1	劳动计划	10				
2	劳动过程	10				
3	劳动态度	10				
4	劳动方法	10				
5	劳动成果	10				
6	沟通表达	10				
7	团结协作	10				
8	创新思维	10				
9	安全规范	10				
10	劳动总结	10				
合计		100				
评价等级						
简述劳动心得						
评级标准		总得分大于85分（含85分），为“优秀”；总得分在85～70（含70分），为“良好”；总得分在70～60（含60分），为“一般”；总得分小于60分，为“待提高”				

单元二 正确认识劳动教育

引言

劳动教育是中国特色社会主义教育制度的重要内容，直接决定了社会主义建设者和接班人的劳动精神面貌、劳动价值取向和劳动技能水平。长期以来，我们坚持教育与生产劳动相结合，在实践育人方面取得了一定成效。同时也应看到，近年来个别青少年中出现了不珍惜劳动成果、不想劳动、不爱劳动、不会劳动的现象，劳动的独特育人价值在一定程度上被忽视，劳动教育正被淡化。所以，我们要加强劳动教育，在系统的文化知识学习之外，通过劳动教育，使学生能够正确理解和形成马克思主义劳动观，牢固树立劳动最光荣、劳动最崇高、劳动最伟大、劳动最美丽的观念;体会劳动创造美好生活，认识劳动不分贵贱，热爱劳动，尊重普通劳动者，培养勤俭、奋斗、创新、奉献的劳动精神；具备满足生存发展需要的基本劳动能力，形成良好的劳动习惯。

对于高等院校学生来讲，我们要通过劳动教育，结合学科和专业积极开展实习实训、专业服务、社会实践、勤工助学、志愿服务等，重视新知识、新技术、新工艺、新方法的应用，创造性地解决实际问题，培养良好的专业精神、职业精神、工匠精神、劳模精神和创新精神，增强诚实劳动意识，积累职业经验，提升就业创业能力，培养正确的择业观，具有奋斗精神和奉献精神，努力践行工匠精神、劳模精神，懂得空谈误国、实干兴邦的深刻道理，做有本领有理想的劳动者。

劳动格言

知识是从刻苦劳动中得来的，任何成就都是刻苦劳动的结果。

——毛泽东

如果你能成功地选择劳动，并把自己的全部精神灌注到它里面去，那幸福本身就会找到你。

——乌申斯基

劳动是社会上一切欢乐和一切美好事物的源泉。

——高尔基

学习笔记

教学目标

1. 知识目标——认知劳动教育、劳动纪律、劳动素养、专业精神、职业精神、工匠精神、创业精神、创新精神、工匠精神、劳模精神等概念的基本内涵和重要意义。

2. 能力目标——学会基本的劳动技能，积极开展各项劳动实践，提升专业能力、创新创业能力、实践能力，提升社会适应能力。

3. 方法目标——通过参与各项劳动实践，学会科学制订劳动实践计划（规划），学会沟通与表达（总结），学会团队协作，不断提升劳动实践能力。

4. 素养目标——围绕学生核心素养培养目标，通过各项劳动实践，懂得劳动的伟大意义，养成良好的劳动习惯和劳动品质，重点培养人文底蕴、勇于探究、观察思考、学会学习、社会责任、国家认同、实践创新、敬业奉献等核心素养（或要素）。热爱劳动，积极参与社会劳动实践活动，形成良好的劳动纪律、劳动素养、劳动态度和劳动品质，牢固树立劳动最光荣、劳动最崇高、劳动最伟大、劳动最美丽观念。

主题一 认知劳动教育、劳动纪律、劳动素养

一、劳动教育

（一）劳动教育的概念

什么是劳动教育？劳动教育的内涵在《辞海》中是这样描述的：劳动教育是德育的内容之一，对学生进行热爱劳动和热爱人民、珍惜劳动成果、树立正确的劳动观点和劳动态度、通过日常生活培养劳动习惯和技能的教育活动。

此外，《中国大百科全书》指出：劳动教育是使学生树立正确的劳动观点和劳动态度、热爱劳动和劳动人民、养成劳动习惯的教育，是德育的内容之一。

《教师百科词典》提出：劳动教育就是向受教育者传播现代生产的基本知识和技能，培养他们具有正确的劳动观点、劳动习惯和热爱劳动人民、劳动成果的感情。

《教育大词典》指出：劳动教育就是劳动、生产、技术和劳动素养方面的教育。

为构建德智体美劳全面培养的教育体系，2020 年 3 月 20 日，中共中央 国务院《关于全面加强新时代大中小学劳动教育的意见》出台。该意见强调劳动教育是中国特色社会主义教育制度的重要内容，直接决定社会主义建设者和接班人的劳动精神面貌、劳动价值取向和劳动技能水平。

综上所述，劳动教育就是发挥劳动的育人功能，对学生进行热爱劳动、热爱劳动人民的教育活动。它是国民教育体系的重要内容，是学生成长的必要途径，具有树德、真知、强体、育美的综合育人价值。

学习笔记

（二）劳动教育的主要内容

对照劳动教育的内涵，可以把劳动教育的主要内容概括为树立正确的劳动价值观、培育劳动情感和态度、学习劳动科学知识与能力、积极开展劳动实践四个方面。

根据教育教学关系，劳动教育存在主体与客体之分。劳动教育的主体是教育者，也就是老师，客体是受教育者，也就是学生。

依据马克思主义劳动观，劳动可分为生产劳动和非生产劳动，相应地也可将劳动教育分为生产劳动教育和非生产劳动教育。《关于全面加强新时代大中小学劳动教育的意见》又将非生产劳动教育分为日常生活劳动教育和服务性劳动教育。日常生活劳动教育注重在学生个人生活自理中强化劳动自立意识，体验持家之道，这也是学生健康发展、适应社会生活的重要基础；服务性劳动教育具有较强的时代特点，注重利用知识、技能、工具、设备等为他人和社会提供服务，特别是在公益劳动、志愿服务中强化社会责任，培养良好的社会公德。

（三）劳动教育的特点

1. 鲜明的思想性

人民创造历史，劳动开创未来。劳动教育要强调劳动者是国家的主人，一切劳动和劳动者都应得到鼓励和尊重，反对一切不劳而获、崇尚暴富、贪图享乐的错误思想。通过劳动教育可以更加坚定大学生的社会主义信念。劳动是中国人民的本色，习近平总书记指出：“我们的根扎在劳动人民之中，在我们社会主义国家，一切劳动，无论是体力劳动还是脑力劳动，都值得尊重和鼓励；一切创造，无论是个人创造还是集体创造，也都值得尊重和鼓励。”

2. 突出的社会性

马克思说：“历史承认那些为共同目标劳动因而自己变得高尚的人是伟大人物，经验赞美那些为大多数人带来幸福的人是最幸福的人。”劳动教育要引导学生走向社会，认识社会，强化责任意识和担当意识，体会社会主义社会平等、和谐的新型劳动关系。当代大学生应不畏艰难、百折不挠、敢于担当，在劳动中增阅历、长才干、坚意志、熟技能、知荣辱、懂感恩，为美好的未来做好思想、信念、人格、品质上的准备。

3. 显著的实践性

马克思认为：“全部社会生活在本质上是实践的。”物质生产实践是人类最基本的实践，其中的劳动实践则是我们生产和发展最重要的实践形式之一。劳动教育要以动手实践为主要方式，引导学生在认识世界的基础上，学会建设世界、塑造自己，实现树德、增智、强体、育美的目的。

（四）劳动教育的意义

劳动教育是联通教育世界与生活世界、职业世界的重要环节，是素质教育的重要内容，是促进大学生德智体美劳全面发展的重要载体，在高校开展劳动教育具有重大意义。

学习笔记

1. 劳动教育是实现中国梦的强大助推力量

劳动开创未来，奋斗实现梦想。“以劳动托起中国梦”，根本上要靠劳动者的辛勤劳动、诚实劳动和创造性劳动。大学生对劳动的认知、对待劳动的态度，以及劳动习惯、劳动技能的培养，将决定着国家和民族的未来。

新时代是干出来的，中国梦是通过劳动实现的。劳动教育就是要引导学生认识中华民族伟大复兴，绝不是轻轻松松、敲锣打鼓就能实现的，只有通过诚实劳动才能实现美好梦想的道理，从而更好地践行社会主义核心价值观，自觉地在劳动中奉献、创造，铸牢实现中国梦的基石。通过劳动教育，培养大学生形成正确的劳动价值观、世界观、人生观，这些都将有助于大学生接力奋斗、实现中华民族伟大复兴的中国梦。

2. 劳动教育是培养合格的社会主义建设者和接班人的重要途径

当代青年人思维活跃，创新意识浓厚，自我意识较强，讲求实际，追求个性化，对工作和生活的选择多样化。讲创新、有想法、追求个性化没问题，但个别青年人好高骛远、好逸恶劳、贪图享受的劳动态度以及不尊重劳动、劳动者、劳动成果的行为都是不可取的。

一代人有一代人的使命，我们这一代青年人能否担负起时代和人民赋予的历史重任，除了依靠组织培养，关键还要看自身努力。我们青年一代要主动接受劳动教育，培养自身的劳动素质，弘扬劳动精神，传承工匠精神，树立以天下为己任、舍我其谁的社会责任感和担当精神，努力成为让党、祖国和人民满意和放心的新时代中国特色社会主义事业的合格建设者和接班人。

3. 劳动教育是高校立德树人的重要载体

“立德树人”作为一种先进的教育理念，以培养德才兼备、全面发展人才为主旨。那么，高校应如何培养德才兼备、全面发展的人才，以适应经济社会发展对高素质、高层次人才的需求呢？发展经验和实践证明：劳动教育是培养全面发展人才的必要条件，也是其基本途径和有效途径。

劳动教育不只停留于掌握劳动技能，更以塑造人格、完善品德、培养价值观念为目标，它既是“立德”的重要内容，同时也是“立德”的重要途径。

4. 劳动教育是学生成长成才的需要

作为学生，劳动可能并不直接创造财富，但可以培养优良品质。我们学习的是科学文化知识，而劳动也是科学文化的源泉。现代科技，再也不是“四体不勤，五谷不分”的人闭门造车的产物，袁隆平为了研究杂交水稻，吃住在田间地头，才解决了几亿人的温饱问题，离开一线劳动，这些都是不可能完成的。学习更是离不开辛勤的劳动。因此，劳动是最好的学校。

接受劳动教育，有利于我们在课堂教学、自身学习、实验实践等教育环节上付出大量劳动，将自己打造成未来的有用之才；有利于我们在体味艰辛、挥洒汗水中塑造坚强的心理素质，在艰苦奋斗、顽强拼搏中磨炼自己的意志，从而获得受益终身的宝贵精神财富；有利于我们形成积极向上的就业创业观，在国家社会需要与个人价值实现、专业学习与岗位匹配等方面找到平衡，形成自主多元和积极的就业观，提升创业创新意识和能力。

总之，劳动精神的培育是高校德育的重要内容，劳动技能的教育是高校智育的重要内容。劳动教育具有修德、益智、健体、育美的综合育人价值，在培育时代新人方面具有德智体美四育不可替代的独特作用。新时代新人强调有理想、有本领、有担当，特别需要具备新时代所需的劳动能力和劳动价值观。劳动素养是新时代新人最基本、最重要的素质之一。

（五）劳动教育的目标

为构建德智体美劳全面培养的教育体系，中共中央 国务院出台的《关于全面加强新时代大中小学劳动教育的意见》从思想认识、情感态度、能力习惯三个方面面向全体学生提出了劳动教育的目标，突出强调劳动教育的思想性。

该意见对劳动教育目标的描述是：通过劳动教育使学生能够理解和形成马克思主义劳动观，牢固树立劳动最光荣、劳动最崇高、劳动最伟大、劳动最美丽的观念；体会劳动创造美好生活、劳动不分贵贱，热爱劳动，尊重普通劳动者，培养勤俭、奋斗、创新、奉献的劳动精神；具备满足生存发展需要的基本劳动能力，形成良好劳动习惯。

【调研活动】你喜欢劳动吗？平时在生活中劳动的机会多吗？你希望在劳动教育中“邂逅”哪些教育形式呢？

二、劳动纪律的认识

（一）劳动纪律的概念

劳动纪律是指人们在共同劳动过程中，为取得行动一致，保证生产或工作顺利进行所必须遵守的行为准则。它是人们从事社会劳动的必要条件。不论在任何生产方式下，只要进行共同劳动，就必须有劳动纪律。否则，集体生产便无法进行。

（二）劳动纪律的发展

在不同的社会制度下，劳动纪律的社会性质是不相同的。农奴制的劳动纪律是靠棍棒维持的；资本主义的劳动纪律是依靠饥饿威胁维持的；社会主义的劳动纪律是劳动者共同利益和意志的体现，主要靠广大劳动者的高度自觉性，辅以强制性加以维持。

（三）劳动纪律的意义

无规矩不成方圆。劳动纪律是培养全面发展准职业人的需要，随着经济的迅猛发展，企业对劳动者的职业素养要求越来越高，在这种情况下，劳动纪律的保障作用显得尤为重要。纪律是一个团队生存和工作的保障，没有了纪律，这个团队就会像一盘散沙，各自为战，没有前进的方向。

对于高校学生来说，其发展是要适应社会需求的，要逐渐提高自身的劳动素养和技能素养，以满足企业单位的发展。我们每个人在成长过程中，常常被各种纪律所约

学习笔记

束，因为有纪律，我们才有秩序，各项工作才得以开展。也就是说，劳动纪律是工作作风的重要内容。说到底，就是平时我们在工作、生活中表现出来的综合素质、精神面貌和人格品质。

（四）劳动纪律的目标

1. 树立正确的劳动观念

树立正确的劳动观念，需要正确理解劳动是人类发展和社会进步的根本力量，认识劳动创造人、劳动创造价值、创造财富、创造美好生活的道理，尊重劳动，尊重普通劳动者，牢固树立劳动最光荣、劳动最崇高、劳动最伟大、劳动最美丽的思想观念。

2. 具有必备的劳动能力

掌握基本的劳动知识和技能，会使用常见的劳动工具，增强体力、智力和创造力，具备完成一定劳动任务所需要的设计、操作能力及团队合作能力等。

3. 具备积极的劳动精神

具备积极的劳动精神需要领会“幸福是奋斗出来的”内涵与意义，需要继承中华民族勤俭节约、敬业奉献的优良传统，需要弘扬开拓创新、砥砺奋进的时代精神。

4. 养成良好的劳动习惯和品质

养成良好的劳动习惯和品质，能够自觉自愿、认真负责、安全规范、坚持不懈地参与劳动；能够形成诚实守信、吃苦耐劳的品质；能够珍惜劳动成果，养成良好的消费习惯，杜绝浪费。

三、劳动素养的认识

（一）劳动素养的概念

劳动者的劳动不是简单的机械制造或再造，而是有理想的劳动者个体按照劳动计划展开的创造性工作。劳动素养主要是指学生在学习与劳动实践过程中逐步形成的适应个人终身发展和社会发展需要的正确价值观、必备品格和关键能力，是劳动课程育人价值的集中体现，主要包括劳动观念、劳动能力、劳动习惯和品质、劳动精神等。

（二）劳动素养的主要内容

随着社会的发展，劳动成为人们生活中不可或缺的一部分。劳动不仅是人类文明发展的基石，也是实现自我价值的重要途径。劳动不仅是一种生产行为，更是一种人格修养和生活态度。在当今社会，劳动素养已经成为人们必备的一种能力。劳动素养主要包括劳动知识、劳动技能、劳动态度和劳动价值观四个方面。

1. 劳动知识

劳动知识是指生产劳动和职业活动中所必需的知识体系。它包括对社会各行各业的劳动形式和劳动过程的认识、劳动的基本原理和规律、劳动权益和劳动保护的基本知识等。

学习笔记

2. 劳动技能

劳动技能是指个体在生活、特定的生产劳动和职业活动中所必备的操作技能。例如：日常生活必备的技能，诸如个人形象整理、饮食起居打理等基本生活技能；职业技能，各专业各岗位所必备的劳动技术能力等。

3. 劳动态度

劳动态度是对生产生活劳动和职业活动持续的重视和认同，它包括工作态度、责任心（图 2-1）、专业水准等。

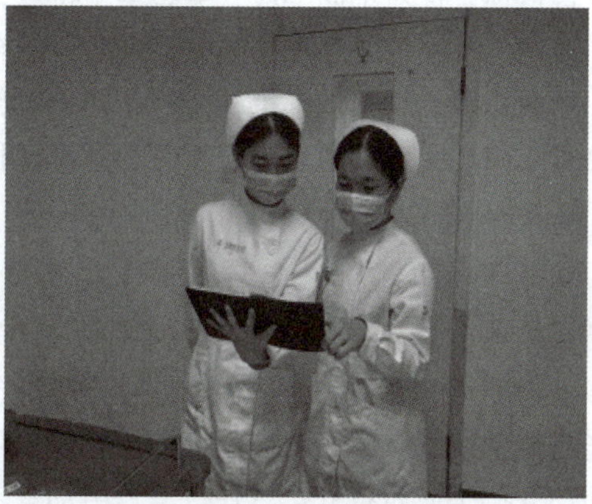

图 2-1　做好交接班

4. 劳动价值观

劳动价值观是指劳动者对劳动本身的认识和评价，涵盖了个体对劳动以及劳动过程本身和结果的尊重，以及维护职业道德的能力等。它包含工作一致性、职业自律性、误差率管理等相关知识和技能。

（三）劳动素养的培养

1. 个人努力

培养劳动素养首先需要个人努力。个人应该加强在生活、特定的生产劳动和职业活动中对劳动素养的认识和理解，学习劳动知识和技能，并在日常生活工作中不断提升自身的能力和素养。劳动者还应该培养积极的工作态度，认真完成工作任务，能够发现问题，并有能力解决问题，形成正确的劳动价值观。

2. 家庭教育

家庭教育的本质特点是生活教育，生活教育的核心内容之一就是劳动教育，而检验家庭教育成败得失的关键指标，就是看是否推进了美好生活教育，是否重视劳动教育。著名教育家陶行知说：好的生活就是好的教育，坏的生活就是坏的教育。所以家庭要发挥在劳动教育中的基础作用。《关于全面加强新时代大中小学劳动教育的意见》中指出：要注重抓住衣食住行等日常生活中的劳动实践机会，鼓励孩子自觉参与、自己动手，随时随地、坚持不懈进行劳动，掌握洗衣做饭等必要的家务劳动技能，每

学习笔记

年有针对性地学会一至两项生活技能。鼓励学校（家委会）和社区等组织开展学生生活技能展示活动。学生参加家务劳动和掌握生活技能的情况要按年度记入学生综合素质档案。鼓励孩子利用节假日参加各种社会劳动。家庭要树立崇尚劳动的良好家风，家长要通过日常生活的言传身教、潜移默化，让孩子养成从小爱劳动的好习惯。

3. 学校教育

学校要发挥在劳动教育中的主导作用。劳动素养是新时代新人最基本、最重要的素养之一，学校是培养劳动素养的重要场所之一。《关于全面加强新时代大中小学劳动教育的意见》根据教育目标，针对不同学段、类型学生特点，确定了学校劳动教育的内容和要求。其中，强调高等学校要注重围绕创新创业，结合学科和专业积极开展实习实训、专业服务、社会实践、勤工助学等，重视新知识、新技术、新工艺、新方法应用，创造性地解决实际问题，使学生增强诚实劳动意识，积累职业经验，提升就业创业能力。

4. 社会环境

社会环境是培养劳动素养的最后一环。社会要发挥在劳动教育中的支持作用。充分利用社会各方面资源，为劳动教育提供必要保障。社会环境包括政府、企业、各类组织等各个方面，不能只靠学校、家庭及个人的努力。政府加强有关劳动素养培养的相关立法和政策，鼓励和支持企业履行社会责任，培养劳动素养，推动劳动素养教育成为社会的重要组成部分。企业是实际的劳动场所，应该在工作设施改善和劳动工会的组织建立等方面支持学生劳动素养的培养。各群团组织要组织动员相关力量、搭建活动平台，共同支持学生深入城乡社区、福利院和公共场所等参加志愿服务，开展公益劳动，参与社区治理，共同为学生劳动素养培养提供支持。

主题二 认知专业精神、职业精神、工匠精神

一、正确认识专业精神

（一）专业精神的概念

关于对专业精神的概念目前没有准确的界定。我们可以把这个词分开解释。“专业”在《后汉书》中释义为主要研究某种学业或从事某种事业，或专门的学问。“精神”《辞海》中释义为人的内心世界及其现象，包括思维、意志、情感等有意识的方面。结合起来，专业精神即在研究某种学业或从事某种事业中表现出来的一种思维、意志、情感、品质、态度等。

专业精神就是在专业技能的基础上发展起来的一种对工作极其热爱和投入的品质，具有专业精神的人对工作有一种近乎疯狂的热爱，他们在工作时能够达到一种忘我境界。专业精神也是企业越来越看重的品质。企业关注的是效益，企业考察员工的业绩也主要是看他能够为公司创造多少效益，而效益的取得直接由员工的专业精神

学习笔记

决定。

（二）专业精神的内涵

专业精神的内涵体现在以下几个方面：

1. 专业技能

专业技能是专业精神的基础，要求个人在专业领域内具备规范的操作、精深的学习和孜孜不倦的研究能力，以及不断创新和超越一般技术水准的能力。要想成为一个工作单位欣赏的有专业精神的员工，首先应不断提高自己的专业技能。提高专业技能唯一的选择就是学习，并在实际的工作中不断地创新实践。

2. 服务精神

在服务性工作中，专业精神要求个人为服务对象提供全心全意的服务，并保持对所有服务对象一视同仁的态度。

3. 敬业精神

敬业精神意味着个人必须竭尽全力提高专业标准，促进自身素质的不断提高，并始终保持对工作的热情和责任感。

4. 团队精神或协作精神

在团体服务中，专业精神要求个人与同事和睦相处，团结一致，相互协作，共同完成任务，实现团队目标。

5. 以身作则

专业精神要求个人运用自己的全部素养，特别是道德素养，立足岗位，向他人提供专业服务，并成为道德的典范。

6. 忠诚

专业精神还强调对单位、对职业的忠诚，要求个人始终忠诚于自己的职业，并以此为基础，不断提升自己的能力和职业水平。

综上所述，专业精神是个人在专业领域内展现出的对工作的热爱、对服务对象的负责任的态度、对团队的协作精神以及对职业的忠诚，这些品质和态度共同构成了专业精神的核心。

二、正确认识职业精神

（一）职业精神的概念

“职业”一词始见于战国时期。《荀子·富国》中提到“事业所恶也，功利所好也，职业无分；如是，则人有树事之患，而有争功之祸矣。”这里的职业是指官事和士、农、工、商四民之常业。古人用这个词的含义与我们现在通常所说的“职业”意思不同，现代意义上的“职业”通常情况下是指个人服务社会并作为主要生活来源的工作。

职业精神是与人们的职业活动紧密联系，是人们为实现他们的职业目标而展现出

学习笔记

的责任感、能力和自觉等方面的职业态度和职业操守。职业精神是健全人格的重要特征，它可激发一个人在努力工作中获得荣誉，为社会发挥应有的作用，同时也是一个人行为规范及责任心的一种表达。

（二）社会主义职业精神的本质

人们的社会生活分为三大领域，即家庭生活、职业生活和公共生活。社会主义职业精神就是职业领域内的特殊要求。

社会主义职业精神的本质是为人民服务。社会主义社会消除了人与人之间剥削与被剥削的关系，从根本上使职业利益同社会利益、同广大人民群众的根本利益一致起来，各种职业都成为社会主义事业的有机组成部分。因此，各行各业可以形成共同的精神追求，即为人民服务，并使之在调整人与人之间的关系上，发挥历史上前所未有的重要作用。

社会主义社会的职业精神是在以公有制经济为主体的基础上形成的。它的主体内容不像旧的职业精神那样可以自发产生，而是在马克思主义教育下，通过有觉悟的职业成员的努力建立起来的。

（三）职业精神的基本要素

职业精神是由职业理想、职业态度、职业责任、职业技能、职业纪律、职业良心、职业信誉、职业作风等多种要素构成，这些要素不同方面反映着职业精神的本质和基础。

1. 职业理想

社会主义职业精神所提倡的职业理想，主张各行各业的从业者，放眼社会利益，努力做好本职工作，全心全意为人民服务、为社会主义服务。这种职业理想，是社会主义职业精神的灵魂。一般说来，从业者对职业的要求可以概括为三个方面：维持生活、完善自我和服务社会。这三个方面在社会主义初级阶段的职业选择中都是必需的。社会主义社会的公民在选择职业时应该把服务社会放在首位。因为，只有从社会的整体利益出发，分别从事社会所需要的各种职业，社会才能顺利地前进和发展。也只有在这个基础上，广大社会成员包括从业者自身，才能过上幸福的生活。

2. 职业态度

树立正确的职业态度是从业者做好本职工作的前提。职业态度具有经济学和伦理学的双重意义，它不仅揭示从业者在职业生活中的客观状况，参与社会生产的方式，同时也揭示他们的主观态度。其中，与职业有关的价值观念对职业态度有着特殊的影响。一个从业者积极性的高低和完成职业的好坏，在很大程度上取决于他的职业价值观念。职业伦理学研究表明，先进生产者的职业态度指标最高。因此，改善职业态度对于培育社会主义职业精神有着十分重要的意义。

3. 职业责任

职业责任包括职业团体责任和从业者个体责任两个方面。例如，企业是拥有生产

学习笔记

经营所必需的责、权、利的经济实体。在国家与企业的责、权、利关系中，责是主导方面。现代企业制度不仅正确划分了国家与企业的责、权、利，将三者有机地结合起来，而且也规定了企业与从业者的责、权、利，并使三者有机地结合起来。这里的关键在于，要促进从业者把客观的职业责任变成自觉履行的道德义务，这是社会主义职业精神的一个重要内容。

4. 职业技能

在社会主义现代化建设中，对职业技能的要求越来越高。不但需要科学技术专家，而且迫切需要千百万受过良好职业技术教育的初级、中级、高级技术人员，管理人员，技工和其他具有一定科学文化知识和技能的熟练从业者（图 2-2）。没有这样一支劳动者大军，先进的科学技术和先进的设备就不能成为现实的社会生产力。我国经济建设的实践证明，各级科技人员之间以及科技人员和工人之间都应有恰当的比例，生产建设才能顺利进行。

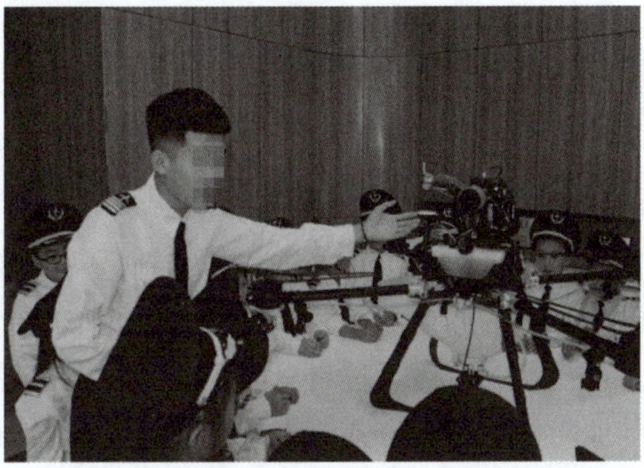

图 2-2 技能成才

5. 职业纪律

社会主义职业纪律是从业者在利益、信念、目标基本一致的基础上所形成的高度自觉的新型纪律。从业者理解了这个道理，就能够把职业纪律由外在的强制力转化为内在的约束力。从根本上说，社会主义职业纪律可以保障从业者的自由和人权，保障从业者发挥主动性和创造性。因此，职业纪律虽然有强制性的一面，但更有为从业者的内心信念所支持、自觉遵守的一面，而且是主要的一面，从而具有丰富的精神内涵。自觉的意志表示和服从职业的要求，这两种因素的统一构成了社会主义职业纪律的基础，这种职业纪律也是社会主义法规性和道德性的统一。

6. 职业信誉

职业信誉是职业责任和职业良心的价值尺度，包括对职业行为的社会价值所做出的客观评价和正确的认识。从主观方面看，职业信誉是职业良心中知耻心、自尊心、自爱心的表现。职业良心中的这些方面，能使一个人自觉地按照客观要求的尺度去履行义务，宁愿做出自我牺牲也不愿违背职业良心，做出可耻、毁誉和损害职业精神的事情。在这个意义上，职业信誉鲜明地体现着“全心全意为人民服务”的职业理想和

学习笔记

主人翁的职业态度。从客观方面说，职业信誉是社会对职业和从业者的肯定性评价，是职业行为的价值体现。同时，职业信誉又要求从业者提高职业技能，遵守职业纪律。社会主义职业精神强调职业信誉，更重视把社会的客观评价转化为从业者的自我评价，促使从业者自觉发扬社会主义职业精神。

7. 职业作风

职业作风是从业者在其职业实践中所表现的一贯态度。从总体上看，职业作风是职业精神在从业者职业生活中的习惯性表现。社会主义职业作风具有潜移默化的教育作用。它好比一个大熔炉，能把新的成员锻炼成坚强的从业者，使老的成员永远保持优良的职业品质。职业集体有了优良的职业作风，就可以互相教育，互为榜样，形成良好的职业风尚。这也是一个一流企业能够在激烈的市场竞争中立于不败之地的重要精神保障。

（四）社会主义职业精神的实践内涵

一个正确的认识，往往需要经过由物质到精神，由精神到物质，即由实践到认识，由认识指导实践这样多次的反复才能够完成。这就是马克思主义的认识论，就是辩证唯物论的认识论。因此，必须十分重视推进职业精神向职业实践的转化。

1. 敬业

敬业是职业精神的首要实践内涵，即社会成员特别是从业者对适应社会发展需要的各类职业特别是自己所从事的职业的尊敬和热爱。敬业本质上是一种文化精神，是职业道德的集中体现，是从业者希望通过自身的职业实践去实现自身的文化价值追求和职业的伦理观念。敬业与人的存在方式、人的本质、人的全面发展都有着直接的联系，并共同构成职业精神的完整价值系统。从事职业活动，既是对社会承担职责和义务，又是对自我价值的肯定和完善。职业精神所要求的敬业，承载着强烈的主观需求和明确的价值取向，这种主观需求和价值取向构成从业者实践活动的内在尺度，规定着职业实践活动的价值目标。

2. 勤业

古人云“业精于勤”。职业精神必须落实到勤业上。毛泽东同志在《纪念白求恩》一文中对“勤业”给予了充分的肯定和高度的评价。为了做到勤业，我们不仅要强化职业责任、端正职业态度，还要努力提高职业能力和职业精神。在新时代，提高职业能力，就要在推进改革开放和现代化建设的实践中去提高，在驾驭社会主义市场经济的实践中去提高，在解决复杂矛盾和突出问题的实践中去提高，在应对各种挑战和风险的实践中去提高。

3. 创业

我们仍处在持续不断的创业进程之中，需要继续发扬创业精神。创新是一个民族的灵魂，是一个国家兴旺发达的不竭动力。职业发展的动力在于创新，新质生产力的发展核心也需要创新。面对世界科技进步日新月异的挑战，面对我国现代化建设提出

学习笔记

的巨大需求，我们的职业活动必须开阔眼界，紧跟世界潮流，抓住那些对经济、科技、国防和社会发展具有战略性、基础性、关键性作用的重大课题，顽强攻关，自主创新，不断有所发现，有所发明，有所创造，有所前进。历史反复证明，推进职业发展，关键要敢于和善于创新。有没有创新能力，能不能进行创新，是当今世界范围内经济和职业竞争的决定性因素。我们要坚持解放思想、实事求是，一切从实际出发，主观与客观相一致，理论与实践相统一，及时提出适应职业实践发展要求的方针政策，及时改革生产关系中不适应生产力发展、上层建筑中不适应经济基础发展的环节，不断从人民群众在实践中创造的新鲜经验中吸取营养，改进和完善我们的工作。

4. 立业

经过长期奋斗，我们在中华大地上全面建成了小康社会，创造了举世瞩目的发展成就。需要清醒地看到，我国正处于并将长期处于社会主义初级阶段，综观全局，我们一定要高扬社会主义职业精神，集中力量，奋力谱写中国式现代化新篇章，使经济更加发展、民主更加健全、科教更加进步、文化更加繁荣、社会更加和谐、人民生活更加殷实。

无论时代如何变化，平凡与伟大的辩证关系始终不变：把每一项平凡工作做好，就是不平凡；把每一件小事做好，就是大事业。

三、正确认识工匠精神

（一）工匠精神的概念

工匠精神是一种职业精神，它是职业道德、职业能力、职业品质的体现，是从业者的一种职业价值取向和行为表现。

工匠的出现几乎与人类的历史一样久远。习近平总书记指出：“人类是劳动创造的，社会是劳动创造的。”劳动创造人类，恩格斯指出：真正的劳动……是从制造工具开始的。制造工具最初是将自然之物通过人类的加工使其成为能够打猎或捕鱼的工具，将自然的石块、动物骨头等加工成工具，就是最初的手工艺，这使得前人迈出了人猿相揖别的关键一步。因而手工艺劳动在起源意义上就是创造人类的劳动。手工艺劳动在起源意义上与人类的出现内在关联，同时其持续地创造着人类的生活。手工艺劳动不仅创造物质财富，而且创造美的享受。手工艺劳动从创造人类生活不可或缺的工具发展到满足人类对美的需求，从磨制石器到制作玉器，大大丰富了人类的生活。如陶工所制作的陶器，从简单粗陋到不断精致化，使得陶器不仅具有实用价值，同时也具有美的欣赏价值。

在中国传统文化语境中，工匠是对所有手工艺人，如木匠、铁匠、铜匠等的称呼。自古以来，任何一个从事工艺劳动的工匠，都是以其毕生精力献身于这一工艺领域的。换言之，工匠就是从小学徒而终身从事某种匠工的人。早在春秋战国时期，除农业之外的各种手工艺工匠已经形成规模，称为“百工”。随着工业化和人工智能时代的到来，现代工艺已经从手工艺发展到机械技术工艺和智能技术工艺。技艺水平的发展也标志

学习笔记

着人类文明的进步。中国自古以来就是一个工艺制造大国，无数行业工匠的创造，是灿烂的中华文明的标识。在我国的工艺文化历史上，产生过鲁班、李春、李冰、沈括这样的世界顶级工匠大师，还有遍及各种工艺领域里像庖丁那样手艺出神入化的普通工匠。

进入现代工业社会，伴随手工艺向机械技艺以及智能技艺转换，传统手工工匠似乎远离了人们的生活，但工匠并不是消失了，而是以新的面貌出现了，即现代工业领域里的新型工匠——机械技术工匠和智能技术工匠。我国要成为世界范围内的制造强国，面临着从制造大国向智造大国的升级转换，对技能的要求直接影响到工业水准和制造水准的提升，因而更需要将中国传统文化中所深蕴的工匠文化、工匠精神在新时代条件下发扬光大。

（二）工匠精神的内涵

通过分析众多大国工匠和劳模的故事，你会发现他们专注于学技术、干技术，积极为国家的发展贡献自身的智慧和力量，而且成为一名优秀的工匠并不难，难点是必须怀有一颗匠心，不断锤炼和培养自己的品格，造一流产品，铸一流品格，这样才能由“工人”变成“工匠”。另外，大国工匠和劳模都有良好的职业习惯、找问题的习惯、苦干的习惯，都有不忘职业初心的品格、专注技艺的品格、不怕失败的品格、不图名利的品格。总之，工匠精神，是用一生的时间打磨一种技艺，聚精会神、精益求精地关注自己的作品，其行动的背后是专注、技艺、品格、对完美的追求。

1. 工匠精神首先是一种劳动精神

人民创造历史从根本上看是劳动创造历史。人类在改造自然的伟大斗争中，不断认识自然的客观规律，通过在劳动实践中不断积累实践经验与技能，从而推动历史进步和创造更为丰富的社会财富。中国梦的实现、人民群众美好生活需要的满足，都需要广大劳动人民的劳动创造。人民在创造历史的同时，也在创造自我。通过劳动实现自我价值或人生价值是工匠精神的本质内涵。劳动是人类赖以生存的根本，同时也为个人提供了实现人生价值的舞台和空间。习近平总书记指出：“劳动是财富的源泉，也是幸福的源泉。人世间的美好梦想，只有通过诚实劳动才能实现；发展中的各种难题，只有通过诚实劳动才能破解；生命里的一切辉煌，只有通过诚实劳动才能铸就。”一个人只有通过诚实劳动，才可为社会创造物质财富与精神财富，才可得到他人和社会的认可与褒奖。与此同时，实现自我人生价值目标而产生的幸福感和愉悦感，会进一步激发劳动者的创造激情，从而为社会和他人创造更为丰富的财富。习近平总书记指出：“一切劳动者，只要肯学肯干肯钻研，练就一身真本领，掌握一手好技术，就能立足岗位成长成才，就都能在劳动中发现广阔的天地，在劳动中体现价值、展现风采、感受快乐。”工匠精神首先就是热爱劳动、专注劳动、以劳动为荣的精神。在劳动中体验和升华人生意义与价值，是工匠精神的题中应有之义。

2. 工匠精神是对职业劳动的奉献精神

几千年来从事技艺劳动的各种工匠，其社会地位并不高，然而，千百年来工匠以业维生，并以技艺为立身之本，无私地奉献自己的全部心血，提高和完善自己的技艺，创造了灿烂的工匠文化。工匠精神就是干一行爱一行，在苦干中增长技艺与才能。发扬工匠精神，就要提高我们的爱岗敬业精神，正如习近平总书记所说："劳动没有高低贵贱之分，任何一份职业都很光荣。"劳动最崇高，劳动最光荣，在平凡的岗位干出不平凡的业绩，就是工匠精神的体现。

3. 工匠精神是一丝不苟、精益求精的精神

重细节、追求完美是工匠精神的关键要素。几千年来，我国古代工匠制造了无数精美的工艺美术品，如历代精美陶瓷以及玉器。这些精美的工艺品是古代工匠智慧的结晶，同时也是中国工匠对细节完美追求的体现。现代机械工业尤其是智能制造工业对细节和精度有着十分严格的要求，细节和精度决定成败。对细节与精确度的把握，是长期工艺实践和训练的结果，通过训练培养成为习惯、气质、品格，就能从心所欲不逾矩。"功夫"一词，不仅指的是武功，而且也是指各种工匠所应具有的习惯性能力。功夫是长期苦练得来的。不下一定的苦功，不可能出细活。工匠从细处见大，在细节上没有终点。2015 年，中央电视台播出《大国工匠》纪录片，讲述了 24 位大国工匠的动人故事。这些大国工匠令人感动的地方之一，就是他们对精度的要求。例如：彭祥华，能够把装填爆破药量的呈送控制在远远小于规定的最小误差之内；高凤林，我国火箭发动机焊接第一人，能把焊接误差控制在 0.16 mm 之内，并且将焊接停留时间从 0.1 s 缩短到 0.01 s；胡双钱，中国大飞机项目的技师，仅凭他的双手和传统铁钻床就可产生出高精度的零部件；等等。无数动人的故事告诉人们，我国作为制造大国，弘扬工匠精神、培育大国工匠是提升我国制造品质与水平的重要环节。

4. 工匠精神的核心要素是创新精神

习近平总书记指出："创新是一个民族进步的灵魂，是一个国家兴旺发达的不竭源泉。"一个民族的创新离不开技艺的创新。在现代工业条件下，对于工匠技艺的要求已经不仅仅是像传统工匠那样，只是从师傅那里学得技艺从而能够保持和发扬祖传工艺技法。实际上，传统工艺也是在传承与创新中得到发展的，我们要将传承与创新统一起来，在传承的前提下追求创新。现代机械制造尤其是现代智能制造，对技艺提出了越来越高的难度和精度要求，不仅要有娴熟的技能，而且要求技术创新。每一个产品的开发，每一项技术的革新，每一道工艺的更新，都需要有工匠的创新技艺参与其中。《大国工匠》纪录片中的那些卓越工匠，不仅具有高超的技艺，而且具有强烈的创新意识和创新能力。高凤林在他所参与攻关的多项重大项目中，不断改进工艺措施，不断创造新工艺，不断攻克一个个难关，从而达到世界第一的水准。创新能力，不是对以往工艺墨守成规，而是对现有的生产技艺的大胆革新，给行业技艺带来突破性贡献，促进生产技艺水平提升，推动社会经济发展。

（三）践行工匠精神的意义

1. 工匠精神为社会发展进步提供了强大精神动力

伟大精神的诞生，必然要以伟大的实践作为现实土壤。在中国共产党领导的血与

学习笔记

火的革命中、如火如荼的建设中、意气风发的改革中，涌现出了一大批辛勤付出、无私奉献甚至不畏牺牲的工匠，促使具有无产阶级和社会主义性质的工匠精神应运而生。

新中国成立后，各行各业涌现出一批批能工巧匠，推动了社会主义建设事业的蓬勃发展。北京永定机械厂钳工倪志福，经过反复钻研改进，发明出适应钢、铸铁、黄铜、薄板等多种材质的“倪志福钻头”，在国内外切削界引起重大反响；青岛国棉六厂细纱挡车工郝建秀，凭着一股不服输的倔脾气，独创出一套多纺纱、多织布的高产、优质、低耗的“细纱工作法”，也被称为“郝建秀工作法”，成为全国纺织系统的一大创举……1968 年 12 月底，南京长江大桥全面建成通车，更充分诠释了我国劳动者对工匠精神的追求和传承。这是当时中国自行设计建造的最大的铁路、公路两用桥。如今，投入使用 50 多年的大桥依然保持“壮年”状态，也证明了建桥过程中建设者的精益求精。

在改革开放后，各行各业的劳动者大力发扬工匠精神，将专业专注、精益求精的理念和要求融入技术、产品、质量、服务的每一个环节，创造了无数“中国制造”的奇迹。“汉字激光照排系统之父”王选，“金牌工人”许振超，12306 系统研发建设团队带头人、“时代楷模”单杏花，从事特高压、智能电网研究运行的电力工人，风餐露宿、跋山涉水的青藏铁路建设者们……他们都是工匠精神的忠实传承者和践行者，用自己的创造发明和艰苦劳动为国家、为人民作出了巨大贡献。

中国特色社会主义进入新时代，工匠精神的时代价值更加凸显。“世界第一吊”的主设计师孙丽，港珠澳大桥岛隧工程项目总工程师林鸣，被称为矿山“华佗”的煤矿维修电工李杰，在国际上打响中国品牌的水泥生产技术行家郭玉全，拥有以自己名字命名的焊接方法的首席女焊工王中美，练就一手“绝活”的数控机床试车工麻建军，圆梦“大飞机”的上海飞机制造有限公司 C919 事业部总装车间全体职工……他们都是平凡岗位上的劳动者，用点点滴滴的实际行动诠释着工匠精神，用奋斗与追求树立起一面面光辉的旗帜。

2. 工匠精神激励广大劳动者立志成为高技能人才和大国工匠

回顾历史，工匠精神培育了人才、积累了经验、创造了财富。新征程上，我们比以往任何时候都更加需要工匠精神。

“执着专注、精益求精、一丝不苟、追求卓越”，这十六个字生动概括了工匠精神的深刻内涵，激励广大劳动者走技能成才、技能报国之路，立志成为高技能人才和大国工匠。

执着专注，是工匠的本分。许多优秀工匠短则十几年、长则几十年专注于一项技艺或一个岗位，经过持续不断地磨炼，才最终获得卓越的成就。山东港口青岛港前湾集装箱码头，71 岁的许振超依然意气风发。成为集装箱桥吊司机后，许振超坚持“干就干一流，争就争第一”，经常顾不上吃饭休息苦练技术。终于，他练就了“一钩准”“一钩净”“无声响操作”等绝活，还带领团队多次刷新集装箱装卸世界纪录，让“振超效率”成为港航界的“金字招牌”。

精益求精，是工匠的追求。不骄傲、不满足、不凑合，精益求精是大国工匠共有

学习笔记

的精神气质，正是因为追求完美，才让他们不断超越自我。“再仔细一点点，离一微米的精度就能更近一点点！”工作中，技术工人、无锡微研股份有限公司高级技师陈亮给自己定下这样的准则。为了提高产品精度，陈亮打破常规思维，通过“移植工序”，把“铣”和“磨”组合使用，终于在不断尝试中成功。一微米有多长？大约是一粒尘埃的颗粒直径、一根头发丝直径的1/60。追求精益求精，让陈亮带领团队获得多项发明专利和实用新型专利。

一丝不苟，是工匠的作风。“炮制虽繁必不敢省人工，品味虽贵必不敢减物力”，同仁堂楹联说的正是这个道理。辽宁沈阳的铆焊专家杨建华，从一名初中没读完的普通工人到登上国家科技进步奖领奖台，用了39年。《铆工工艺学》，随便提一个要点，就知道在哪一页；随身携带记录本，几十年来足足记了上百万字……“岗位可以平凡，追求必须崇高。”杨建华这样说。

追求卓越，是工匠的使命。很多大国工匠不惜花费大量的时间和精力，努力把产品品质从99%提升到99.9%，再提升到99.99%，向更高、更好、更精的方向努力。航天特种熔融焊接工高凤林，被称为“金手天焊”。火箭发动机大喷管焊缝长近900米，管壁比一张纸还薄，焊枪多停留0.1秒就有可能把管子烧穿或焊漏，导致损失上百万元……高凤林经过艰苦的努力，最终成功完成任务。为练就过硬本领，高凤林吃饭拿筷子练习送焊丝，端着盛满水的缸子练稳定性，休息时就举着铁块练耐力，还冒着高温观察铁水流动规律。正是凭借这种不断超越自我的精神，他成为国内权威的焊接专家。

（四）如何践行工匠精神

匠心聚，百业兴。当今世界，综合国力的竞争归根到底是人才的竞争、劳动者素质的竞争。面对日趋激烈的国际竞争，一个国家发展能否抢占先机、赢得主动，越来越取决于国民素质特别是广大劳动者的素质。

1. 无论从事什么劳动，都要干一行、爱一行、钻一行

2016年4月26日，习近平总书记在安徽合肥主持召开知识分子、劳动模范、青年代表座谈会时指出：“无论从事什么劳动，都要干一行、爱一行、钻一行。在工厂车间，就要弘扬‘工匠精神’，精心打磨每一个零部件，生产优质的产品。在田间地头，就要精心耕作，努力赢得丰收。在商场店铺，就要笑迎天下客，童叟无欺，提供优质的服务。只要踏实劳动、勤勉劳动，在平凡岗位上也能干出不平凡的业绩。”

工匠精神不仅存在于制造业，也存在于服务业，不仅物质生产领域需要，精神生产领域也同样需要。如今，工匠精神的时代内涵早已超越了工匠群体，延伸到更广泛的行业和群体。

第一代核潜艇总设计师黄旭华，在没有计算机的情况下，与团队一起为我国第一代核潜艇画了4.5万张设计图纸，为了在艇内合理布置数以万计的设备、仪表、附件，不断调整、修改、完善，让艇内100多千米长的电缆、管道各就其位，这是一种工匠精神；语文特级教师于漪，每晚学习到深夜，备课时把讲课要说的每句话都写下来，然后像

学习笔记

改作文一样修改，之后再背下来、口语化，最终成为“人民教育家”，这都是工匠精神。

2. “三百六十行，行行出状元”，立足岗位扎实肯干

今天，我国处于高质量发展阶段，这既对广大劳动者提出了更高的要求，也为每个人提供了难得的人生舞台。每个人不管处在什么岗位，只要大力传承弘扬工匠精神，就能在劳动中体现价值、展现风采、感受快乐。

大国崛起，匠心筑梦。习近平总书记指出：“建设知识型、技能型、创新型劳动者大军，弘扬劳模精神和工匠精神，营造劳动光荣的社会风尚和精益求精的敬业风气。”让我们在全社会大力弘扬工匠精神，激励广大青年走技能成才、技能报国之路，为全面建设社会主义现代化国家提供有力人才支撑！

拓展阅读

大国工匠——胡双钱

胡双钱，男，汉族，1960 年 7 月生，中国商飞上海飞机制造有限公司数控机加车间钳工组组长，人称“航空手艺人”。

大国工匠，匠心筑梦。胡双钱就是其中一位拥有非凡技术的匠人，至今，他都是一名工人身份的老师傅，但这并不妨碍他成为制造中国大飞机团队里必不可缺的一分子。2007 年，中国新一代国产大飞机 C919 立项，对胡双钱来说，这个要做百万个零件的大工程，不仅意味着要做各种各样形状各异的零件，有时还要临时救急。一次，生产急需一个特殊零件，从原厂调配需要几天的时间，为不耽误工期，只能用钛合金毛坯来现场临时加工，这个任务交给了胡双钱。这样的一个零件要一百多万元，它是精锻出来的，成本相当高，因为其上有 36 个孔，大小不一样，孔的要求是 0.24 mm。

0.24 mm，相当于人头发丝的直径，这个加工工序本来要靠细致编程的数控车床来完成，现在只能依靠胡双钱的一双手，和一台传统的铁钻床，仅用一个多小时，36 个孔悉数打造完毕，一次性通过检验，这也证明了胡双钱的金属雕花技能。

像胡双钱这样的大国工匠，都是奋斗在生产第一线的杰出劳动者，他们以聪明才智和敬业勤勉书写着一线劳动者的不平凡，他们为我们的时代、为我们的社会做出突出的贡献，让我们为之震惊，为之叹服，为之激动，为之点赞。

工匠，锻造大国重器，堪称世人楷模。工匠精神意味着精益求精、精雕细琢，意味着对高品质追求的责任感与自豪感。C919 大型客机飞上蓝天，港珠澳大桥主体工程全线贯通，复兴号高铁驰骋于华夏大地，神舟十三号载人飞船返回舱成功着陆……每一项伟大成就的背后，都凝结着执着专注、精益求精、一丝不苟、追求卓越的精神力量。

“如切如磋，如琢如磨。”不论是一个人还是一个团队，要想在一个领域实现卓越，就必须执着专注、唯精行事。“焊将”高凤林矢志不渝，为火箭铸“心”，为民族筑梦，助力“龙的轨迹”划入太空。长征五号运载火箭总设计师李东经历失败后不但没有退

学习笔记

缩，反而带领团队开展长达两年多的艰苦攻关，最终收获成功的喜悦。“连钢创新团队”为建设全自动化码头，坚定不移搞自主研发，最终用 15 个月完成设计方案。他们身上闪烁的工匠精神，成为打造精品的“金钥匙”，令人仰望。

国以才立，业以才兴，强国逐梦需要更多卓越工匠。2023 年，207 个单位荣获全国五一劳动奖状，1 035 名职工荣获全国五一劳动奖章，1 044 个集体荣获全国工人先锋号。他们中既有年过半百的“老师傅”，也有正值青春的“小工匠”，每个人身上透着那股执着求精的精神品质，是推动国家发展的重要力量，是我们当代青年的榜样！

主题三　认知创业精神、创新精神

一、创业精神

（一）创业精神的概念

创业精神是指创业者在创业实践活动中表现出来的观念、意识、思维活动和道德品质的精神现象。

创业精神是创业者的核心素质之一，对于创业成功至关重要。

第一，创业精神要求创业者具有积极主动的态度。创业者要有主动出击的心态，不被动等待机会的到来，而是积极主动地寻找机会，把握机会。他们不会因为困难和阻碍而气馁，而是以积极的心态去迎接挑战，寻找解决问题的办法。

第二，创业精神要求创业者具有敢于冒险的精神。创业本身就是一种冒险的行为，创业者需要面临未知的风险和不确定的状况，需要做出决策和抉择。创业者要有勇气去冒险，敢于承担风险，不怕失败。他们相信，没有冒险就没有机会，只有勇于冒险才能获得成功。

第三，创业精神要求创业者具有创新意识。创业者要有独特的观察力和洞察力，能够敏锐地发现市场的机会和消费者的需求。他们要有创造力和创新思维，能够针对市场需求提供创新的产品或服务。创新是创业精神的核心要素，它体现了创业者对未来的预见和对市场的洞察力。

第四，创业精神还要求创业者具有责任心。创业是一种对社会和个人的责任，创业者要对自己的选择和行为负责任。他们要有为社会创造价值的使命感和责任感，不仅为自己谋求利益，也要为社会做出贡献。创业精神要求创业者不仅关注个人的成功，还要关注社会的发展和进步。

总之，创业精神是一种具有积极主动、敢于冒险、具有创新意识和责任心的态度和行为。它要求创业者在创业过程中具有积极主动的态度，敢于冒险、善于创新，同时具有为社会创造价值的责任心。创业精神是创业者成功的关键，也是企业创新发展的动力之一。只有具备了创业精神，才能在激烈的市场竞争中立于不败之地，实现个人和社会的共同发展。

学习笔记

（二）创业精神的本质

1. 自主精神

自主精神是创业精神的起源。创业具有实践的各种特征，它以自然和社会为活动客体，以促进人和社会的发展为目的，其结果是实现人和社会的共同发展和改造。如果对创业实践做具体的分析，就会发现它除了具有实践活动的普遍性外，还具有高于一般的实践活动的特征：在人的自觉能动性方面，它特别突出了人的自主精神，即自由创造、自主创业、自立自强的精神，这种自主精神就是创业精神的起源。创业精神的强弱，取决于人们自主创业的意愿，这种意愿也就是人的创业需要、创业动机，以及由此升华而成的创业理想，它构成人们的创业意识。创业意识从本质上说就是一种自强、自立的精神。需要越强烈，动机越纯正，理想越切合实际，信念越坚定，创业精神就越持久、越稳定，有了这种持续稳定的精神支持，创业活动才会持之以恒。

2. 创新精神

创新精神是创业精神的核心和动力。创新精神之所以成为创业精神的核心，归根到底是由创业活动的开拓性所决定的。由于创业是一种创造性的实践，它本身就是对现实的超越，就是一种创新。因此，创业离不开创新。美国著名管理学家德鲁克认为：“创业就是要标新立异，打破旧有的秩序，按照新的要求重新组织”。创业就意味着创新，创新就意味着突破。

3. 实干精神

实干精神是创业精神的基础。实干精神包括多重含义，要求人们办实事、求实效、立实功，躬行践履，不尚空谈、脚踏实地、实事求是，以至达到名与实相符。古之成大事者，莫不将务实作为精神利器。务实精神是中华民族的传统美德，也是创业精神的落脚点。创业就是要创立一番事业，它是一种实实在在的实践活动，要扎扎实实地付出艰苦的努力。因此，讲求实效、注重结果、踏实做事等实干精神，就是创业精神的最终归宿。

（三）创业精神的特征

1. 高度的综合性

创业精神是由多种精神特质综合作用而成的，诸如创新精神、拼搏精神、进取精神、合作精神等都是形成创业精神的特质精神。

2. 三维整体性

无论是创业精神的产生、形成和内化，还是创业精神的外显、展现和外化，都是由哲学层次的创业思想和创业观念、心理学层次的创业个性和创业意志、行为学层次的创业作风和创业品质三个层面所构成的整体，缺少其中任何一个层面，都无法构成创业精神。

学习笔记

3. 超越历史的先进性

创业精神的最终体现就是开创前无古人的事业，创业精神本身必然具有超越历史的先进性，想前人之不敢想、做前人之不敢做。

4. 鲜明的时代特征

不同时代的人们面对着不同的物质生活和精神生活条件，创业精神的物质基础和精神营养也就各不相同，创业精神的具体内涵也就不同。创业精神对创业实践有重要意义，它是创业理想产生的原动力，是创业成功的重要保证。

（四）创业精神的重要性

1. 促进经济发展

创业精神是推动经济发展的重要动力之一。创业者通过不断地创新和探索，推动了新产品、新技术、新产业、新业态、新模式的出现，为经济发展注入了新的活力。

2. 带动就业

创业者在创办企业时需要聘用员工，因此创业可以带动就业。随着企业规模的扩大，就能够为更多的人提供就业机会，促进社会的稳定和发展。

3. 增强国家竞争力

具备创业精神的人才可以为国家带来更多的财富和利益，增强国家在全球范围内的竞争力。同时，在全球化背景下，具备创业精神的人才可以打破地域限制，在全球范围内开拓市场。

（五）如何培育创业精神

1. 转变思想观念

要培养创业精神，需要进行思想观念的转变，需要逐渐从崇尚安逸、追求稳定生活的思维模式中走出来，建立与众不同的人生追求，寻找更多的机会与挑战。这种转变需要从内心开始，并且需要与传统思维相碰撞，才能发挥出更大的潜能。

2. 学习与积累经验

要想成为创业者，必须具备足够的知识及操作技能。在学习与经验积累方面，可以通过实践、学习新知识与培训来逐步提升。尽管在创业中会遇到前所未有的困难，但是具备足够的经验在面临困境时可以快速应对，及时找出解决方案。

3. 不断创新和尝试

创业是一项创新领域的活动，如果没有持续创新思维和实施能力，是无法成功的。作为创业者，应该时刻保持敏锐的洞察力和对商业市场的敏感度，挖掘新的营销手段，建立创新的商业模式，开发新的客户群，不断寻找和创造机会，赢得更多商机。

4. 坚定志向和信念

创业并非一条平坦的道路，而是一道需要勇敢攀登的陡峭山路。面对前所未有的

学习笔记

挑战和风险，一个优秀的创业者必须充满信心和决心，保持清晰的目标导向，并且随时调整自己的策略。同时，也需要尽可能多地向成功创业者学习，以便最终实现自身的理想与雄心。

5. 具备团队合作能力和个人管理技能

在创业过程中，个人的能力和团队的合作协调是同样重要的。成功的创业者是那些具有优秀团队合作能力，能够在团队中充分发挥各自的专业和经验的人。对于团队而言，他们需要建立与众不同的文化氛围。对于个人而言，他们需要保持合理的时间管理能力和良好的压力承受能力，这些因素都是创业成功的必不可少要素。

具备这五种性格特征，创业者将在创业路途上勇往直前。

拓展阅读

中医融入生活——张林芳的“橘井奶茶”

奶茶遇到中药，会发生什么变化。在山西省中医学院，一位22岁的女大学生张林芳，学以致用，让二者相遇，呈现了一杯杯味道可口而又健康的中药奶茶，并带领着同学们创业，在校园开了一家橘井奶茶店。

张林芳的橘井奶茶店开业了，正在上大三、中西医结合临床专业的张林芳穿着工作服，在操作间制作着奶茶。来这打工的十多位学生忙碌其间，为客人准备着甜点等。

清馨奶茶，是运用荷叶、薄荷等四味有清热解毒泻火的中草药制成的，具有清热泻火、清心润肺的功效；畅动奶茶，促进肠胃蠕动，有溶肠功效；玫瑰奶茶，是用玫瑰花和蜂蜜调制而成，适合爱美女士品尝，可以美容养颜。这些都是橘井奶茶店的畅销产品。

经营团队从最早的三个人，到后来在校园进行招贤纳士，不少大学生们也报名加入进来，现在已经发展到30名。学生们利用课余时间锻炼自己，取得较好的实践效果。王丹就是其中一位，步入大一的王丹在做奶茶前，曾在比萨店打过工，现在她做比萨。同学们互相学习对方所长，现在10多名学生跟着她学会了做比萨。王丹说：“以前没课时，不知道做什么。现在挺开心，既丰富大学生活，也让自己重新认识到古老中医可以和生活完美融合”。

张林芳的中药奶茶荣获首届晋商杯优秀奖及一万元奖金，并获得家人亲戚的支持，让她的梦想变成现实。

二、创新精神

习近平总书记在文化传承发展座谈会上指出：“中华文明的创新性，从根本上决定了中华民族守正不守旧、尊古不复古的进取精神，决定了中华民族不惧新挑战、勇于接受新事物的无畏品格。”中华文明源远流长、博大精深，是革故鼎新、辉光日新的文明。“苟日新、日日新、又日新”等文化基因根植于中华民族的精神血脉之中，

学习笔记

突出的创新性推动中华文明不断发展进步。当代中国正经历着我国历史上最为广泛而深刻的变革，也正在进行着人类历史上最为宏大而独特的实践创新。这种前无古人的伟大实践需要全方位、多方面的创新创造。

（一）创新精神的概念

《辞海》中创新的释义为：抛开旧的，创造新的。创新精神是指具有能够综合运用已有的知识、信息、技能和方法，提出新方法、新观点的思维能力和进行发明创造、改革、革新的意志、信心、勇气和智慧。

创新精神强调尝试新颖的思路和方法、勇于冒险、不断试错，探索新的领域、思考更好的解决方案并寻找解决存在的问题等。创新精神在现代社会中具有重要的意义，它是推动社会发展和进步的重要力量。

（二）创新精神的表现

创新精神表现在要有敢为人先、敢于冒险的勇气和自信；要有探索新知的好奇心和挑战权威的批判精神；要有承受挫折的坚强意志和沟通合作的团队精神；要有舍我其谁的责任担当和造福人类的济世情怀。

（三）创新精神的构成要素

创新精神的构成要素包括：批判、开拓、开放、科学、学习等方面。

1. 批判

批判是创新精神的第一要素。创新首先意味着对旧观念、旧事物的扬弃，是要抛开旧的，创造新的。因此，创新就其本质来说，是批判的、革命的。善于吸取旧事物、旧观念中的合理因素，在继承的基础上创新，提出自己的新创意、新思想。

2. 开拓

开拓就是追求卓越、争先创优的进取精神。最能够遏制团队创新的是随遇而安的悠闲心态和不思进取的苟且作风。一个无所作为的消极团队或个人是难以萌生创新动力的。有进取心才有创新欲，有开拓力才有创新力。创新属于永不停滞、自强不息、开拓未来、勇于钻研的团队和个人。

3. 开放

开放是面向世界、放眼天下的开放包容精神。只有从封闭狭隘的小天地中走出来，以博大的胸怀、开阔的视野、高远的境界，站在世界的、时代的、行业的高端，才能够感受到波澜壮阔的时代创新潮流。开放收获的不仅是满眼新鲜的向往，更主要的是扩展出包容通达、接纳追赶的创新动力和方向。

4. 科学

科学就是实事求是、严谨缜密。创新的实质是科学精神，不能急功近利、急于求成，必须尊重客观规律，求真务实。尊重科学，就要在实施创新中尊重实际、尊重规律。

学习笔记

5. 学习

学习就是广闻博学、深钻细研的虚心好学。创新型首先必须是学习型、知识型。不学无术、自以为是的创新，是对工作的毁灭性打击。只有在知识的海洋中遨游之后，才能到达创新的彼岸。只有经过学术探索的艰苦历程，才能达到创新的成功。

拓展阅读

从创建国民饮料到问计硬科技——娃哈哈创始人宗庆后的传奇人生

进入 21 世纪后，中国饮料市场竞争日趋激烈。国内外各大品牌纷纷崛起，市场上充斥着各类奇特饮品。然而，在这个风起云涌的时代，宗庆后却带领娃哈哈成功逆袭。

公开资料显示，在宗庆后的带领下，从 1991 年至今，娃哈哈集团累计实现销售额 8 601 亿元，在 29 个省区市建有 81 个生产基地、187 家子公司，拥有员工近 3 万人。

1996 年，宗庆后推出主力产品“娃哈哈 AD 钙奶”，该产品一经推出后就成为中国市场超级大单品。“娃哈哈纯净水”诞生后，娃哈哈通过开明星代言的先河并在央视斥巨资投放广告，包装饮用水市场迅速崛起，超越了国内第一家纯净水企业——深圳怡宝，2003 年娃哈哈瓶装饮用水产销量超 200 万吨，问鼎世界第一。此后，娃哈哈还相继推出了营养快线、爽歪歪等大众所熟知的饮品品牌。

除了在营销上出奇制胜外，宗庆后还注重产品创新。他引领娃哈哈集团研发了一系列新产品，如针对年轻人市场的茶饮料、低糖无糖饮料等。这些创新产品满足了消费者对于健康和口感的双重追求，从而赢得了市场份额。除了深耕食品饮料行业外，宗庆后持续关注中国高新科技领域，带领娃哈哈坚持推动制造业高质量发展。娃哈哈集团公司先后设立了研究所、科研中心，引进了世界一流的检测仪器等。在智能制造上，娃哈哈全面提升智能制造水平，是国内食品饮料行业中唯一具备自行研发、自行设计、自行生产模具和饮料生产装备、自行安装调试设备及工业机器人开发能力的企业。2021 年，宗庆后积极发力“未来工厂”，在温州文成投资近 5 亿元建立“娃哈哈文成智能化饮料生产基地”，加快推进制造业数字化、智能化、绿色化发展。

宗庆后在 2018 年就表示，未来经济的竞争将集中在新科技领域，娃哈哈已经在生物工程、高端制造和人工智能技术领域这三个方面着手谋划布局。

近几年来，娃哈哈将发展高端机电装备制造业确立为新的产业发展方向，特别是在机器人产业方向上，组建了机电研究院，重点围绕机器人开展研发工作，针对目前机器人关键部件依赖进口、成本较高的问题，推动机器人关键部件国产化和降低成本。

宗庆后曾于 2023 年在央视财经《对话》节目中坦言，守业比创业更难。他说：“创业的困难在于没钱没资本，但通过努力奋斗，成功的希望比较大；而现在竞

学习笔记

争太过激烈，守业必须要坚持创新。”

从创建国民饮料到涉足高科技行业，宗庆后作为娃哈哈的领路人，在企业的发展道路上一直坚持与时俱进，不断创新求变，助力企业高质量发展。宗庆后是新中国第一代浙商创业者的代表人物之一，更是中国商业史上的一位标志性人物。

主题四　如何践行工匠精神

2022 年 4 月 27 日，习近平同志向首届大国工匠创新交流大会致贺信强调：“技术工人队伍是支撑中国制造、中国创造的重要力量。我国工人阶级和广大劳动群众要大力弘扬劳模精神、劳动精神、工匠精神，适应当今世界科技革命和产业变革的需要，勤学苦练、深入钻研，勇于创新、敢为人先，不断提高技术技能水平，为推动高质量发展、实施制造强国战略、全面建设社会主义现代化国家贡献智慧和力量。”

弘扬工匠精神不是一句口号，而是要投入实际行动。践行工匠精神，不但要培养浓厚的兴趣，还要有强烈的事业心、责任感，因为只有那些有事业心、责任感的人，才能几十年如一日地钻研某一种技艺技能，造就精品。践行工匠精神，更要把自己的事业追求与国家、社会、行业的需要结合起来，既要热爱本职工作，还要精研本职工作，才能在平凡岗位上不断追求卓越、创造出彩人生。

工匠精神是一种注重细节、追求卓越、坚持品质的态度和价值观，它强调对工作的热爱、专注和精益求精的态度。作为一名新时代的大学生，要如何弘扬和践行工匠精神？

1. 理解工匠精神内涵

首先，大学生要深入了解工匠精神的内涵。工匠精神是一种对工作精益求精、追求完美和极致的态度，它强调敬业、专注、创新和极致。这种精神不仅体现在制造业，更适用于各个领域和职业。通过深入了解工匠精神的内涵，大学生可以更好地把握自己的学习和未来的发展方向。

2. 培养敬业精神

敬业精神是工匠精神的核心之一。大学生要树立正确的工作观念，以高度的责任心和认真的态度对待学习和工作。在课程学习和实践活动中，要积极投入，尽心尽力地完成每一项任务，不断提高自己的职业素养和技能水平。同时，要注重培养团队合作精神，与同学和睦相处、合作学习、共同进步，形成良好的学风和班风。

3. 加强实践能力

实践能力是大学生必备的素养之一。在大学期间，要通过参加实践活动、实习实训、课程设计等活动，加强自己的实践能力和专业能力。这不仅有助于巩固所学知识，更有助于培养解决问题的能力和创新思维。同时，在实践中要注重细节，注意观察周围环境，认真体会工作过程，善于发现细节问题，探索改进思路和方案。

学习笔记

4. 不断创新思维

创新思维是工匠精神的重要组成部分。大学生要注重培养创新思维，勇于尝试新事物，挑战自我。在课程学习和实践中，要积极思考问题，寻找解决方案，不断创新和改进。同时，要关注科技和行业发展趋势，了解新技术和新应用，为未来的工作和职业发展做好准备。

5. 热爱所学专业

深入了解专业知识，通过阅读相关的学术文献、参加专业讲座和研讨会，了解专业的前沿知识和最新发展。积极参与实习实训、实验室项目或研究课题，将所学理论知识应用于实际工作中，锻炼自身的实践能力。

6. 提高综合素质

综合素质是大学生成为优秀工匠的必备条件。除了专业知识和技能外，还要注重培养自己的沟通能力、组织能力、文化素养和社会责任感等方面的素质。通过参加社团活动、志愿服务、文化交流、社会实践等活动，拓展自己的视野和知识面，提高综合素质和社会适应能力。

作为新时代的建设者，我们要在坚守中抛却浮华虚无，脚踏实地，躬身实干，爱岗敬业，在实践中践行工匠精神，担负民族复兴的历史重任，在新的征程上努力工作和学习。

主题五 如何践行劳模精神

劳模精神是我国社会主义核心价值观的重要组成部分，更是社会进步和发展的基石。劳模精神和工匠精神孕育出的全国劳模和大国工匠，是我国在各个历史时期取得重大成就的奠基人，也是新时代建设社会主义现代化强国的中流砥柱。随着经济社会的发展，全社会对优秀工匠、劳动模范等劳动者的需求日益增加，践行劳模精神成为劳动者的追求目标。学习劳模精神、传承工匠精神有利于我们树立正确的劳动价值观，涵养深厚的劳动情怀，成为德智体美劳全面发展的合格建设者和可靠接班人。

一、劳模精神的核心

劳模精神是劳动精神的积极呈现。它的内在本质是主人翁意识。随着时代的发展，劳模被赋予了越来越多的时代内涵和元素。但无论社会怎么发展，劳模精神的核心是爱岗敬业、争创一流、艰苦奋斗、勇于创新、淡泊名利、甘于奉献的精神，这些始终没有改变。

【交流探讨】你对劳模有什么印象？把你知道的有关劳模的故事（或案例、视频等）跟大家分享，并谈谈你的看法。

学习笔记

二、践行劳模精神的意义

践行劳模精神就是以劳模为榜样，发扬劳模精神，不断锤炼自身的思想品德、专业技能和工作态度，为自己的事业、企业、社会做出积极的贡献。践行劳模精神的意义在于：

（1）促进社会进步。践行劳模精神能够为社会创造更多的价值，促进科技进步，推动经济发展。

（2）提高个人素质。践行劳模精神可以增强自身的思想品德、职业技能和工作态度，提高个人素质和综合能力。

（3）增强社会责任感。践行劳模精神能够让我们更加关注社会，承担起对社会的责任和义务。

三、大学生如何践行劳模精神

第一，树立正确的劳动观念。树立正确的劳动观念是践行劳模精神的前提和基础。劳模精神要求每个人都要对自己的工作负责，不仅是个人职业发展和个人价值的追求，还关乎社会责任和公共利益的实现。大学生应树立正确的劳动观念，明确自己的职业目标，在职业发展的同时关注社会问题，积极参与公益活动，回馈社会。在大学期间，除了学习知识，还要培养实践技能、锻炼团队合作能力和沟通能力等职业素养，为将来的职业生涯发展做好准备。

第二，不断学习先进技能和知识。学习先进的技能和知识是践行劳模精神的重要途径。大学生要了解自己所学专业，以及将来从事的行业和领域，同时也需要了解一些与工作相关的法律和法规。大学生应树立积极向上的学习态度，明确学习目标，保持旺盛的学习热情和探索精神，不断充实自己的知识储备，提高自己的综合素质。只有通过不断学习新知识、掌握新技能，才能更好地适应社会发展，为国家建设贡献力量。

第三，注重学习与实践相结合。实践出真知。仅仅掌握理论知识是远远不够的，践行劳模精神还应将所学知识应用于实践中，培养实际操作能力。实践可以是实习实训、社会实践、参与社团活动等各种形式，这样才能真正把所学的知识转化为自己的能力。通过实践，大学生可以不断锤炼自己，提高自己的实际操作能力，为自己的职业发展打下坚实的基础，为国家和社会做出更大的贡献。

第四，注重团队合作精神。现代社会强调团队合作，而不仅仅是个人能力的展示。大学生在校期间应该注重锻炼自己的团队合作精神，在团队中学会倾听、沟通和协作。

第五，提高自己综合素质。综合素质是指个人在思想、文化、能力等多个方面的综合品质。大学生应加强自身素质提升，不仅要关注专业知识的学习，更要注重自己的思维能力、语言表达能力、领导能力以及艺术修养等各个方面的素质提升。通过不断提升自己的综合素质，大学生才能更好地适应社会需求，践行劳模精神。

总之，大学生践行劳模精神是实现个人价值和社会进步的关键。在努力学习、勤奋实践、刻苦钻研、追求卓越等方面，大学生要不断提高自己的思想觉悟和实践能力，努力培养自己成为一名具有劳模精神的杰出人才。通过大学期间的努力，要将劳模精

学习笔记

神融入到自己的言行举止中，并在工作和生活中践行劳模精神。每个大学生要坚信：通过努力和奋斗，任何人都能成为一名优秀的劳动者，为实现中国梦作出贡献。

拓展阅读

杂交水稻之父——袁隆平

袁隆平，一个属于中国，也属于世界的名字，他发起的“第二次绿色革命”给整个人类带来了福音。如今，我国大江南北的农田普遍种上了袁隆平研制的杂交水稻。袁隆平的杂交水稻引起了世界的关注，许多国家的专家到中国来取经，印度、越南等20多个国家和地区还引种了杂交水稻。袁隆平的努力，也为解决世界粮食短缺问题作出了贡献。为此，我国政府授予袁隆平“全国优秀科技工作者”“全国劳动模范”“全国先进工作者”等光荣称号。联合国世界知识产权组织授予他金质奖章和“杰出的发明家”荣誉称号。国际同行称他为“杂交水稻之父”。

袁隆平，1930年9月生于北平，1949年8月考入了重庆相辉学院农学系。1953年8月毕业后分配到湖南省安江农校任教，在长达19年的教学生涯中，袁隆平一面教学，一面从事生产实践、选择课题进行科学研究，走上了作物育种之路。1960年，袁隆平从一些学报上获悉杂交高粱、杂交玉米、无籽西瓜等都已广泛应用于国内外生产中，这使袁隆平认识到：遗传学家孟德尔、摩尔根及其追随者们提出的基因分离、自由组合和连锁互换等规律对作物育种有着非常重要的意义。于是，袁隆平跳出了无性杂交学说圈，开始进行水稻的有性杂交试验。

1960年7月，他在早稻常规品种试验田里，发现了一株与众不同的水稻植株。第二年春天，他把这株变异株的种子播到试验田里，结果证明了上年发现的那个“鹤立鸡群”的稻株，是地地道道的“天然杂交稻”。他想：既然自然界客观存在着“天然杂交稻”，只要我们能探索其中的规律与奥秘，就一定可以按照我们的要求培育出人工杂交稻来，从而利用其杂交优势提高水稻的产量。这样，袁隆平从实践及推理中突破了水稻为自花传粉植物而无杂种优势的传统观念的束缚。于是，袁隆平立即把精力转到培育人工杂交水稻这一崭新课题上来。

在1964年到1965年两年的水稻开花季节里，他和助手们每天头顶烈日，脚踩烂泥，低头弯腰，终于在稻田里找到了6株天然雄性不育的植株。经过两个春秋的观察试验，对水稻雄性不育材料有了较丰富的认识，他根据所积累的科学数据，撰写成了论文《水稻的雄性不孕性》，发表在《科学通报》上。这是国内第一次论述水稻雄性不育性的论文，不仅详尽叙述水稻雄性不育株的特点，并将当时发现的材料区分为无花粉、花粉败育和部分雄性不育三种类型。从1964年发现“天然雄性不育株”算起，袁隆平和同事们整整花了6年时间，先后用1 000多个品种，做了3 000多个杂交组合，仍然没有培育出不育株率和不育度都达到100%的不育系来。袁隆平总结了6年来的经验教训，并根据自己观察到的不育现象，认识到必须跳出栽培稻的小圈子，重新选用亲本材料，提出利用“远缘的野生稻与栽培

学习笔记

稻杂交”的新设想。在这一思想指导下，袁隆平在1973年10月发表了题为《利用野败选育三系的进展》的论文，正式宣告我国籼型杂交水稻“三系”配套成功。这是我国水稻育种的一个重大突破。紧接着，他和同事们又相继攻克了杂种“优势关”和“制种关”，为水稻杂种优势利用铺平了道路。

1995年8月，袁隆平郑重宣布：我国历经9年的两系法杂交水稻研究已取得突破性进展，可以在生产上大面积推广。正如袁隆平在育种战略上所设想的，两系法杂交水稻确实表现出更好的增产效果。袁隆平是中国杂交水稻事业的开创者，是当代神农，他不懈探索，为人类运用科技手段战胜饥饿带来绿色的希望和金色的收获，不仅为解决中国人民的温饱和保障国家粮食安全做出了贡献，更为世界和平和社会进步树立了丰碑。

主题六　做有本领有理想的劳动者

劳动是成功的必由之路，是创造价值的源泉。大学生群体作为新时代的劳动者，是民族的希望，更是中国梦未来的践行者。我们要树立远大理想、热爱伟大祖国、担当时代责任、勇于砥砺奋斗、练就过硬本领、锤炼品德修为，在生活中培养良好的劳动习惯，养成勤俭、奋斗、创新、奉献的劳动精神，树立起劳动最光荣、劳动最崇高、劳动最伟大、劳动最美丽的观念，自觉向劳模、大国工匠看齐，学习劳模精神，传承工匠精神。

一、做有理想的劳动者

理想是人生的动力，它给人以勇气、鼓励和支持，激发年轻人的斗志和激情。理想是一种纵向的追求，它比目的更为深层次，是人类精神生活中一种更加高远、更加崇高、更加激发人的内在潜能的追求。新时代年轻人是一个富有梦想的群体，应在梦想中追求自我价值和社会价值的最大实现。同时，作为一个新时代的劳动者，我们要有自己的目标和信仰，对人生要负有责任感与担当意识，追求自我实现的同时，更应关注社会民生问题和社会责任，追求社会发展与进步目标，为实现中华民族伟大复兴的中国梦奋斗。广大青年既是追梦者，也是圆梦人。追梦就需要有激情、有理想，就要有执着的信念、优良的品德、高尚的情操和精神。

二、做有本领的劳动者

本领是指一个人掌握的知识、技能和经验，它是实现理想的基础。现代社会发展迅速，育才环境日益优化，市场竞争也越来越激烈，工作岗位（群）对人才和技能的要求越来越高，也更加复合化，企业需要全面发展以及职业技能、职业素养兼备的高素质复合型人才来为其发展提供有力支撑。因此，要想成为一名有本领的劳动者，要想成就一番事业，必须要有全面的知识、过硬的本领、丰富的实际经验，求真学问，练真本领，求真理、悟道理、明事理、善创新、会合作，把终身学习和劳动实践作为

学习笔记

一种责任、一种精神追求、一种发展方式。做有本领高素质的劳动者，找准自己的兴趣、长处和擅长的领域，加强相关知识与技能的学习和实践，不断提升自己的专业能力和职业素养，积极参与实践活动，锻炼自己的实践能力。在不断学习、成长和实践中，为自己人生的发展打下坚实的基础。

三、做有担当的劳动者

有担当是新时代劳动者必须具备的重要特征。担当，是一个人对生命的态度和承担，对家庭、对百姓、对国家和民族赋予自己的重大历史使命和责任的表现。作为一个有担当的劳动者，要具有爱国主义精神，要具有社会责任感，能够在社会发展中做出积极的贡献。同时，有担当的人会对自己的行为、言行负责，并为其后果承担责任。只有具备了这种认真对待生活和社会责任的态度，才能担任重要的责任，并为自己的人生保驾护航。面对新时代的要求和社会发展，我们必须担起历史和未来的责任，立足本职岗位，履行使命，为国家的繁荣发展和民族复兴做出自己的贡献。

中国特色社会主义进入新时代，中国日益走近世界舞台中央，中华民族距离伟大复兴的目标从未如此之近。广大青年生逢其时，也重任在肩，我们要同全国各族人民一道，珍惜韶华、奋发有为，向劳模看齐，向大国工匠看齐，学习劳模精神，传承工匠精神，发扬创新精神，自觉担负起时代赋予青年的历史重任，勇做走在新时代前列的奋进者、开拓者、奉献者、劳动者、创新者，做知行合一的实干家。要充分把握好宝贵的青春时光，在学习好理论知识的同时，把理论与实践结合起来，积极参加学校、社会组织的各项实践活动，在实践活动过程中，逐渐培养自己的劳动素养、劳动品质、劳动技能，做新时代有理想、有本领、有担当的劳动者。唯有如此，才能在激荡的时代浪潮中赢得主动、拥有未来，将青春绽放出更加璀璨的光彩。

温故知新　巩固基础知识

一、名词解释

1. 劳动教育　2. 劳动纪律　3. 工匠精神　4. 创新精神　5. 劳模精神

二、填空题

1. 依据马克思主义劳动观，劳动可分为________劳动和________劳动，相应地也可将劳动教育分为________劳动教育和非生产劳动教育，其中非生产劳动教育又分为________劳动教育和________劳动教育。

2.《关于全面加强新时代大中小学劳动教育的意见》从________、________、能力习惯三个方面面向全体学生提出了劳动教育的目标，突出强调劳动教育的思想性。

3. 劳动素养主要包括________、________、劳动态度和劳动价值观四个方面。

4. “工匠精神”的基本内涵包括：“执着专注、________、________、追求卓越”，这十六个字生动概括了工匠精神的深刻内涵。

5. 创业精神是一种具有积极主动、敢于________、具有________意识和责任心

学习笔记

的态度和行为。

6. 劳模精神的核心是________、争创一流、________、勇于创新、淡泊名利、甘于奉献的精神。

三、简答题

1. 劳动教育的意义是什么？
2. 劳动素养的主要内容有哪些？
3. 如何培育创业精神？
4. 劳模精神的核心是什么？
5. 如何践行工匠精神？
6. 如何践行劳模精神？

劳动光荣　积极参加课外劳动实践活动

传统手工艺是中国文化的母体，是民族情感、个性特征和民族凝聚力的载体，是中华民族文化艺术的瑰宝。手工制作工艺是生产者的艺术，它出自民间，服务于民，将实用和审美融于一体，带有物质和精神的双重性。传承传统手工艺，在社会、经济、文化和政治等诸多方面都有着重要的意义。

请你根据自己的喜好，通过网络学习、拜访手艺人等方式，学习一种或多种传统技艺，亲身感受技能之美，并把实践过程记录下来，与同学们分享。

劳动美丽　用情景剧展示劳动实践活动

围绕本单元所学内容，同学之间团结协作，组织编写和排练一部简单的反映工匠精神、劳模精神、创业精神、创新精神等方面的情景剧（话剧）或微电影等，以微电影、微视频方式，向班级、老师和学校展示，营造劳动美丽、劳动崇高、劳动光荣、技能宝贵、创造伟大的氛围。

技能宝贵　开展劳动技能竞赛活动

围绕本单元所学内容，以班级为单位，结合本专业特点，针对某一技能（或几项技能综合），全班以分组（或以个人）参赛方式，开展劳动技能展示和竞赛活动，培养精湛的劳动技能，展示你的劳动态度、劳动技能、劳动品质和劳动成果。

考核评价　劳动成果与行为表现评价

通过系列劳动实践与学习，你的劳动表现、学习效果及劳动成果可按如下标准进行评价：

学习笔记

劳动成果与行为表现考核评价表

（考核时间：__________-__________学年__________学期）

<table>
<tr><th rowspan="2">序号</th><th rowspan="2">评价内容</th><th rowspan="2">满分值</th><th colspan="3">评价主体及权重</th><th rowspan="2">实际得分</th></tr>
<tr><th>自评（10%）</th><th>组评（20%）</th><th>师评（70%）</th></tr>
<tr><td>1</td><td>劳动计划</td><td>10</td><td></td><td></td><td></td><td></td></tr>
<tr><td>2</td><td>劳动过程</td><td>10</td><td></td><td></td><td></td><td></td></tr>
<tr><td>3</td><td>劳动态度</td><td>10</td><td></td><td></td><td></td><td></td></tr>
<tr><td>4</td><td>劳动方法</td><td>10</td><td></td><td></td><td></td><td></td></tr>
<tr><td>5</td><td>劳动成果</td><td>10</td><td></td><td></td><td></td><td></td></tr>
<tr><td>6</td><td>沟通表达</td><td>10</td><td></td><td></td><td></td><td></td></tr>
<tr><td>7</td><td>团结协作</td><td>10</td><td></td><td></td><td></td><td></td></tr>
<tr><td>8</td><td>创新思维</td><td>10</td><td></td><td></td><td></td><td></td></tr>
<tr><td>9</td><td>安全规范</td><td>10</td><td></td><td></td><td></td><td></td></tr>
<tr><td>10</td><td>劳动总结</td><td>10</td><td></td><td></td><td></td><td></td></tr>
<tr><td colspan="2">合计</td><td>100</td><td></td><td></td><td></td><td></td></tr>
<tr><td colspan="2">评价等级</td><td colspan="5"></td></tr>
<tr><td>简述劳动心得</td><td colspan="6"></td></tr>
<tr><td colspan="2">评级标准</td><td colspan="5">总得分大于85分（含85分），为“优秀”；总得分在85～70（含70分），为“良好”；总得分在70～60（含60分），为“一般”；总得分小于60分，为“待提高”</td></tr>
</table>

学习笔记

单元三 积极参加校内劳动实践

引 言

校内劳动实践以校园、宿舍、教室、餐厅、运动场馆、实训室等为劳动场景，是一种将劳动教育融入大学生日常学习和生活的重要实践活动之一。通过劳动实践活动让大学生深入认识劳动的价值和意义，热爱劳动，尊重普通劳动者，牢固树立劳动最光荣、劳动最崇高、劳动最伟大、劳动最美丽的思想观念；通过劳动实践活动，学会使用日常生活劳动工具，亲身体验劳动的艰辛，形成尊重劳动、热爱劳动、珍惜劳动成果的真情感。同时，在劳动中强化社会责任感，树立正确的劳动价值观。

劳动格言

劳动就是生命、思想和光明。

——雨果

成功＝艰苦的劳动＋正确的方法＋少谈空话。

——爱因斯坦

勤能补拙是良训，一分辛劳一分才。

——华罗庚

教学目标

1. **知识目标**——学习与实践个人形象管理、宿舍生活技能、个人特长技能、个人紧急事态应急技能、急救技能、校园公益劳动、绿色低碳生活、中华优秀传统技艺等基础知识、基本技能和安全知识，践行各种劳动活动，拓展对劳动的认识。

2. **能力目标**——学会基本的宿舍生活技能、个人特长技能、个人紧急事态应急技能、急救技能、中华优秀传统技艺等基本技能，提升劳动技能和社会适应能力。

3. **方法目标**——通过创设贴近实际生活的情境，让学生在模拟真实环境中学习并应用所学技能，学会科学制订劳动实践计划（规划），学会沟通与解决问题，学会团队协作，提升生活和学习中解决实际问题的能力。

4. **素养目标**——围绕学生核心素养培养目标，通过各项劳动实践，重点培养

学习笔记

人文底蕴、勇于探究、自我认知、节约意识、安全意识、生命意识、服务意识、环保意识、文化自信、社会责任、国家认同、实践创新等核心素养（或要素）。同时，积极参加校内劳动实践活动，认识劳动创造价值、创造财富、创造美好生活的道理，践行新时代劳动精神。

主题一 加强个人形象管理

一、个人形象管理概述

个人形象管理是指大学生在日常生活和学习中，通过合理的形象管理和维护，以树立积极、健康的个人形象，提升自我价值和社会认同感的过程。

二、加强个人形象管理的意义

1. 提升自我价值感

良好的个人形象可以让大学生感到更加自信和自尊，从而增强自我价值感。这对于大学生的个人成长和发展至关重要，可以帮助他们更好地应对生活中的挑战和困难。

2. 展示专业形象

作为未来职场的人士，大学生需要展示自己的专业形象。通过加强个人形象管理，大学生可以塑造出符合自己专业和职业定位的形象，提升自己在就业市场上的竞争力。

3. 塑造良好人际关系

个人形象也是社交名片，良好的形象可以帮助大学生更好地与他人建立联系和沟通。在校园里，大学生可以通过展现自己的个性和魅力，吸引更多志同道合的朋友和伙伴，为未来的职业发展打下良好的人际关系基础。

4. 增强社会适应能力

加强个人形象管理可以帮助大学生更好地适应社会环境。在现代社会中，形象管理已经成为一种基本的社交技能，通过学习和实践这种技能，大学生可以更好地融入社会，展示自己的能力和价值。

三、个人形象管理内容

（一）仪容仪表

1. 发型

（1）男生。要求前发长不到眉，两边发长不到耳，不留大鬓角，不烫发，不染异色发，不理碎发，不剃光头，不留怪异发式。

学习笔记

（2）女生。要求前发不得遮脸，发型自然、大方、整齐，不烫发，不染异色发，不束怪发，不理碎发。

2. 妆容

（1）男生。男生尽量不要化妆，要有阳刚之气；男生不得佩戴耳钉、耳环、护身符等不符合学生身份的首饰。

（2）女生。女生以化淡妆为宜，以自然清淡为主，忌浓妆艳抹；经常保持指甲干净，不得留过长指甲，不涂指甲油，不得纹身绘身，不得粘纹身贴等；女生不得佩戴造型“奇异夸张”的首饰（首饰泛指头饰、手饰、项饰、胸饰，如耳环、发簪、耳钳、手镯、臂镯、戒指、项链、项坠、项圈、胸针、领针、别针等），不得外扎奇异腰带。

3. 服饰

（1）男生。穿戴符合学生要求，整洁朴素、大方得体；穿着要整洁干净，衣领翻好，扣子扣齐、鞋带系好；宿舍以外的公共场合，男生不准穿背心、短裤。

（2）女生。女生着装不得穿抹胸、露背及过短、过透、过紧、露脐、露腰等服装：如吊带、超短裙、超短裤、低腰裤、低胸装、露脐装、迷你裙、透视装、乞丐装等奇异服装；不穿拖鞋进教室，不盲目追求名贵服饰。

（二）社交礼仪

1. 行为礼仪

（1）打招呼礼仪：打招呼要选择合适的时间和方式，不要在对方忙碌或不适的时候打扰；与人打招呼面带微笑、热情大方，不要夸大表情；打招呼的先后顺序是：主动与尊长打招呼，如果尊长有多人从级别最高的人开始问候；在打招呼时，要尊重不同文化之间的差异，了解并遵循不同文化的礼仪规范等。

（2）介绍礼仪：自我介绍时，自己的名字要特别说清楚。一些人在自我介绍时，吐字快，别人听不清楚，自然也就记不住名字，甚至会带来坏印象；当他人做自我介绍时，不要考虑自己该说什么，而要全神贯注地听对方自我介绍并微笑着用眼神与对方交流;为他人做介绍时，一般是将年轻人介绍给老年人、职位低的介绍给职位高的、男士介绍给女士等。

（3）乘电梯礼仪：在乘坐电梯时，应遵循先下后上原则，让已经在电梯内的人先出，然后再进入电梯；在电梯内，如果遇到长辈或女士，应主动让他们先使用电梯；在电梯内，应面朝电梯门站立，不要背对电梯门或斜靠在电梯壁上；如果电梯门即将关闭，但还有其他人没有进入电梯，应等待他们进入后再关闭电梯门；进出电梯要礼让，遇到“老、幼、病、残、孕”者，应让其先行等。

（4）握手礼仪：应目视对方的双眼，同时带有笑容，以表达友好和热情；用力应适当，不宜过重或过轻；在握手时一般应起身站立，迎向对方，以示尊重和礼貌；在男女之间，男方要等女方先伸手后才能握手；在宾主之间，主人应向客人先伸手；在长幼之间，年幼的要等年长的先伸手后才能握手。

学习笔记

2. 沟通礼仪

（1）肢体礼仪:注意保持身体挺直，不要佝偻或者抖动。当坐着时，要放松身体，但不要过于随意。与人交谈时，要保持适当距离，避免过于接近或远离对方。同时，要注意手势的使用，避免过于夸张或过于拘谨。

（2）言谈礼仪：在与人交流时，要注意语音、语态、语气和语速。语音要清晰、准确，不要大声喧哗或过高过低。语态要自然、亲切，不要过于严肃或轻浮。语气要平和、友善，不要过于生硬或冷淡。语速要适中，不要过快或过慢。

（3）电话礼仪:在接听电话时，要注意礼貌用语，如“您好”“请问有什么事情”等。同时，要注意听取对方的意见和需求，给予积极的回应和建议。在拨打电话时，要事先准备好要说的内容，避免浪费时间，或让对方感到不耐烦。

（4）尊重他人：无论在任何场合，都要尊重他人，包括尊重他人的文化背景、个性特点等。在与人交流时，要避免使用带有攻击性或不适当的语言，以免伤害他人的感情。

（三）其他礼仪

1. 课堂礼仪

（1）文明礼貌，尊师重教。

（2）保持良好的学习习惯，按时上课，不迟到、不早退、不旷课。

（3）遵守课堂纪律和请假制度，不随意进出教室。

（4）保持教室环境整洁，不在课堂进食、抽烟、乱扔果皮纸屑等。

（5）手机等移动设备关机或调至静音。

（6）上课不睡觉，不吃零食，听课不出声，不打断任课教师和同学的发言。

（7）积极参与小组合作讨论，不说闲话，不做闲事，与同学和睦相处。

2. 宿舍礼仪

（1）遵守宿舍管理规定，养成良好的生活习惯。应按时起床，按时就寝，不准晚归或夜不归宿。

（2）禁止在宿舍抽烟、酗酒，禁止一切在宿舍内进行售卖烟酒等经商活动及商业广告宣传活动。

（3）禁止在宿舍内使用大功率电器、管制刀具和液化气瓶等危险品，禁止在宿舍内煮食。

（4）应按时整理宿舍内务及走廊等公共区域卫生，保持宿舍整洁规范、空气清新、物品摆放有序、被子和衣物叠放整齐，做好宿舍“门前三包”工作，即包干净、包整齐、包安全。爱护宿舍公物，包括走廊、室内设施及路灯、草地、消防设施等。

拓展阅读

王师傅，一位在机械制造行业耕耘多年的劳动模范。王师傅深知作为一名劳动模范，首先要具备过硬的专业技能。因此，他不断学习新知识，提升自己的技术水平。在工厂里，他总是穿着整洁的工作服，佩戴齐全的安全防护用品，展现出专业、严谨的形象。他的工作态度认真负责，对待每一个生产环节都精益求精，确保产品质量达到最高标准。这种专业形象的塑造，使得王师傅在同事中树立了良好的口碑，成为了大家学习的榜样。他每天早出晚归，辛勤工作在车间里，从不抱怨辛苦。无论是炎炎夏日还是寒风凛冽，他都能坚守岗位，用实际行动诠释着劳动精神。他的这种勤劳朴实的品质，不仅赢得了同事们的尊重，也感染了身边的人，激发了大家的工作热情。王师傅在劳动中始终保持着积极向上的心态，用自己的行动传播着正能量。他善于与同事沟通交流，分享工作经验和心得，帮助大家解决工作中遇到的问题。在团队中，他总是发挥着模范带头作用，带领大家一起努力，共同完成任务。他的这种积极向上的精神风貌，使得整个团队氛围更加融洽，工作效率也得到了提升。他积极参与社区活动，为邻里提供帮助，用实际行动践行社会主义核心价值观。他的善举和良好品行得到了社区居民的广泛赞誉，进一步提升了他的社会形象。

主题二　展示宿舍生活技能

一、宿舍生活技能概述

宿舍生活技能是指大学生在宿舍环境中所需掌握的一系列生活技能和能力，以帮助他们更好地适应宿舍生活和宿舍管理要求。

二、学习宿舍生活技能的意义

通过科学地打扫寝室、收纳物品、整理内务，将劳动教育引入学生的日常生活和宿舍管理中，帮助学生规范日常校园生活习惯，养成良好的生活形象，增强动手能力和自理能力，营造和谐、舒适、干净、整洁、文明、温馨的校园寝室环境，提高大学校园生活质量和品质。

三、学习宿舍生活技能的内容

（一）收纳管理

1. 收纳管理的原则

（1）分类清晰：将物品按照类别进行分类收纳，如衣物、书籍、化妆品等，这样可以快速找到所需物品，减少翻找时间。

（2）简化整理：尽量减少不必要的物品，将不常用的物品存放在衣柜或储物柜中，只将常用的物品放在容易取用的地方。

（3）空间利用：合理利用宿舍空间，如使用收纳盒、挂架等，将物品整齐摆放，避免杂乱无章，保持物品井然有序，整齐划一。

学习笔记

（4）方便取用：将常用的物品放在容易取用的地方，如将书本放在书桌上，将衣物挂在衣柜里，这样可以节省时间和精力。

2. 收纳管理的方法

1）床上用品收纳

枕套的收纳法。第一步，将枕套平铺展开；第二步，竖着折叠三次；第三步，横着折叠一次；第四步，再横着折叠一次。

床单和被套的收纳法。第一步：床单和被套竖着对折后，分为两等份，上部向下部折叠；第二步：下方部分向上折叠；第三步：上方部分向下折叠；第四步：横着再折叠两次，可根据衣柜的具体尺寸调节折叠尺寸。

床上用品的摆放。将相同类别的物品尽量放在同一隔断内，枕套、被套和床单以套为单位放在相同隔断内，便于寻找和使用。不同季节的被子因为换季时才取用，尽量放在衣柜最高处。

2）桌面收纳

整洁的桌面对学习、工作、用餐都是很重要的。纸巾盒、置物架、电脑增高架等是桌面整理的好帮手。纸巾盒可以用“免打孔贴”贴在书桌侧面或书柜上面，这样既节省了桌面空间，还方便拿取。分层的置物架既可以增加桌子的使用面积和空间的利用率，还可以对物品进行分类收纳。

3）化妆品收纳

爱美是人的天性，越来越多的大学生有护肤和化妆的习惯，化妆品多的情况下就会散落在桌子上或抽屉中，不方便日常取用。针对此现象，可用化妆包、化妆置物架（图 3-1）、化妆收纳盒（图 3-2）等进行归纳整理。

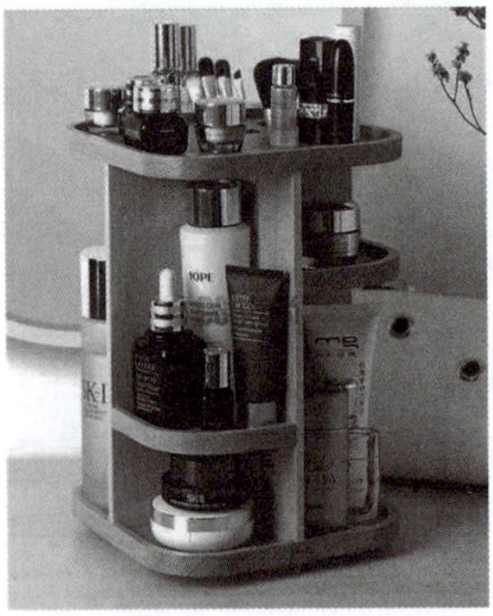

图 3-1　化妆置物架

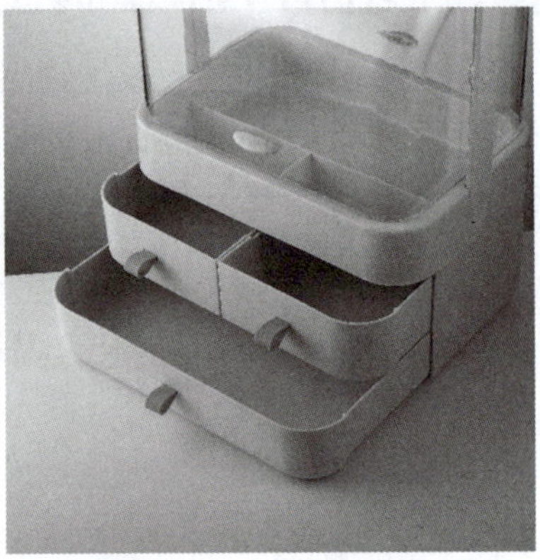

图 3-2　化妆收纳盒

4）书籍收纳

宿舍空间通常有限，合理整理书籍可以节省空间，使宿舍更加整洁和宽敞。书籍收纳可根据个人的喜好和需求进行整理。如果有小书架（图 3-3），可按书籍的高低纵向整理进书架，这时书籍上方留有一些剩余空间，也可将较小的一些书籍放在该区域；如果没有书架，可利用旧纸箱或书籍收纳盒（图 3-4）对书籍进行收纳和整理。整理

学习笔记

不常用的书籍，按高度或大小码放整齐后放入纸箱中最底层，偶尔需要翻看的书籍放在纸箱或收纳盒上层。

图 3-3　小书架

图 3-4　书籍收纳盒

5）卫生间收纳

合理利用可移动置物架和墙壁置物架可帮助解决寝室物品收纳问题。可移动置物架（图 3-5）方便打扫卫生，墙壁置物架（图 3-6）可以增加卫生间的空间利用率。

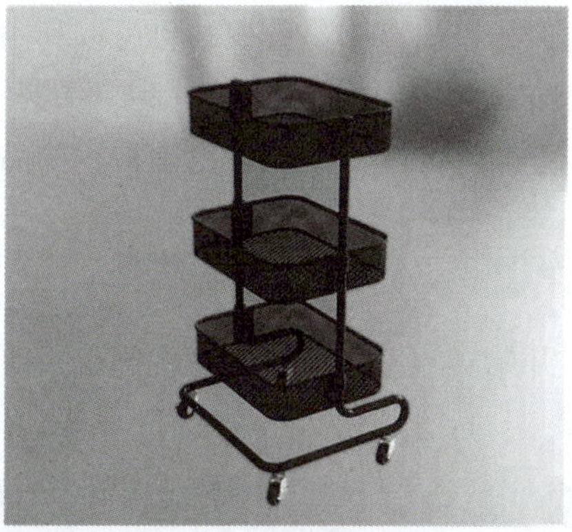

图 3-5　可移动置物架

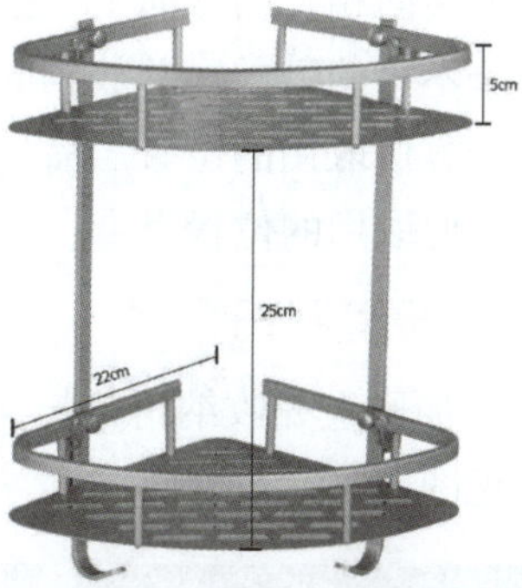

图 3-6　墙壁置物架

6）衣服收纳

衣服可按季节、款式和色系进行收纳。按季节分类，换季的衣物收纳入箱，衣柜里只摆放当季的衣物。按款式分类，衣柜的不同位置分为外套类、衬衣类、T 恤类、长裤类、内衣类和袜子类等。如果对颜色有需求，可以按冷暖色系或深浅色系分类。在寝室中，由于每个同学通常只有一个衣柜，多余的衣服可利用行李箱和收纳箱进行辅助收纳。

外套收纳方法。第一步，外套纵向从左边折叠到右边；第二步，外套衣袖折叠；第三步，竖着将外套分成三等份，从领口向领摆翻折。

毛衣收纳方法。第一步，毛衣纵向从左边折叠到右边；第二步，毛衣衣袖折叠；第三步，竖着将毛衣分成三等份，从领口向领摆翻折；第四步，折叠完成。

长裤收纳方法。第一步，提起裤裆往外折；第二步，纵向对折裤子；第三步，裤腿对折两下；第四步，裤腰对折一下。

短裤收纳方法。第一步，竖着折叠一次；第二步，将裤裆突出的部分竖着折叠；第三步，裤腿对折；第四步，再次对折。

衬衫收纳方法。第一步，衬衫正面朝里背面朝外铺平；第二步，左右胳膊抱一下；第三步，提起衬衫下边衣摆向衣领下面折叠；第四步，衣服分成三等分，左右对折。

短袖T恤收纳方法。第一步，T恤正面朝外背面朝里铺平整；第二步，左右两侧依次向中间折叠，保持两侧成长方形条；第三步，竖着将短袖T恤分成三等份，从领口向领摆翻折。

背心收纳方法。第一步，将背心展开，横着对折；第二步，再横着对折一次；第三步，竖着将背心分成三等份，从领口向领摆翻折一下。

袜子收纳方法。第一步，理出袜子脚后跟，一只向上，一直向下；第二步，两只袜子重叠脚后跟部分错开；第三步，袜口处变口袋；第四步，袜子向内翻折塞入口袋里。

7）鞋子收纳

首先，寝室里如果有简易鞋架，可以利用前后错位法和上下错位法进行收纳。前后错位法是把一双鞋的鞋尖向相反的方向平行摆放后进行收纳。上下错位法则是把一双鞋的鞋尖向相反的方向上下摆放后进行收纳。如果没有简易鞋架，也可以利用鞋盒收纳当季不穿的鞋子，并放到固定的位置。其次，考虑到拖鞋是每天都要穿的，拖鞋应放在最方便取用的位置。另外，大学生有体育锻炼需求，运动鞋也是常用物品，应该放在方便取用的位置。

（二）寝室打扫

寝室原则上先收纳再打扫，收纳整理后，开始对寝室、阳台、卫生间、浴室进行打扫（见图3-7）。

图3-7　寝室打扫

1. 打扫工具

打扫工具主要有袖套、手套、口罩、扫帚、拖布、水桶、抹布、清洁剂、报纸、海绵、消毒液等。

2. 打扫前准备

打扫前5～10 min，教师对本次大扫除进行明确分工，要求人人参与，做到分工合作，责任到人。教师需提前对学生进行有关卫生打扫的安全教育，避免安全事故发生；打扫时合理进行分工，打扫中要互帮互助，团结协作，共同完成打扫任务。

拓展知识

学习笔记

收纳管理作为一项重要的生活技能，不仅能够提升个人的生活质量，还能够转化为职业技能，在专业领域中发挥重要作用。近年来，收纳管理在职业技能比赛中，通常要求参赛者展示其在空间优化、物品整理和系统化管理等方面的专业能力。

首先，它不仅是对参赛者个人生活管理能力的考验，更是对其创造力、空间规划能力和审美能力的全面挑战。在技能比赛中，收纳管理不仅要求参赛者具备基础的整理和分类技能，还要求他们能够高效利用空间，进行创新性的收纳设计，以实现既美观又实用的收纳效果。

其次，收纳管理技能比赛强调的是实际操作能力。参赛者需要在有限的时间内，针对给定的空间和物品制定出合理的收纳方案并迅速执行。这种高压环境下的快速反应和执行能力，对于提升个人的应急处理能力和时间管理能力具有重要意义。

此外，收纳管理技能比赛还有助于推动行业的发展。通过比赛，可以发现和培养收纳管理领域的专业人才，推广先进的收纳理念和技术，提高公众对于收纳管理重要性的认识。这对于提升整个社会的生活质量和工作效率具有积极的推动作用。希望以后可以用自己的技能做些公益活动，带动身边的人，提升自我价值。

主题三　展示个人特长技能

个人特长技能是指一个人在某一方面（或领域）具有特别擅长的能力或技艺。

一、培养个人特长技能的重要性

1. 提升自信与自我价值感

通过展示个人特长技能，大学生可以在同学、老师或社会公众面前展现自己的独特之处，从而增强自信心和自我价值感。这有助于大学生建立积极的自我形象，更好地认识自己，发掘自身潜力。

2. 促进个人发展与兴趣培养

在展示特长技能过程中，大学生需要不断地学习和实践，这有助于大学生在某一领域或方面取得更深的造诣。同时，通过不断挑战自己，大学生也可以发现自己的兴趣和激情所在，从而培养持续学习和进步的动力。

3. 拓展人际关系与社交网络

在展示特长技能过程中，大学生可以结识志同道合的朋友，建立广泛的人际关系。这有助于大学生在未来的学习、工作和生活中拓展自己的社交网络，获取更多的资源和机会。

学习笔记

4. 增强就业竞争力

许多特长技能在就业市场上具有很高的价值。通过展示个人特长技能，大学生可以向企业展示自己的独特之处和优势，从而在求职过程中脱颖而出。此外，一些特长技能还可能成为大学生在实习、志愿服务或创业等方面的敲门砖。

5. 丰富校园文化生活

大学生展示个人特长技能还有助于丰富校园文化生活。通过举办各类才艺比赛、演出等活动，可以营造积极向上的校园文化氛围，增进同学之间的交流与互动，促进校园文化的多元发展。

二、个人特长技能学习项目

（一）学习无人机航拍摄影技能

无人机航拍摄影（图 3-8）是以无人驾驶飞机作为空中平台，利用机载遥感设备，如高分辨率 CCD 数码相机、轻型光学相机、红外扫描仪、激光扫描仪、磁测仪等获取信息，用计算机对图像信息进行处理，并按照一定精度要求制作成图像的过程。

图 3-8　无人机航拍摄影

1. 航拍前准备

（1）确认已获得飞行许可或不在禁（限）飞区。

（2）准备航拍工具：模拟遥控器、模拟飞行软件、无人机。

（3）相关人员需要熟悉航拍场地，观察飞行环境，做好航线规划，选择四周及上方空旷、地面平整的场地作为起降点，并确保有足够的空间进行飞行。

（4）飞行前，检查所有设备电量是否充足，动力电池应预热至适当温度（如 30 ℃以上），特别是在环境温度低于 15 ℃时。

（5）熟悉各种无人机的型号和航拍所需的软件。

（6）起飞前了解安全飞行注意事项，防止在运行过程中出现由于运行失误或其他外来原因而造成无人机损坏情况。

（7）避免在大风、雨雾、雷电等恶劣天气中飞行。

2. 航拍中要求

（1）保持无人机的飞行稳定性非常重要，以确保拍摄的画面清晰、稳定。在飞行过程中，避免过快或过猛的转弯，以及过高的升降速度。

（2）为了获得高质量的三维模型，图像重叠度是一个关键参数。一般来说，图像重叠度应达到60%以上，最佳的重叠度是70%～85%。足够的重叠度可以保证同名像点在多张照片和多个视角上都能体现，防止在各视角影像上同时出现遮挡情况。

（3）航拍时，镜头必须垂直向下，呈90°角拍摄，以确保拍摄的画面准确反映地面情况。

（4）在航拍过程中，要保持无人机的高度一致，并确保航点分布均匀。这有助于避免拍摄出的图像出现缝隙或重叠不足问题。

3. 航拍实施

（1）穿行拍摄。无人机穿行拍摄是一种特殊的航拍摄影技巧，通过在狭窄的空间或障碍物之间穿行，以获得独特和震撼的视觉效果。

首先，确保无人机具备足够的机动性和稳定性，以应对穿行拍摄中的快速移动和突然转向。其次，掌握无人机的起飞、降落、悬停、转向等基本操作，熟悉无人机的飞行模式和控制器设置，注意无人机周围的障碍物和环境。在日出或日落时分进行拍摄，利用柔和的光线可获得美丽的画面；或者选择独特的视角，如低角度穿行拍摄，可获得更具冲击力的视觉效果。

（2）鸟瞰拍摄。无人机鸟瞰拍摄是指利用无人机在空中悬停或飞行过程中，以较高的角度俯瞰地面或目标，从而获取广阔视野和壮观景象的拍摄方式。

首先，确保无人机具备足够的飞行高度和稳定性，以及适合鸟瞰拍摄的摄像头，从而明确拍摄目标和想要表达的效果。其次，利用无人机具备的智能飞行功能，如自动追踪、定高悬停等，提高拍摄的稳定性和效果。拍摄完成后，可以利用后期处理软件对图像进行调整和优化，如裁剪、调整色彩、增强对比度等。同时，也可以通过编辑软件将多个鸟瞰镜头组合成一段视频，以呈现更加震撼和动态的视觉效果。

（二）学习面点花膜制作技能

面点花膜（图3-9）制作是指利用面粉等食材，通过一系列工艺手法，制作出具有各种形状、色彩和图案的面点艺术品的过程。

图3-9　面点花膜

1. 制作前准备

（1）材料：准备好面粉、酵母、白糖、温水、盐等基本材料。其中，面粉是制作

学习笔记

面点花膜的主要原料，应选择高质量面粉，以保证制作出的面点花膜口感细腻、柔软。酵母是用于发酵的，能够促进面团的膨胀和松软，白糖则是为了增加面团的甜度，促进酵母发酵。温水是用来和面的，盐则可以提高面团的筋度和口感。

（2）工具：准备好擀面杖、刀、模具、蒸锅等。擀面杖用于将面团擀成薄片，刀则用于切割面团和制作面点花膜细节部分，模具可以用于制作各种形状的面点花膜，蒸锅则是用来蒸煮面点花膜的重要设备。

2. 制作要求

（1）面点花膜的造型要求简单大方。在面点花膜制作中，造型要简单大方，摒弃烦琐、不必要的装饰，使面点花膜与食客的审美相契合。

（2）色彩是面点花膜的重要组成部分，能够为造型加分。中式面点花膜要求色彩生动形象，因此面点花膜的色彩搭配要合理、协调，使人感到舒适、美观。

（3）制作面点花膜需要精湛的技艺和丰富的经验，制作者需要掌握各种工艺手法和技巧，如揉、捏、搓、拉、卷等，使面点花膜的形状、大小、厚薄等符合要求，同时还要注重细节处理，使面点花膜更加逼真、生动。

（4）面点花膜的卫生要求严格。在制作过程中，需要保持手部和工具的清洁卫生，避免污染食材和影响口感。同时，制作场所也需要符合卫生标准，确保面点花膜的卫生质量。

3. 面点花膜制作

（1）荷塘月色。面点花膜荷塘月色是一种具有诗意和艺术性的面点花膜。它借用了中国传统文学中“荷塘月色”意境，通过精细的面点制作技巧，将这一自然景象呈现在面点之上。

面点花膜荷塘月色通常包含以下几个主要元素：

荷叶：使用面粉等原料制作出绿色面片，经过巧妙地塑形，呈现出荷叶的形状和纹理。有的还会在荷叶上刻画出细腻的脉络，使其更加逼真。

荷花：荷花是荷塘中的主角，可以通过精细的揉捏和塑形技巧，用面团制作出花瓣的形状，再搭配适当的颜色，如粉色或白色，使荷花更加娇艳。

月色：月色通常是通过在面点表面刷上一层淡淡的黄色或白色来实现的，象征着夜晚的月光洒在荷塘之上，营造出一种静谧、唯美的氛围。

水波：为了表现荷塘中的水面，制作者会在面点周围巧妙地制作出波纹效果，使面点花膜整体看起来更加生动。

（2）花开富贵。面点花膜花开富贵是一种富有吉祥寓意和视觉美感的面点花膜。它结合了传统面点技艺和现代审美观念，通过精心设计和制作，将“花开富贵”的美好寓意融入面点之中。

面点花膜花开富贵的主要特点包括：

花卉造型：面点通常以花朵为主要造型，如牡丹、菊花、玫瑰等，这些花卉在中国文化中常常象征着富贵和吉祥。通过巧妙的塑形和着色技巧，使花朵看起来栩栩

学习笔记

如生，充满生机。

色彩丰富：为了表现花朵的绚丽多彩，制作者会使用多种颜色的食材进行着色，如红色、黄色、绿色等。这些色彩的巧妙搭配，不仅使面点更加美观，还增加了食欲。

寓意深刻："花开富贵"寓意着繁荣昌盛和富贵吉祥。在特殊场合如婚礼、生日庆典等，这种面点常作为吉祥食品出现，寄托着人们对美好生活的向往和祝福。

（三）药材做香皂

药材做香皂是指在制作香皂过程中，加入各种具有特定功效的药材成分。这些药材成分可以是中草药、植物精华或者其他天然成分，它们被添加到香皂中，旨在增强香皂的清洁能力、滋养皮肤或者提供其他特定的保健功能。

1. 制作前准备

（1）选择药材：选择的药材应具有想要达到的功效，如抗菌、抗炎、抗氧化、舒缓等。同时，也需要确保药材的质量和安全性，最好选择有机、无农药残留的药材。

（2）研究药材：在选择药材后，需要对其进行一定的研究，了解药材的性质、功效、用法和用量等。这将有助于更好地使用药材，并确保香皂的效果和安全性。

（3）准备工具：搅拌器、模具、电子秤、油脂、碱、水等。

2. 制作中要求

（1）准确计量：在制作过程中，各种原料的用量需要准确计量。这有助于确保香皂的化学成分比例合适，从而发挥其最佳功效。

（2）混合均匀：药材和其他原料充分混合均匀，以确保香皂的化学成分分布均匀，避免出现某些区域药材浓度过高或过低情况。

（3）适当温度：在制作过程中，需要控制适当的温度。这有助于确保药材的有效成分能够充分溶解和混合到香皂中。

（4）注意安全：制作药材香皂时，需要注意安全。特别是当使用强碱性的物质时，需要穿戴防护眼镜、手套等防护用品，避免对皮肤和眼睛造成伤害。

（5）保存和使用：药材香皂制作完成后，需要妥善保存，避免受潮、高温等因素的影响。同时，在使用时，需要按照说明书的要求正确使用，以发挥其最佳功效。

3. 中草药香皂和硫黄香皂的制作

（1）中草药香皂。它是一种使用中草药作为主要成分的皂类产品。它通常采用天然植物提取物，如花、叶、根和果实等，以及草药精油或粉末等作为香皂的成分。

制作中草药香皂的基本步骤如下：

① 准备材料：准备中草药粉末，如艾草、薄荷、玫瑰花等，这些粉末可以根据你想要的功效来选择。此外，还需要橄榄油（具有保湿和滋养肌肤的作用）、椰子油（具有深层清洁和抗菌作用）、碱水（用于中和油脂，使其变成肥皂）、香精（根据个人喜好选择，为香皂增加香气）等。

② 浸泡中草药：将选好的中草药放入清水中浸泡，大约一到两天，以便更好地

学习笔记

提取其药效。

③ 制作皂液：将油脂（如橄榄油和椰子油）混合在一起，然后加入碱水，搅拌均匀。注意，这个过程可能需要一定的温度控制，以确保皂液能够充分混合。

④ 添加中草药：将浸泡好的中草药粉末加入皂液中，搅拌均匀。

⑤ 入模成型：将搅拌好的皂液倒入预先准备好的模具中，等待其自然凝固。这个过程可能需要一段时间，具体时间取决于皂液的温度和环境温度。

⑥ 切割与存储：待香皂完全凝固后，将其从模具中取出，切割成适当的大小，然后存放在干燥通风之处，避免阳光直射。

（2）硫黄香皂。它是指添加有硫黄成分的香皂，是一种硫黄类药皂。硫黄本身具有杀菌灭虫的药理活性，加上肥皂的表面活性剂效果，可以更好地分散以起药理作用。

制作硫黄香皂的步骤如下：

① 准备材料：硫黄、植物油（如橄榄油、椰子油等）、碱性物质（如氢氧化钠）、水等。这些材料都是制作硫黄香皂所必需的。

② 混合材料：将植物油加热至 40 ～ 50 ℃，然后将硫黄粉末加入并搅拌均匀，直到硫黄完全融化。

③ 加入碱性物质：取少量的碱性物质（如氢氧化钠）加入到刚才的混合物中，持续搅拌直到完全混合均匀。

④ 入模成型：将搅拌好的皂液倒入预先准备好的模具中，等待其自然凝固。这个过程可能需要一段时间，具体时间取决于皂液的温度和环境温度。

⑤ 切割与存储：待香皂完全凝固后，将其从模具中取出，切割成适当的大小，然后存放在干燥通风的地方，避免阳光直射。

青春风采

无人机技术的广泛应用，高效地解决了实际生产中的诸多问题，解放了劳动力。无人机在农业、林业植保中得到广泛应用，高效地实现了喷洒农药、解决病虫害的目的；在电力巡线中，借助搭载的大视角高清摄像机，高效地替代人力攀爬，避免了危险作业的情况发生；在水土保持、河道勘探中同样能够高效解决实际生产中遇到的困难，代替人们安全、高效地解决问题。

山西同文职业技术学院 2020 届无人机应用技术专业毕业生李书宇，现在深圳大漠大智控技术有限公司—飞行服务部担任飞手，他曾在 2020 年 9 月 20 日参与一项由官方全球纪录认证举办的“挑战吉尼斯世界纪录”项目，在广东省珠海市打破了“最多无人机同时飞行”的吉尼斯世界纪录，在这次挑战项目中，同时升空飞行 3 051 架无人机，打破了在同年进行，并由俄罗斯无人机团队保持的 2 200 架无人机同时升空的世界纪录。

在此次挑战中，李书宇更加认识到团队合作的重要性，并且不断挖掘着属于他自己的潜能，努力开创更加宽广的美好未来。

学习笔记

主题四　展示个人紧急事态的应急技能

个人紧急事态应急技能是指在突发事件或紧急情况下，个人能够迅速、有效地采取应对措施，保障自身安全并尽可能减少损失的技能。

一、学习个人紧急事态应急技能的意义

首先，可以帮助大学生在紧急情况下迅速、有效地应对，从而保护自身安全。无论是在学校、家庭、职场还是社会中，紧急事件都有可能发生，如火灾、地震、交通事故等。掌握个人紧急事态应急技能，可让大学生在面对这些突发事件时更加冷静、自信，避免恐慌和混乱，从而减少可能的伤害和损失。

其次，学习个人紧急事态应急技能也是大学生社会责任感的体现。作为社会的一员，大学生应具备为社会做贡献的能力和意识。掌握这些技能，不仅可以在紧急情况下自救，还可以帮助他人，为社会贡献一份力量。这种社会责任感的培养，对于大学生个人成长和和谐社会的构建都具有积极意义。

此外，学习个人紧急事态应急技能还可以提高大学生的综合素质和就业竞争力。在现代社会，企业和组织对于员工的综合素质要求越来越高，其中就包括应对突发事件的能力。掌握这些技能，可以让大学生在求职和工作中更加脱颖而出，具备更强的适应能力和竞争力。

二、学习个人紧急事态应急技能的内容

（一）火灾应急技能

火灾是在时间或空间上失去控制的燃烧。在各种灾害中，火灾是最经常、最普遍地威胁公众安全和社会发展的主要灾害之一。

火灾的发生通常需要具备可燃物、助燃物（通常是氧气）和足够的初始能量来触发燃烧。一旦这些条件满足，火势可能会迅速蔓延，对生命和财产造成严重威胁。因此，及时控制火势，防止其蔓延，是火灾应对的关键。

1. 楼层起火

（1）当发现楼内失火时，切忌慌张、乱跑，要冷静地探明着火方位，确定风向，并在火势未蔓延前，朝逆风方向快速离开火灾区域。

（2）起火时，如果楼道被烟火封死，应该立即关闭房门和室内通风孔，防止进烟。随后用湿毛巾堵住口鼻，防止吸入热烟和有毒气体，并将身上的衣服浇湿，以免引火烧身。如果楼道中只有烟没有火，可在头上套一个较大的透明塑料袋，防止烟气刺激眼睛和吸入呼吸道，并采用弯腰的低姿势逃离烟火区。

（3）千万不要从窗口往下跳。如果楼层不高，可以有组织地用绳子从窗口降到安全地区。

（4）发生火灾时，不能乘电梯，因为电梯随时可能发生故障或被火烧坏；应沿防

学习笔记

火安全疏散楼梯朝底楼跑；如果中途防火楼梯被堵死，应立即返回到屋顶平台，并呼救求援。也可以将楼梯间的窗户玻璃打破，向外高声呼救，让救援人员知道你的确切位置，以便营救。

2. 楼梯起火

（1）楼梯起火时，可从窗户旁边安装的落水管道往下爬，但要注意查看管道是否牢固，防止人体攀附上去后落水管道断裂脱落造成伤亡。

（2）将床单撕开连结成绳索，一头牢固地系在窗框上，然后顺绳索滑下去。

（3）楼房的平屋顶是比较安全的场所，也可以到那里暂时避难。

（4）从突出的墙边和相连接的阳台等部位转移到安全区域。

（5）到未着火的房间内躲避并呼救求援。

（6）跳楼往往凶多吉少，是最不可取的逃生方式。但如果你被困在二层楼上，迫不得已则可采用双手扒住窗户或阳台边缘，将两脚慢慢下放，采用双膝微曲往下跳的方法。

3. 宿舍起火

（1）首先要保持镇静，不要惊慌，不盲目行动，选择正确的逃生方法。必须注意的是，火灾现场的温度是十分惊人的，而且烟雾会挡住你的视线。当处于火灾现场时，能见度非常低，在这种情况下，更需要保持镇静，不能惊慌。

（2）试一试房门是否已变热。如果是热的，门不能打开，否则烟和火就会冲进卧室；这时最好将毛毯等织物钉（或夹）在门上，并不断往上浇水冷却，以防止外部火焰及烟气侵入，从而达到抑制火势蔓延速度、增加逃生时间。

（3）发生火灾后，会产生浓烟。遇到浓烟时要马上停下来，千万不要试图从烟火里冲出，在浓烟中应采取低姿势爬行。火灾中产生的浓烟由于热空气上升的作用，大量的浓烟将飘浮在上层，因此在火灾中离地面 30 cm 以下的地方还应该有空气，因此，在浓烟中尽量采取低姿势爬行，头部尽量贴近地面。

（4）在浓烟中逃生，人体如果防护不当，容易将浓烟吸入人体，导致昏厥或窒息，同时眼睛也会因烟的刺激导致刺痛而睁不开。因此，疏散时应用湿毛巾捂住口鼻，以起到降温及过滤作用。

（5）如果被困火中，首先要冷静地分析周围火情并及时确定逃生路线，利用周围一切可利用的条件逃生，如从室内楼梯逃生。如果有电梯千万不能乘坐，因为普通电梯极易断电，没有防烟功效，火灾发生时被卡在空中的可能性极大。如果走不通，可以把床单、被罩或窗帘等撕成条或拧成麻花状，按绳索逃生方式沿外墙爬下。如果建筑物外墙或阳台边上有落水管、电线杆、避雷针引线等竖直管线时，可借助其下滑至地面，同时应注意一次下滑时人数不宜过多，以防止逃生途中因管线损坏而致人坠落。

（6）当实在无路可逃时，可利用卫生间进行避难，用毛巾紧塞门缝，把水泼在地上降温，也可躺在放满水的浴缸里躲避。但千万不要钻到床底、阁楼、厨房等处避难，因为这些地方可燃物多，且容易聚集烟气。

4. 灭火器的使用方法

（1）灭火器分为手提干粉灭火器（图 3-10）、手提式二氧化碳灭火器（图 3-11）和手提 1211 灭火器（图 3-12）等，学校较为常用的是干粉灭火器。

（2）灭火器使用口诀：1 提 2 拉 3 瞄 4 压 5 扫。1 提（提起灭火器之后上下颠倒摇晃使干粉松动）；2 拉（拔掉保险销）；3 瞄（瞄准火苗根部）；4 压（右手压下手柄）；5 扫射（对准火苗根部进行来回扫射）。

图 3-10　干粉灭火器

图 3-11　二氧化碳灭火器

图 3-12　手提 1211 灭火器

（二）地震应急技能

地震是地壳快速释放能量过程中造成的震动，其间会产生地震波的一种自然现象。地球上板块与板块之间相互挤压碰撞，造成板块边沿及板块内部产生错动和破裂，是引起地震的主要原因。

地震是一种突发性自然灾害，发生时往往伴随着剧烈的摇晃和建筑物倒塌等危险情况。如果大学生具备地震急救技能，就能够迅速判断安全避难场所，避免受到伤害，并能够在紧急情况下采取有效的自救和互救，减少人员伤亡。

1. 教室地震逃生方式

应迅速躲在桌子等坚固家具的旁边，如课桌、讲桌，身体采用卧倒或蹲下方式，使身体尽量蜷曲缩小，一手拿书本或书包等物品护住头部，另一只手抓牢课桌、讲桌等固定物体。躲避时要注意避开墙体薄弱的窗户部位，撤离到教室门口，直到震动停止。切忌使用电梯。

2. 餐厅地震逃生方式

迅速俯下身子躲在餐桌下、快速用手护住头，食堂工作人员立即关闭燃气、电源。当强烈震感、特强震感震动停止后，手护头，一手捂住口、鼻，以防止燃气、烟尘、毒气造成的窒息并迅速有序撤离。

3. 宿舍地震逃生方式

如果在白天，迅速俯下身子躲在桌下、快速用手或书本护住头。如果在晚上，迅速下床，保护好头部的同时穿上鞋，睡在下铺并靠近宿舍门的同学一手护头，一手将门打开，另一侧下铺的同学一手护头，一手扶住门，其他同学则躲在桌下，当强烈震感、特强震感震动停止后，选择正确的逃生路线，迅速离开，而负责扶住门的同学最后

学习笔记

撤离。

（三）交通事故应急技能

交通安全是指大学生在校园内和校园外的道路行走、乘坐交通工具时的人身安全。只要有行人、车辆、道路这三个交通安全要素存在，就有交通安全问题，也许只是一个小小的意外，就会造成严重后果，断送美好的将来甚至生命。

通过学习和实践交通事故应急技能，大学生可更好地了解交通事故的紧急性和严重性，培养应对交通突发事故的思维方式和行动能力。同时，这些交通事故应急技能在紧急情况下可能会发挥关键作用，帮助大学生有效地进行自救和互救，降低事故造成的伤害和损失，具体的应急处理措施如下：

1. 发生交通事故应及时报警

如果在校内发生交通事故，并有人员受伤时，应拨打 120 急救电话和 122 交通事故报警电话，同时，向学校保卫处报告，由学校配合公安部门进行处理。如果在校外发生交通事故，除及时报案外，还应及时与学校取得联系，由学校出面协助处理有关事宜。

2. 保护好交通事故现场

交通事故现场的勘察结论是划分交通事故责任的依据之一，如果交通事故现场没有保护好，会给交通事故的处理带来困难，甚至造成“有理说不清”的情况。切记，发生交通事故后要保护好事故现场。

3. 控制住交通事故肇事者

如果肇事者想逃脱，一定要设法控制住。自己不能控制可以发动周围的人帮忙控制，如果实在无法控制也要记住肇事车辆的车辆牌号等特征。

青春风采

2023 年 4 月 16 日早上 10 点左右，山西同文职业技术学院 21 级医学技术系影像 2 班学生小靳回家到达后党峪小区后，看到一名年龄尚小的小学生骑着一辆枣红色女士摩托车在小区门口徘徊，这一举动引起了小靳的注意。出于关心，小靳上前询问其去哪，该学生却默默骑车离去。后来，小靳在朋友圈无意间发现蓝天救援队发布搜救信息后，便将自己了解的情况及时与救援队联系传达。救援队第一时间到达小区便与小靳取得联系，并一起去往物业调取监控录像，通过共同努力，于当日下午 19 时许找到该失踪人员。通过本次事件可认识到，可能就是举手之劳就能挽救一个家庭无法估量的损失。小靳说：“在收到蓝天救援队的感谢信后，我既觉惊讶，又深觉感动。于我而言，这只是一件力所能及的小事，是举手之劳！尽了我的一份微薄之力而已。接下来，我将继续用自己的力量为大家做一些力所能及的事情，我也呼吁大家积极地伸出双手，送给社会一片阳光。只要我们都关心社会公益事业，我们的明天就会更加美好，社会也会更加和谐。”

学习笔记

主题五　展示急救技能

急救技能是指在突发情况下，对伤病员进行现场初步紧急处理和救护的技能。

一、急救技能的意义

在生活或工作中，某些突发的意外伤害和急危重症一旦处理不好，往往会使小伤变成大伤、小病变成大病。如果掌握一些基本的急救技能，不仅可以应对校园突发事件、提高自救互救能力，还能增强安全防范意识、促进综合素质提升，并为未来的职业生涯做好准备。

二、急救技能内容

（一）心脏骤停急救

心搏骤停是指心脏在严重致病因素作用下突然停搏，有效泵血功能消失，引起全身缺血、缺氧，尤其是脑组织遭受严重损害。

一般心搏骤停 3 ～ 5 s，病人即可出现头晕、黑蒙；停搏 10 s 左右可引起晕厥，随即意识丧失，或发生阿 - 斯综合征，伴全身性抽搐，由于尿道括约肌和肛门括约肌松弛，可同时出现大小便失禁；心搏骤停发生 20 ～ 30 s 时，由于脑中尚存的少量含氧血液可短暂刺激呼吸中枢，呼吸可呈断续或无效呼吸状态，伴颜面苍白或发绀；停搏 60 s 左右可出现瞳孔散大；停搏 4 ～ 6 min，脑组织即可发生不可逆的损害，数分钟后即可从临床死亡过渡到生物学死亡。

心脏骤停有宝贵的 4 min 黄金抢救时间，所以，作为大学生，学习心脏骤停的急救方法在关键时刻能救自己或他人的性命。

1. 判断心脏骤停的方法——“三停”

心脏骤停起病骤急、死亡率高，第一时间识别心脏骤停尤为重要。在确保周围环境安全前提下，应熟知心脏骤停的关键点，即“三停”。

（1）意识停止：判断患者的意识状态，可用力轻拍患者双肩并大声询问“喂，你怎么啦？”看其是否有反应。

（2）呼吸停止：如患者意识停止，迅速判断患者是否有呼吸，一般是侧脸于患者鼻前感受是否有气流，同时侧头平视患者胸廓，看是否有起伏变化。

（3）心跳停止：主要判断有无颈动脉搏动，常用方法为一手食指与中指并拢伸直，近于患者喉结旁开两指的凹陷处，用指腹感受是否有搏动，判断时间 6 ～ 10 s。如果确定“三停”，须拨打 120 求救。

2. 心脏骤停的急救方法

（1）叫。应呼喊倒地者（图 3-13），双手轻拍倒地者肩部，并在倒地者耳朵左右呼喊：您还好吗？同时，看其是否有睁眼、言语、手脚活动等情况。

（2）呼。如果倒地者无反应且无呼吸或仅有濒死喘息，应呼救 120 和呼唤旁人取

学习笔记

AED（自动体外除颤器，见图 3-14）。

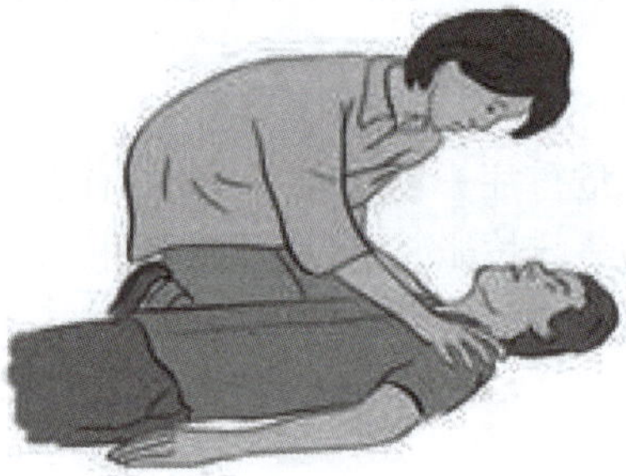

图 3-13　呼喊倒地者

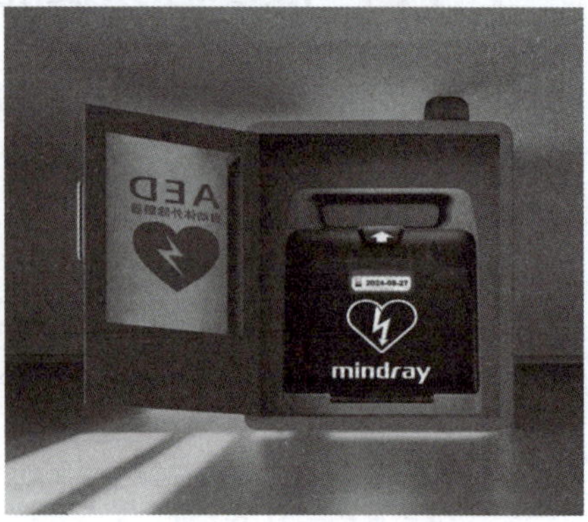

图 3-14　呼救 120 和旁人取 AED

（3）摆，即将患者摆好体位。如果倒地者是俯卧或侧卧位，应迅速跪在倒地者身体一侧，一手固定其颈部的后部，另一手固定其一侧腋窝部或髋部，将倒地者仰卧在坚实的平面上，而不是软床或沙发上，头部不得高于胸部，以免脑部血流减少而影响心肺复苏效果。

（4）按，即对倒地者进行胸外按压。将倒地者体位摆好后即可实施胸外心脏按压（见图 3-15）。按压位置为胸骨中下 1/3 处，两乳头连线中点。用一只手掌根部置于按压部位，另一手掌根部叠放其上，双手十指紧扣，以掌根部为着力点进行按压，手指上翘不接触胸壁，手臂无弯曲；按压力度是成人胸骨下陷 5 ～ 6 cm；按压频率为 100 ～ 120 次 /min。

（5）开，即开放气道（见图 3-16）。第一次胸外按压 30 次后，清除口腔、鼻腔分泌物，取下活动义齿。跪在患者身体一侧，用一手放在患者前额向下压，同时另一手放在一侧下颌角处向上托起，使头部后仰，气道即可开放。

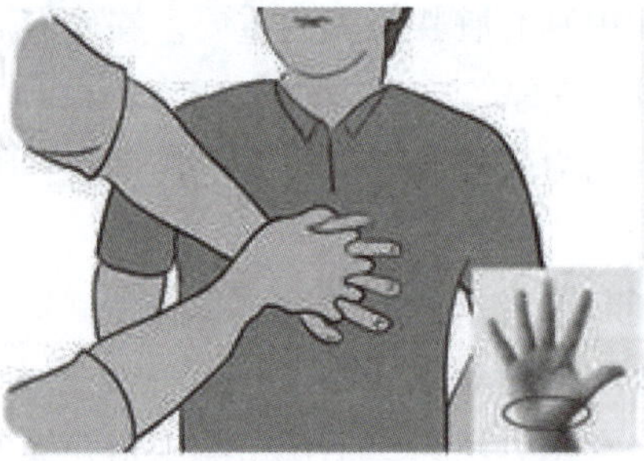

图 3-15　胸外按压

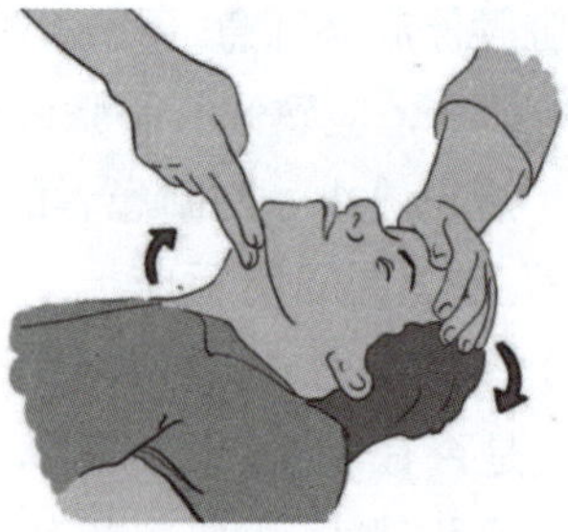

图 3-16　开放气道

（6）工，即人工呼吸（见图 3-17）。用压住前额的手捏紧患者双侧鼻孔，用口唇包紧伤者口唇，在保持气道通畅的操作下，平稳地向口腔内吹气。吹气后，急救者口唇离开，并松开捏鼻子的手指，使气体呼出，同时侧转头呼吸新鲜空气再进行第二次吹气。继续进行人工呼吸，缓慢吹两口气，以看到胸廓起伏为宜。胸外按压与人工呼吸交替进行。每进行 30 次胸外按压就要进行两次人工呼吸。

学习笔记

图 3-17　人工呼吸

（7）电，即对倒地者实施电除颤。AED 是一种便携式医疗设备，它可以诊断特定的心律失常，并且给予电击除颤，是可被非专业人员使用的用于抢救心源性猝死病人的医疗设备。如果取得 AED，可按照 AED 的语音提示与图示进行操作（见图 3-18）。解开倒地者衣物，确保胸部干燥无遮挡，然后将电极片贴在倒地者胸部适当的位置。大多数 AED 要求将一片电极贴片贴在患者右胸上部（通常靠近右肩的位置，胸骨右缘、锁骨之下），另一片贴在左胸下部（通常靠近心脏的位置，即左侧乳头外侧或左腋前线之后第五肋间处）。AED 不会对倒地者造成伤害，可以自动分析倒地者心律，并发出是否进行除颤的建议。如果需要除颤，确保所有人远离倒地者后，按下“放电”键进行除颤。电极片在除颤后不去除，直至将倒地者送至救治医院。

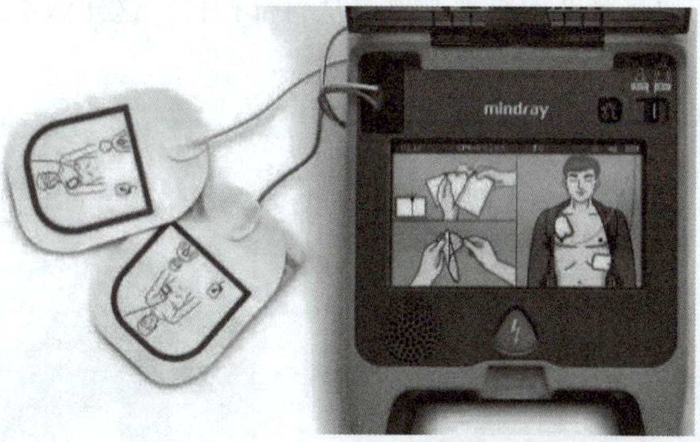

图 3-18　AED 使用

（二）气道阻塞急救

气道阻塞是指呼吸道发生阻塞，空气无法顺利进入肺部，导致身体无法进行有效的气体交换，空气无法自由进入和离开肺部，这通常会引发咳嗽、胸痛和呼吸困难等症状，如果不及时采取急救措施，这种状况可能迅速导致生命危险。

1. 海姆立克急救法——成人

将患者两腿分开，从背后抱住窒息者，前胸腹部顶住不留空，使用剪刀石头布的方式将手放在窒息者腹部，迅速挤压并看窒息者的反应（图 3-19）。

（1）剪刀，两个手指并拢，像一把闭合的剪刀。海姆立克急救法的按压点在肚脐上方两横指以上的位置，首先是找到患者肚脐的位置，然后将两根并拢的手指横放在肚脐以上，即可找到按压点。

（2）石头。一手握拳，拇指侧的拳眼放在按压点上。

学习笔记

（3）布。另一只手抱拳，然后采用向上、向内的力量，冲击患者的上腹部。

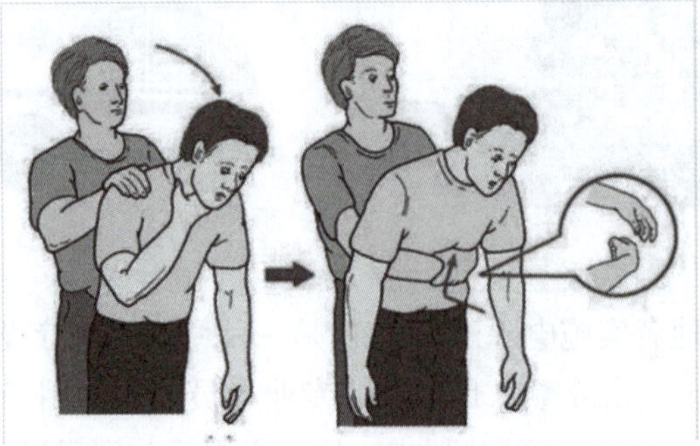

图 3-19　海姆立克急救法

2. 海姆立克急救法——3 岁以下儿童

将儿童身体放于救者前臂上，头部朝下，用手支撑儿童头部和颈部，另一手掌的掌根在儿童背部两肩胛骨间拍击 5 次左右（图 3-20）。如果拍背未排出异物，立即使用 5 次拍胸法，将患儿仰卧，小心托住婴儿的头部和颈部，保持头部低于躯干（图 3-21）。施救者用中指和食指并拢按压两乳头连线中点处，快速向上冲击压迫，反复冲压五次。切勿将婴儿双脚抓起倒吊从背部拍打，这样做不仅无法取出异物，还会造成脊椎受伤。

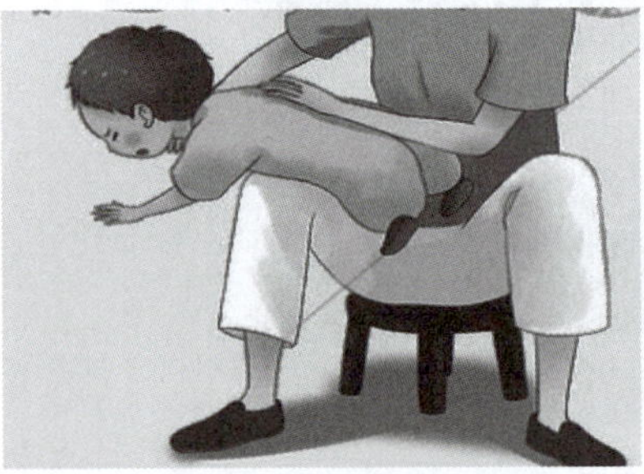

图 3-20　拍背法

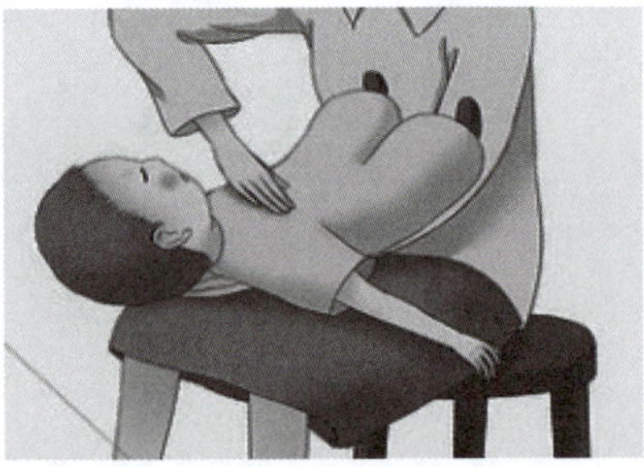

图 3-21　按压法

3. 海姆立克急救法——自救

使用剪刀石头布的方式将手放在腹部，迅速用力向上挤压重复此动作，直至异物排出或依靠在桌子边缘、椅背、栏杆的水平物体上，用物体的边缘顶上腹部施压制造向上的冲击力，重复挤压直至异物排出。

（三）烫伤急救

烫伤是由高温液体（如沸水、热油）、高温固体（如烧热的金属）或高温蒸气等无火焰的热源所致的组织损伤。这种损伤通常发生在皮肤，但也可能涉及深层组织。烫伤通常会导致皮肤红肿、水泡、脱皮或者发白，并伴有疼痛感。根据烫伤的严重程度，烫伤可以分为Ⅰ度烫伤［图 3-22（a）］、浅Ⅱ度烫伤［图 3-22（b）］、深Ⅱ度烫伤［图 3-22（c）］，以及Ⅲ度烫伤［图 3-22（d）］。

学习笔记

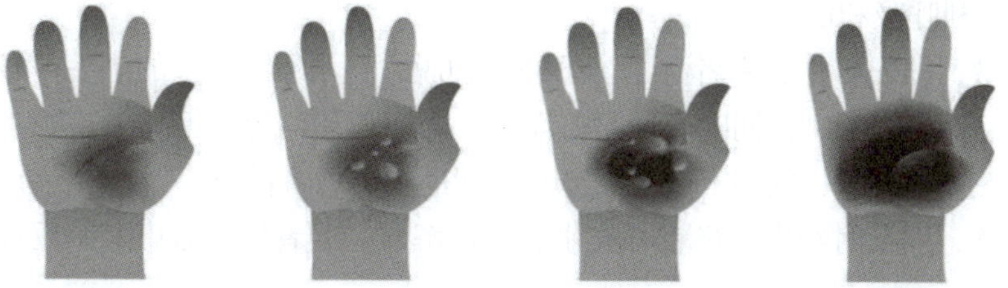

（a）Ⅰ度烫伤　（b）浅Ⅱ度烫伤　（c）深Ⅱ度烫伤　（d）Ⅲ度烫伤

图 3-22　烫伤等级

烫伤急救可以减轻伤害程度、缓解疼痛、防止并发症，并为后续治疗做好准备。在日常生活中，学会正确的烫伤急救知识是非常必要的，可以为我们的生活安全提供重要保障，其急救口诀是：冲、脱、泡、包、医，如图 3-23 所示。

（a）冲　（b）脱　（c）泡　（d）包　（e）医

图 3-23　烫伤的急救步骤

（1）冲，即用流动的冷水冲洗伤口。

（2）脱，即在水中小心除去衣服，快速降低皮肤表面温度，但注意不要刮伤烫伤的皮肤。

（3）泡，即用冷水浸泡，注意时间不宜过长，可浸换敷冷毛巾。

（4）包，即覆盖消毒过或干净的毛巾，有水泡者不要弄破，不要涂抹任何药物。

（5）医，即经过上述处理后，赶紧送往有烧伤专科的医院进一步治疗。

注意：不要盲目使用牙膏、酱油、碱面等土方，以免引起感染。

（四）中暑急救

中暑是指在高温和热辐射的长时间作用下，机体体温调节障碍，水、电解质代谢紊乱及神经系统功能损害的症状的总称，严重时可能危及生命，如果不给予迅速有力的治疗，可引起抽搐和死亡，或造成永久性脑损害或肾脏衰竭。

老人、儿童、孕妇以及有基础性慢性病者都是易发人群。中暑初期会出现头痛、头晕、心悸、体温升高等症状，严重的会出现恶心、呕吐、痉挛、昏迷和意识丧失，甚至死亡。

中暑急救可以保护患者生命安全，减轻症状，减少并发症，为后续治疗赢得时间，并提高公众的安全意识。在日常生活中，学会正确的中暑急救知识是非常必要的，其急救口诀是：移、敷、饮、医、禁。

（1）移，即将中暑患者搬离高温、高湿、封闭的空间，将其移至阴凉通风处，解

学习笔记

开衣扣，以利呼吸和散热。

（2）敷，即先将中暑患者身上多余的衣物脱去，用吸满凉水的湿毛巾敷在中暑患者的头部、腋下、颈侧，同时扇风帮其降温。也可以用湿毛巾擦拭中暑患者身体，或者是在中暑患者头部、颈部不断喷洒凉水以帮助中暑患者散热。

（3）饮，即及时给中暑患者补充水分和电解质，或者给中暑患者服用运动饮料，口服补液盐、淡盐水等。

（4）医，即经过上述处理后，赶紧将中暑患者送往医院进一步治疗。

（5）禁，即不推荐服用藿香正气水，因为它既不能让人脱离高温高湿环境，也不能有效改善造成中暑患者的自身因素。在中暑后，应慎重服用藿香正气水，只有在伴有头晕、恶心、腹泻等症状时，才可以适量服用。

另外，藿香正气水中含有 40% ～ 50% 的酒精，因此并非所有人都适合服用。特别是那些对酒精过敏的人来说，服用藿香正气水可能会引发过敏性休克。同时，由于它含有酒精，服用后需要避免驾驶和其他需要高度集中注意力的活动。

（五）鼻出血急救

鼻出血多因鼻腔病变引起，也可由全身疾病所引起，偶有因鼻腔邻近病变出血经鼻腔流出者。鼻出血多为单侧，少数出现双侧鼻出血。鼻出血救治的意义在于保护患者的生命安全，缓解出血症状，并预防可能的并发症。鼻出血虽然大多数情况下可以自行止血，但如果出血量大或反复发生，可能会导致贫血、休克等严重后果，甚至危及生命。因此，及时、正确地采取救治措施对于鼻出血患者来说至关重要，其急救口诀是：压、敷、医、禁。

（1）压，即要求病人保持正常直立或稍向前倾的姿势，张开嘴巴，用嘴呼吸，用手指紧捏病人两侧鼻翼 10 ～ 15 min。

（2）如果有条件，用碎冰或冰毛巾冷敷鼻子、颈部及脸颊，冰冷可促使血管收缩，减少流血。

（3）如果鼻出血持续 20 min 以上，依旧出血不止，则需及时去医院就诊。

（4）流血时，把头仰起不但不利于止血，还会使鼻血倒流至咽喉、食管、气管和胃，引起不适、恶心；仰头易把血呛入气管及肺内，造成吸入性肺炎，甚至引起窒息；另外，额头离鼻孔部位有一定的距离，拍头止血的效果并不好。

（六）低血糖急救

低血糖是一组多种病因引起的以静脉血浆葡萄糖（简称血糖）浓度过低、（临床上）以交感神经兴奋和脑细胞缺氧为主要特点的综合征。通常在空腹、饥饿、运动的情况下，表现为出汗、饥饿、心慌、颤抖、面色苍白等，严重者还可出现精神不集中、躁动、易怒甚至昏迷等。因此，及时、正确地采取救治措施对于低血糖患者来说至关重要。

对于轻度低血糖来说，患者神志清楚，可以吃几块糖果、饼干或饮糖水，即可迅速达到提高血糖的效果。如果以上方法没有效果或低血糖患者神志不清，应立即送往就近医院就诊。

学习笔记

主题六　参加校园公益劳动

校园公益劳动是指学校组织学生参与校内的公共劳动，以及校园周边社区的公益劳动。

一、参加校园公益劳动的意义

首先，公益劳动课是素质教育的重要活动形式之一，对于培养学生的劳动素养、热爱劳动的习惯以及提高实际动手能力具有至关重要的作用。通过参与公益劳动，大学生能够亲身体验并认识到劳动的重要性，培养吃苦耐劳的精神和勤俭节约的品质。这种劳动素养的培养不仅有助于大学生形成正确的价值观，还有助于他们成为有社会主义觉悟的、有文化的劳动者，成长为体力劳动和脑力劳动相结合的创新型人才。

其次，参与校园公益劳动有助于大学生提升个人综合素质和就业竞争力。在公益劳动中，大学生能够培养自己的组织能力、协调能力、沟通能力和团队合作能力，这些能力在未来的学习和工作中都非常重要。此外，公益劳动还能让大学生接触到社会的各个方面，增加社会阅历，提高解决实际问题的能力，为将来的就业和创业打下坚实基础。

最后，大学生参加校园公益劳动也是履行社会责任、践行家国情怀、回馈社会的体现。通过参与公益活动，大学生能够为社会做出贡献，为社会传递正能量，推动社会的和谐与进步。这种社会责任感和家国情怀的培养对于大学生的人格形成和价值观塑造具有重要意义。

总之，大学生参加校园公益劳动不仅能够培养劳动素养和提高实际动手能力，还能提升个人综合素质和就业竞争力，同时也是履行社会责任、践行家国情怀、回馈社会的重要体现。因此，学校应该积极鼓励、组织和支持大学生参与校园公益劳动，为他们的全面发展提供有力支持。

二、校园公益劳动实践内容

（一）校园环境维护

校园环境维护是指为了保持和提升校园环境的整洁、美观和舒适，预防环境污染和破坏，同时促进校园可持续发展，而采取的一系列措施和活动。

1. 公益劳动实践前准备

（1）公益劳动人员需要了解活动的具体内容、操作流程，熟悉劳动工具的使用要求和注意事项。

（2）公益劳动人员需要熟悉劳动地点，并注意公益劳动过程中的个人卫生和特殊物品的存放要求。

（3）公益劳动过程中需要做好人员分工，确定团队公益劳动过程中的负责人，并做好不同岗位、不同区域的人员分配，同时，公益劳动过程中需要注重团队协作意识，高效高质量地完成公益劳动任务。

（4）根据公益劳动要求，提前准备好劳动工具和个人防护所需物品。

2. 公益劳动实践中要求

（1）合理划分校园清洁区域。

（2）根据学生人数和区域分组负责，并指定小组负责人。

（3）发放各组所需工具、药剂、物品等。

（4）校园清洁完成后，对使用工具进行清洗、消毒。

（5）以小组为单位将工具、药剂、物品等交回。

3. 实施公益劳动

学生以小组为团队策划教学区、生活区、宿舍、餐厅、运动场馆、公共道路、校园绿化美化等公益劳动活动的具体清洁方案，其中方案包含活动主题、目标、时间、人员、地点、流程及注意事项等，并对该区域清洁所用到的劳动工具及清洁顺序进行合理分工和说明。在公益劳动实践活动结束后，填写公益劳动实践记录卡（见表 3-1），并与团队其他成员交流探讨。

表 3-1 公益劳动实践记录卡

姓　名		专　业		班　级	
实践主题				实践时间	
小组名称		小组成员			
实践目标					
实践过程					
实践中精彩瞬间					
实践中发现的问题					
自身存在的不足					
实践收获	技能				
	素养				
其他说明					

（二）图书馆志愿服务

大学生图书馆志愿服务是指大学生自愿、无偿地为图书馆提供服务和支持的活动。这些服务可以包括协助图书馆进行日常管理、整理图书、提供读者咨询、组织阅读活动等多种形式。

1. 志愿服务实践前准备

（1）大学生需要了解图书馆志愿服务的具体内容和形式，包括图书馆需要志愿者帮助完成哪些工作，以及志愿服务的时间、地点等要求。

学习笔记

（2）了解了图书馆志愿服务的相关信息后，大学生可以向学校图书馆或相关志愿者组织报名参与。通常需要填写一份报名表，说明自己的个人信息和志愿服务意愿。

（3）在报名成功后，图书馆或志愿者组织通常会为志愿者提供一定的培训和实践机会，以确保志愿者能够胜任所分配的任务。培训内容包括但不限于图书馆管理知识、服务技巧等。

2. 志愿服务实践要求

（1）志愿服务活动中要求统一着装（见图 3-24），志愿马夹和志愿帽应保持整洁，不能在服装上自行改动，不可用作其他用途；志愿马夹拉链应拉上，工作牌佩戴在左胸志愿衫标志上方，不可把工作牌随意佩戴到背包、裤兜等不合适的地方，志愿帽不应斜戴，如需佩戴绶带时，绶带应挂在右肩上，标志位于前方。

图 3-24　志愿马夹和志愿帽

（2）志愿服务过程中，找图书馆负责人签到。

（3）听从小组负责人安排，坚守分配的工作岗位，不应随意听从他人的调度和差遣。

（4）在图书馆志愿服务过程中，请勿大声喧哗、乱扔垃圾，保持场所安静和干净，给学习者创造一个良好的环境。

（5）实践过程中要互帮互助，相互沟通，团结协作。

3. 实施志愿服务

学生以小组为团队策划图书馆志愿服务的具体方案，其中方案包含活动主题、目标、时间、人员、地点、流程及注意事项等，并对该区域图书馆管理、整理图书、提供读者咨询、组织阅读活动等进行合理分工和说明。在志愿服务实践活动结束后，填写志愿服务实践记录卡（同表 3-1），并与团队其他成员交流探讨。

（三）公益讲座协助服务

大学生公益讲座协助服务主要是指大学生作为志愿者，参与到公益讲座的组织、准备和实施过程中，为讲座的顺利进行提供支持和协助。

学习笔记

1. 实践前准备

（1）在协助服务之前，需要了解讲座的主题和目的，以便更好地为讲座提供支持。了解讲座的主题可以帮助预测可能的参与者群体和他们的需求，从而更好地进行服务准备。

（2）在公益讲座中，不同的志愿者可能扮演不同的角色，如场地布置、签到接待、秩序维护等。作为志愿者，需要明确自己的角色和责任，了解需要完成的任务和具体的工作要求。

（3）在讲座开始之前，需要提前熟悉讲座场地和相关设备，如音响、投影仪等。了解如何正确操作这些设备，并知道在设备出现问题时如何寻求帮助或进行简单的故障排除。

（4）根据角色和任务的不同，可能需要准备一些必要的工具和材料。例如，签到表、笔、纸、水等。确保在讲座开始之前准备好这些物品，以便在需要时能够迅速提供帮助。

2. 实践要求

（1）作为志愿者，准时出席是基本的要求。需要提前到达讲座场地，熟悉环境，准备好所需工具和材料，确保在讲座开始前完成所有准备工作。

（2）在公益讲座中，可能会出现一些突发情况，如设备故障、参与者突发状况等。作为志愿者，需要了解应急处理流程，知道在遇到问题时如何迅速采取行动，确保讲座的顺利进行。

（3）作为志愿者，需要以热情和友好的态度为参与者提供服务。无论是解答问题、提供指导还是协助解决问题，都需要保持耐心和微笑。

（4）作为志愿者，需要遵守讲座场地的规定和要求，包括保持安静、不随意离开岗位等。同时，也需要尊重参与者的权益和需求，保护他们的隐私。

3. 实践开展

学生以小组为团队策划每次公益讲座协助服务的具体方案，其中方案包含活动主题、目标、时间、人员、地点、流程及注意事项等，并对该区域场地、设备、材料等进行合理分工和说明。公益讲座协助服务实践活动结束后，填写公益讲座协助服务实践记录卡（同表 3-1），并与团队其他成员交流探讨。

拓展阅读

小李，一名热爱公益、乐于助人的大学生。在大学期间，他积极参与图书馆志愿服务活动，用自己的实际行动践行劳动精神，为师生提供了优质的志愿服务。小李第一次参加图书馆志愿服务时，他充满了好奇和期待。在图书馆老师的指导下，他了解了图书馆的基本运作流程和服务规范，开始负责图书的整理、上架和借阅等工作。虽然起初有些手忙脚乱，但他很快适应了节奏，并逐渐掌握了各项技能。在志愿服务的过程中，小李不仅锻炼了自己的劳动能力，还学会了如何与

学习笔记

人沟通、协作。他耐心地为读者解答疑问，帮助他们找到所需的图书资料；同时，他也与其他志愿者一起合作，共同维护图书馆的秩序和环境。这些经历让小李更加明白了劳动的意义和价值，也让他更加珍惜与他人的合作与交流。小李在图书馆志愿服务中展现出了强烈的奉献精神。他总是早早地来到图书馆，做好准备工作；在服务过程中，他始终保持微笑和耐心，为读者提供周到的服务；即使遇到一些棘手的问题，他也能够积极应对，努力解决。他的这种奉献精神感染了身边的人，也让更多的人加入到志愿服务的行列中来。

主题七 践行绿色低碳生活

一、绿色低碳生活概述

绿色低碳生活是指大学生在日常生活中积极采取环保、节能、低碳的措施，以减少对环境的负面影响，促进可持续发展。绿色低碳生活强调减少资源消耗、降低碳排放、保护生态环境，是一种健康、环保、节能的生活方式。

二、践行绿色低碳生活的意义

1. 促进环境保护与可持续发展

绿色低碳生活强调减少能源消耗和碳排放，从而降低对环境的负面影响。通过这种行为，大学生为环境保护和社会可持续发展做出积极的贡献，有助于减缓全球气候变暖和环境恶化的速度。

2. 节能减排与资源利用

绿色低碳生活要求大学生在日常生活中节约用水、用电、用气等，这有助于减少能源浪费，提高资源利用效率。同时，通过垃圾分类和环保消费等行为，大学生还能促进资源的有效回收和再利用。

3. 培养环保意识与责任感

践行绿色低碳生活有助于培养大学生的环保意识和责任感。通过参与环保活动和宣传教育，大学生能更深入地了解环境保护的重要性，从而在日常生活中更加注重环保行为。

4. 引领绿色消费与产业变革

大学生作为社会的新鲜血液和未来的接班人，他们的消费行为对产业发展具有重要影响。通过践行绿色低碳生活，大学生可以推动绿色消费，引导企业落实绿色生产、绿色服务、绿色营销等理念，促进绿色产业的发展和变革。

5. 促进健康水平

绿色低碳生活是一种健康、环保的生活方式。通过减少环境污染和有害物质的摄入，大学生可以提高自己的生活质量和健康水平。同时，绿色出行、绿色饮食、绿色

学习笔记

生活等行为也有助于培养大学生的健康习惯。

三、践行绿色低碳生活的内容

保护环境，人人有责；绿色发展，人人应为。这个“应为”，就是倡导和践行勤俭节约、绿色低碳、文明健康的生活方式与消费模式。

（一）开展节能减排行动

节能减排是指大学生群体在日常生活中采取一系列措施来减少能源消耗和降低废气排放，以实现节能和环保的目标。

1. 实施节约用水行动

（1）平时要按需取水，不可多取造成水资源浪费。

（2）外出自带水杯，少用公共水杯，减少清洗用水。

（3）要注重清洗次序，清洗餐具前先擦去油污，少占用餐具，减少洗涤用水。

（4）不要用长流水解冻食材。

（5）用容器盛水清洗食材、餐具，不要用长流水冲洗。

（6）洗漱间隙要随手关闭水龙头，控制洗漱水量和时间；适量使用洗手液，减少冲洗水量。

（7）洗浴间隙要关闭水龙头，控制洗浴水量和时间；适量使用沐浴液，减少冲淋水量。

（8）采用洗衣机清洗衣物时宜集中清洗；少量衣物宜用手洗；适量使用洗衣液，减少漂洗水量。

2. 实施节约用电行动

（1）白天光线充足时，不开照明灯、走廊灯。离开寝室时注意关闭寝室电源，杜绝长亮灯。

（2）教室晚自习学生人数较少时，只开部分照明灯具；最后一名离开教室的学生应及时关灯、断电。

（3）针对电器、照明灯及走廊灯，要做到人走灯熄、人离电停。

（4）回到寝室洗漱完毕后，应及时关闭不需要的电源。

（5）有空调的寝室请合理规划空调的使用时间，避免超大负荷用电。

（6）在用电高峰期，尽量减少使用高功率电器，如电热水壶、电吹风等。

（7）电脑及时关机，不待机。

3. 实施绿色消费行动

（1）选用绿色食品或有机食品。

（2）购物用环保袋或菜篮子。

（3）不使用一次性筷子、餐盒、塑料袋等物品。

（4）选用无磷洗衣粉、洗涤剂。

（5）餐厅吃饭，不剩饭；饭店吃饭不奢侈浪费，剩余的饭菜打包回家。

（6）购买可循环利用的产品。

（7）少买不必要的衣服，旧衣服回收，以旧换新。

4. 实施绿色出行行动

（1）倡导同学们践行“135”行动，养成绿色出行好习惯，将绿色、环保、健康的出行理念融入生活，使绿色出行常态化、普遍化。践行“135”行动是指 1 km 以内步行，3 km 以内骑自行车，5 km 以内乘坐公共交通。

（2）多坐公交、步行、骑自行车等都是对环境有益的绿色出行方式。

（3）如果需开车，应养成文明驾车的习惯。

（二）垃圾分类

垃圾分类是指将垃圾按照其不同的成分、属性、利用价值以及对环境的影响等因素进行分类，以便进行不同的处理、回收和利用。这样可以实现垃圾的减量化、资源化和无害化，达到保护环境、节约资源的目的。

2019 年 11 月 15 日，《城市生活垃圾分类标志》（GB/T 19095—2019）标准发布，同年 12 月 1 日起正式实施，其对应标志如图 3-25 所示。

图 3-25 垃圾分类标志

《城市生活垃圾分类标志》分别有四大类标志和 11 个小类标志组成，具体见表 3-2。

表 3-2 垃圾标志的类别构成

序号	大类	小类
1	可回收物	纸类、塑料、金属、玻璃、织物
2	有害垃圾	灯管、家用化学品、电池
3	厨余垃圾	家庭厨余垃圾、餐厨垃圾、其他厨余垃圾
4	其他垃圾	无小类

1. 可回收物的处理

可回收物是指适宜回收可循环利用的生活废弃物，其投放要求如下：

（1）投放时应轻投轻放。

（2）可回收物应清洁干燥，避免污染。

（3）废纸类尽量平整，纸箱应拆开压扁后投放。

（4）立体包装物（各类瓶、罐、盒等）投放前，应清空内容物，尽量清洗干净、压扁后投放。

学习笔记

（5）易破损或有尖锐边角的可回收物，应包裹后投放。

2. 有害垃圾的处理

有害垃圾是指生活垃圾中对人体健康或自然环境造成直接或潜在危害的物质，必须单独收集、运输、储存，由环保部门认可的专业机构进行安全处理。其投放要求如下：

（1）投放时要轻放，不要弄破有害垃圾的容器或包装物。易碎、含有液体、有包装的有害垃圾，应连包装或包裹投放。

（2）废电子类危险废物中电子元器件、零配件等归类于废弃电器电子产品，应按照有关规定进行回收、利用、处置及监管，不得混入生活垃圾。

（3）受工业、医疗等危险废物污染的生活垃圾，不得混入生活垃圾收运系统，应单独收运。

（4）家庭产生且无回收渠道的废铅蓄电池可按有害垃圾投放。

3. 厨余垃圾

厨余垃圾是指食材废料、剩菜剩饭、过期食品、瓜皮果核、绿植等易腐的生活废弃物。其投放要求如下：

（1）家庭厨余垃圾应从产生时单独袋装收集，与其他垃圾分类投放，正确投放应该是先破袋，将厨余垃圾倒入厨余垃圾桶中，再把塑料袋投入其他垃圾桶内。

（2）家庭厨余垃圾应去除食材食品的包装物，不混入纸巾餐具、厨房用具等，沥干水分后扎紧袋口投放。

（3）餐厨垃圾中的废弃食用油脂应单独存放，交付餐厨垃圾收运单位。

（4）难以生物降解的贝壳、大骨头、毛发等，应作为其他垃圾投放。

（5）过期食品的正确投放是将过期食品与包装袋分离，将过期食品投入厨余垃圾桶内，将其包装袋投入其他垃圾桶内，一定要注意有包装的厨余垃圾，投放时必须去掉包装。

（6）纯水质的厨余垃圾，如牛奶等，可以倒入下水道。

（7）吃剩的快餐饭菜应沥干水后投放至厨余垃圾收集容器内，餐盒或包装物应作为其他垃圾投放。

4. 其他垃圾

其他垃圾是指除可回收物、有害垃圾、厨余垃圾外的其他生活垃圾，即环卫体系主要收集和处理的垃圾。

（1）其他垃圾应投放至灰色垃圾收集容器，谨记“干湿要分开”，将其他垃圾和餐厨垃圾分开投放。

（2）对于不能准确判断类别的垃圾，可将其视为其他垃圾，投放至其他垃圾收集容器内。不能售卖、没有回收利用渠道的生活垃圾亦可按其他垃圾投放。

拓展阅读

为深入践行绿色发展理念，江苏科技大学的节约型校园建设党委宣传部、团

学习笔记

委举办了“节约型校园建设”主题墙绘艺术大赛。同学们以学院为单位，根据长山校区西门附近围墙划定的区域面积设计版面并且手绘上墙，展现独特创意与设计。同学们从校园日常生活中汲取灵感，发挥想象力，完成了集趣味性、创新性且紧扣绿色理念的作品。墙绘基调轻快、色彩丰富、图案生动，使用易上色、不易掉落且不含有毒物质的丙烯颜料，给人眼前一亮的观感。11 月，一场新奇有趣的创意粮食画活动在校园掀起以粮作画的热潮，吸引近百位同学组成的 29 支参赛队伍报名参加，共同体验粮食画的魅力。参赛各小组围绕“节约从身边做起，廉洁伴你我同行”主题发挥想象，巧妙构思，利用课余时间在教室和宿舍完成作画。计算机学院举办了“传播低碳理念，倡导绿色出行”宣传 LOGO 设计大赛，让同学们展现对低碳生活理念的理解和创新思维的平台。大家自由发挥，设计出创新美观的主题 LOGO，不但提升了节约型校园建设文化氛围，还挖掘了同学们的创造潜力。我们一定要从自身做起，为节约奉献自己的力量。船海、生技学院开展了“节粮爱粮”光盘打卡活动。船海学院将活动分为线上挑战赛和线下分享周：线上挑战赛，师生对自己的光盘进行 QQ 空间、朋友圈分享打卡，集赞兑换纪念品；线下在学校食堂对每一餐实现光盘的师生给予水果、零食等鼓励。

主题八　学习中华优秀传统技艺

一、中华优秀传统技艺概述

中华优秀传统技艺是指在中国民间传承下来的各种工艺和技能，这些技艺具有悠久的历史和深厚的文化底蕴，体现了中华民族的智慧和创造力。这些技艺包括但不限于剪纸、陶艺、年画、皮影、刺绣、泥塑、木雕等。这些技艺通常是由历代匠人通过口口相传、手把手教的方式传承下来的，具有独特的地域特色和文化内涵。

二、学习中华优秀传统技艺的意义

1. 提升文化素养

学习中华优秀传统技艺，可以帮助大学生提升文化素养和审美能力。这些技艺往往蕴含着深厚的文化内涵和美学价值。通过学习中华优秀传统技艺，大学生可以更好地理解和欣赏中华文化的精髓。

2. 传承和弘扬传统文化

大学生是社会的未来和希望，学习中华优秀传统技艺有助于这些技艺的传承和弘扬。通过大学生的学习和传播，可以让更多人了解和认识中华文化的独特魅力，促进优秀传统文化的传承和发展。

3. 丰富校园文化生活

在大学校园中推广中华优秀传统技艺，可以丰富校园文化生活，丰富校园文化活动氛围。通过举办各种中华优秀传统文化活动，如书法比赛、国画展览、陶艺实践、

学习笔记

刺绣制作等，可以让大学生在参与过程中感受到中华优秀传统文化的魅力。

4. 培育民族自豪感和认同感

学习中华优秀传统技艺，可以让大学生更加深入地了解中华民族的历史和文化，增强民族自豪感和认同感，增强文化自信。

三、实践中华优秀传统技艺的内容

（一）陶瓷

陶瓷是陶器和瓷器的总称，同时也是我国的一种工艺美术品。早在新石器时代，我国就已有了风格粗犷、朴实的彩陶和黑陶。陶与瓷的质地不同，性质各异。陶是以黏性较高、可塑性较强的黏土为主要原料制成的，不透明、有细微气孔和微弱的吸水性，击之声浊。瓷是以黏土、长石和石英制成，半透明，不吸水、抗腐蚀，胎质坚硬紧密，叩之声脆。我国传统的陶瓷工艺美术品（见图 3-26），质高形美，具有高度的艺术价值，闻名于世界。

图 3-26　陶瓷

陶瓷材料大多是氧化物、氮化物、硼化物和碳化物等，常见的陶瓷材料有黏土、氧化铝、高岭土等。陶瓷材料一般硬度较高，但可塑性较差。除了在食器、装饰的使用上，陶瓷在科学技术的发展中亦扮演重要角色。陶瓷原料是地球原有的大量资源黏土经过萃取而成，而黏土具韧性，常温遇水可塑，微干可雕，全干可磨；烧至 700 ℃可成陶器能装水；烧至 1 230 ℃则瓷化，可完全不吸水且耐高温耐腐蚀。

（二）木雕

木雕是雕塑的一种，也被称为“民间工艺”，是以各种木材及树根为材料进行雕刻的一种传统技艺。木雕的历史可以追溯到新石器时期，而秦汉两代木雕工艺已趋于成熟。唐代木雕工艺更是日臻完美，许多保存至今的木雕佛像，造型凝练、刀法熟练流畅、线条清晰明快，展现了古代艺术品的精湛技艺和独特魅力。

木雕大致可以分为立体圆雕、根雕、浮雕、镂空雕和镂空镶嵌五大类。木雕的用料非常讲究，一般会选择质地细密坚韧、不易变形和开裂的树种，如楠木、紫檀、樟木、柏木、银杏、沉香、红木等。同时，木雕的题材广泛，包括人物、动物、植物、山水等，既有实用性，如宫灯、镜框、笔架等，也有纯粹的艺术品，如飞禽走兽、花鸟鱼虫等。

木雕的制作过程需要经过多道工序，包括选材、打凿粗坯、修光过细等。制作者需要具备高超的技艺和丰富的想象力，才能将木材雕刻成精美的艺术品（见图 3-27）。

图 3-27　木雕

学习笔记

（三）玉雕

玉雕是中国最古老的雕刻品种之一，玉石经加工雕琢成为精美的工艺品，称为玉雕。玉雕的历史源远流长，可以追溯到新石器时代晚期。商周时期，制玉成为一种专业，玉器成为礼仪用具和装饰佩件。玉雕的品种繁多，主要有人物、器具、鸟兽、花卉等大件作品，也有别针、戒指、印章、饰物等小件作品。

玉雕的制作过程需要经过多道工序，包括选料、设计、切割、雕刻、抛光等。其中，雕刻是最关键的环节，需要玉雕师根据玉料的天然颜色和自然形状，经过精心设计、反复琢磨，才能将玉石雕制成精美的工艺品（见图 3-28）。因此，玉雕作品不仅具有高度的艺术价值，也是玉雕师智慧和技艺的结晶。

图 3-28 玉雕

（四）刺绣

刺绣，又称丝绣，是中国优秀的民族传统工艺之一，具有悠久的历史和深厚的文化底蕴。它是以针线在织物上绣制的各种装饰图案的总称，分为丝线刺绣和羽毛刺绣两种。

中国刺绣主要有苏绣（图 3-29）、湘绣（图 3-30）、蜀绣（图 3-31）和粤绣（图 3-32）四大门类。刺绣的起源据传始于古代帝王制礼作乐以定民心，早在周代就有“绣绩共职”的记载。到了春秋战国时期，刺绣已开始被用于服饰。唐宋时期，刺绣工艺达到了鼎盛阶段，宫廷刺绣的规模很大，民间刺绣也得到进一步发展，出现了以沈寿为代表的刺绣艺术家。清代，刺绣技艺在民间得到了广泛传播和发展，逐渐形成了各具特色的地方绣种，刺绣成为民间广泛流传的一种手工艺。

图 3-29 苏绣

图 3-30 湘绣

图 3-31 蜀绣

图 3-32 粤绣

（五）泥塑

泥塑，俗称“彩塑”，是中国民间传统的一种常见的民间艺术。它是以泥土为原料，以手工捏制成形，或素或彩，以人物、动物为主的艺术形式。泥塑是以细腻的黏土塑成各种人物（图 3-33）、动物形象，其制作工艺素有“三分塑，七分彩”之说。在中国新石器时代的遗址中，已多次出土早期的泥塑作品，此后主要以表面敷彩上色的彩塑形式发展。

学习笔记

泥塑用色不多，以大红、大绿和黄色为主，以黑墨勾线和简练的笔法涂染，给人以明快醒目的感觉。其题材广泛，戏剧脸谱、吉祥图案、民间传说、历史故事、乡俗生活等无所不有。天津的“泥人张”和无锡的惠山泥人是泥塑的著名代表。

（六）剪纸

剪纸（见图 3-34），又叫刻纸，是一种镂空艺术，是中国最古老的民间艺术之一。其在视觉上给人以透空的感觉和艺术享受。剪纸的载体可以是纸张、金银箔、树皮、树叶、布、皮革等片状材料。

剪纸在中国农村是历史悠久、流传很广的一种民间艺术形式。因材料易得、成本低廉、效果立见、适应面广而普遍受欢迎。它最适合制作窗户上的装饰，贴于窗户的白纸或明亮玻璃窗上。

（七）皮影戏

皮影戏（见图 3-35），又称“影子戏”或“灯影戏”，是一种用兽皮或纸板做成的人物剪影以表演故事的民间戏剧。表演时，艺人们在白色幕布后面，一边操纵影人，一边用当地流行的曲调讲述故事，同时配以打击乐器和弦乐，有浓厚的乡土气息。皮影戏是中国民间古老的传统艺术，老北京人都叫它“驴皮影”。

皮影戏始于西汉，兴于唐朝，盛于清代。皮影戏流行范围极为广泛，因各地所演的声腔不同而形成多种多样的皮影戏。现代的皮影除了作演戏的道具外，还常常作为家居饰品、馈赠礼品及收藏佳品。皮影从有文字记载，已经有 2 000 多年的历史，它既是影具又是艺术品，除生、丑、旦不同形象和性格的人物外，还有神仙鬼妖、鱼鳖海怪、飞禽走兽、亭台楼阁、金殿宝帐、山石花草等，内容丰富多彩。

图 3-33　泥塑

图 3-34　剪纸

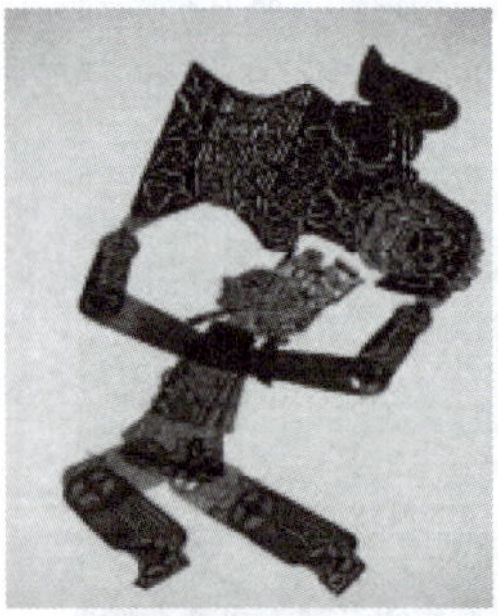

图 3-35　皮影

劳动模范

李艳，出生于湖南长沙，自幼在洞庭湖畔的自然环境中培养了对艺术的热爱。她的艺术之路始于1981年，那一年她考入湖南师范大学艺术系油画专业。在这里，她接受了系统而专业的艺术训练，学习了写生、色彩、造型等基础技能，为她后期的湘绣创作打下了坚实的基础。

毕业后，李艳被分配到湖南省湘绣研究所工作，开始了她与湘绣的不解之缘。

学习笔记

在这里，她不仅深入研究传统湘绣技艺，更在前辈大师的指导下，开始尝试对传统湘绣进行改革和创新。她大胆地将国画、油画画理与湘绣技艺相融合，从刺绣针法、工具材料、题材表现到产品形式，对当代湘绣进行了一系列突破性的创新。

李艳的创新精神在她的作品中得到了充分体现。她在传统湘绣鬅毛针的基础上发明了汗毛针、卷毛针、绒毛针、毛针等四种新针法，极大地丰富了湘绣的表现力。她的作品不仅在中国工艺美术百花奖等国家级行业的重要奖项中屡获殊荣，还多次被选为国礼赠送给外国政要，成为中国文化的一张亮丽名片。

李艳深知，湘绣艺术的传承与发展离不开新一代的培养。因此，她将自己的大量精力投入到湘绣传承中，培养了一大批新时代优秀的湘绣人才。她的女儿昌妮，也是她的得意门生之一。昌妮在法国巴黎学习现代产品设计后，回国跟随母亲投身湘绣事业，逐渐成为当代湘绣传承、发展、创新的中坚力量。

李艳的艺术成就得到了广泛的认可。她的作品《张家界》《荷塘清趣》《冬雪北国》等被收藏于人民大会堂，成为国家的重要文化遗产。在她的身上，我们可以看到中国传统工艺的辉煌与现代创新的完美结合。

温故知新　巩固基础知识

一、名词解释

1. 公益劳动　2. 低碳生活　3. 垃圾分类　4. 心脏骤停

二、填空题

1. 心脏骤停“三停”是：________、________、________。

2. 生活垃圾可分为________、________、________、________四大类。

3. 践行“135”行动是指 1 km 以内________，3 km 以内________，5 km 以内________。

三、简答题

1. 如何使用灭火器？

2. 如何使用 AED？

3. 大学生如何践行绿色饮食？

劳动光荣　积极参加课外劳动实践活动

1．围绕个人形象管理，制订实施计划，开展树立良好形象活动，并全面总结树立良好形象活动的认识和体会，与同学相互交流经验。

2．围绕学习宿舍生活技能，制订实施计划，开展宿舍生活技能展示活动，并全面总结展示宿舍生活技能的认识和体会，与同学相互交流劳动经验和劳动成果。

3．围绕个人特长技能，制订实施计划，开展个人特长技能展示活动，与同学相互交流经验。

学习笔记

4．围绕急救技能，制订实施计划，开展急救技能展示活动，并全面总结急救技能活动的认识和体会，与同学相互交流经验。

5．围绕校园公益劳动，制订实施计划，积极参与校园公益劳动，并全面总结校园公益劳动的认识和体会，与同学相互交流劳动经验和劳动成果。

6．围绕绿色低碳生活，制订实施计划，积极参与绿色低碳活动，并全面总结绿色低碳活动的认识和体会，与同学相互交流经验和成果。

7．围绕中华优秀传统技艺，制订实施计划，积极参与中华优秀传统技艺活动，并全面总结中华优秀传统技艺活动的认识和体会，与同学相互交流经验和成果。

劳动美丽　用情景剧展示劳动实践活动

围绕本单元的各项劳动实践活动，同学之间团结协作，组织编写和排练一部简单的劳动实践活动情景剧（话剧）等，通过情景剧形式，让学生在角色扮演中亲身体验劳动的乐趣与价值，加深对劳动教育的理解和认同。以微电影、微视频方式，选择一个与校内劳动实践相关的主题进行情景剧创作，如图书馆志愿者的一天、食堂后厨的忙碌时刻、校园绿化小分队的行动等，确保剧本内容贴近校园生活，能够真实反映劳动实践活动的场景和人物情感，向班级、老师和学校展示美丽的劳动实践过程，营造劳动美丽、劳动崇高、劳动光荣、技能宝贵、创造伟大的氛围。鼓励创新，并融入幽默、诙谐、感人的经典片段，使情景剧更加生动和具有思想性。

技能宝贵　开展劳动技能竞赛活动

围绕本单元的各项劳动（或学习）实践活动，以班级为单位，针对某一技能（或几项技能综合），全班以分组（或以个人）参赛方式，开展劳动（或学习）技能展示和竞赛活动，根据学校实际情况和学生专业特点，确定若干个劳动技能竞赛项目，如清洁整理比赛（包括宿舍、教室、实验室等区域的清洁）、园艺种植比赛、烹饪技能比赛、手工制作比赛等。通过劳动技能竞赛形式，激发学生对劳动的兴趣和热情。在竞赛中，让学生展示自己的劳动技能，促进技能相互交流，培养学生形成精湛的劳动（或学习）技能。

考核评价　劳动成果与行为表现评价

通过系列劳动实践与学习，你的劳动表现、学习效果及劳动成果可按如下标准进行评价：

学习笔记

劳动成果与行为表现考核评价表

（考核时间：________-________学年________学期）

<table>
<tr><th rowspan="2">序号</th><th rowspan="2">评价内容</th><th rowspan="2">满分值</th><th colspan="3">评价主体及权重</th><th rowspan="2">实际得分</th></tr>
<tr><th>自评（10%）</th><th>组评（20%）</th><th>师评（70%）</th></tr>
<tr><td>1</td><td>劳动计划</td><td>10</td><td></td><td></td><td></td><td></td></tr>
<tr><td>2</td><td>劳动过程</td><td>10</td><td></td><td></td><td></td><td></td></tr>
<tr><td>3</td><td>劳动态度</td><td>10</td><td></td><td></td><td></td><td></td></tr>
<tr><td>4</td><td>劳动方法</td><td>10</td><td></td><td></td><td></td><td></td></tr>
<tr><td>5</td><td>劳动成果</td><td>10</td><td></td><td></td><td></td><td></td></tr>
<tr><td>6</td><td>沟通表达</td><td>10</td><td></td><td></td><td></td><td></td></tr>
<tr><td>7</td><td>团结协作</td><td>10</td><td></td><td></td><td></td><td></td></tr>
<tr><td>8</td><td>创新思维</td><td>10</td><td></td><td></td><td></td><td></td></tr>
<tr><td>9</td><td>安全规范</td><td>10</td><td></td><td></td><td></td><td></td></tr>
<tr><td>10</td><td>劳动总结</td><td>10</td><td></td><td></td><td></td><td></td></tr>
<tr><td colspan="2">合计</td><td>100</td><td></td><td></td><td></td><td></td></tr>
<tr><td colspan="2">评价等级</td><td colspan="5"></td></tr>
<tr><td>简述劳动心得</td><td colspan="6"></td></tr>
<tr><td colspan="2">评级标准</td><td colspan="5">总得分大于 85 分（含 85 分），为“优秀”；总得分在 85 ～ 70（含 70 分），为“良好”；总得分在 70 ～ 60（含 60 分），为“一般”；总得分小于 60 分，为“待提高”</td></tr>
</table>

单元四
积极参加职场劳动实践

引言

随着现代科学技术的快速发展，知识成为核心生产要素，高校人才担任着推动社会经济发展、科技创新的主力军和突击队。对于朝气蓬勃、敢于创新、乐于实践的大学生而言，职场劳动实践已成为他们锻炼自身能力、积累宝贵经验的重要途径。习近平总书记指出：“拥有一大批创新型青年人才，是国家创新活力之所在，也是科技发展希望之所在。”积极参与职场劳动实践，不仅能够加深对所学专业的理解，更能为未来的职业生涯打下坚实基础。

学生时代的职场劳动实践，是一种将理论知识与实际操作相结合的学习方式。通过这种方式，学生能够更直观地了解职场的运作机制，更深入地掌握专业技能，将理论联系实际，综合运用所学知识解决职场中的实际复杂问题，从而在未来的工作中更加得心应手。同时，职场劳动实践也是学生接触社会、了解社会的重要窗口，通过职场劳动实践，学生能够更好地认识社会、融入社会，为未来的职业发展做好充分准备。

此外，积极参与职场劳动实践还能够培养学生的团队协作能力、沟通能力和解决问题能力。在职场中这些能力都是至关重要的。通过职场劳动实践，学生们能够在实践中学习如何与他人合作、如何有效沟通、如何解决问题，从而提升自己的综合素质。因此，大学生应该积极把握机会，积极参与职场劳动实践。无论是参加实习实训、兼职，还是志愿服务等活动，都是锻炼自身能力、积累经验的良好机会。通过职场劳动实践，学生将更好地为自己未来的职业发展铺平道路，为实现自己的梦想打下坚实的基础。

劳动格言

劳动是人类存在的基础和手段，是一个人在体格、聪明和道德上臻于完善的源泉。

——乌申斯基

我们世界上最美好的东西，都是由劳动、由人的聪明的手创造出来的。

——高尔基

学习笔记

在合理的制度下，当每个人都能根据自己的兴趣工作的时候，劳动就能恢复它的本来面目，成为一种享受。

——恩格斯

科学是老老实实的东西，它要靠许许多多人民的劳动和智慧积累起来。

——李四光

教学目标

1. **知识目标**——熟知国家关于劳动保护、劳动权益、劳动合同等方面的法律法规，增强法律意识和自我保护能力，学习职场沟通、团队协作、时间管理、压力应对等基本技能，提升职场适应能力，为个人职业规划提供参考。

2. **能力目标**——通过参与职场劳动，提升专业技能和劳动能力，将理论知识转化为实践成果。同时，面对职场中的实际问题，能够运用所学知识进行分析、判断、决策，提出有效的解决方案。在团队中要学会开展有效沟通，协调各方资源，共同高效高质地完成工作任务，提升团队合作能力。

3. **方法目标**——采用知行合一、理实一体学习方法，围绕具体职场任务或项目开展模拟实践活动，增强职场实践能力和问题解决能力，让学生在接近真实的环境中体验职场劳动，提高职场适应能力和应变能力，实现理论与实践的深度融合。

4. **素养目标**——具备信息获取、处理、分析和应用的能力，能够利用现代信息技术手段提高工作效率和质量。同时，在职场劳动中展现良好的人文素养，尊重他人，理解多元文化，展现良好的人际关系处理能力。在实践中学会勇于创新，敢于尝试新方法、新技术，培养创新思维和创新能力。保持积极向上的心态，实现德智体美劳全面发展。同时，在职场中要弘扬精益求精、专注执着、敬业乐群的工匠精神，在职场劳动中遵守职业道德规范，树立诚信、责任、奉献的职业操守，形成良好的职业风尚和社会责任感。

主题一　正确认知专业教育和专业实践活动

一、专业教育的内涵

从广义上讲，专业教育是指为学生从事某一职业所需的知识和技能做准备的教育活动。它根据社会职业分工、学科分类、文化科学技术发展状况及经济建设与社会发展需要划分各个学科和专业，高等学校据此制订专业培养目标、专业教育计划和组建专业课程体系，为国家培养、输送所需的各种专门人才。学生亦按学科和专业的分割来进行学习，形成自己在某一专门领域的专长，为未来的职业活动做准备。

从狭义上讲，专业教育是指高等院校根据国家的专业目录设置专业，制订专业培养计划和教学大纲（或课程标准），组织专业教学活动，以培养学生的专业能力和职业素养。

学习笔记

（一）专业知识与技能的传授

高等职业院校的专业教育致力于为学生提供深入的专业知识和实践技能，其中包括专业理论、研究方法、技术应用等方面的学习，让学生能够全面掌握所学专业的核心知识和专业技能。

（二）综合素质的培养

除了专业知识与技能外，专业教育还注重培养学生的综合素质，其中包括批判性思维、创新能力、团队协作、沟通能力、表达能力、领导能力等，旨在帮助学生成为具备全面能力的高素质技术技能型人才。

（三）理论与实践相结合

通过课堂教学、专业实践、毕业设计、岗位实习等多种方式，学生能够将所学理论知识应用于实际工作情境中，加深对专业知识的认知、理解和应用，培养学生形成良好的实践能力和解决问题能力。

（四）学术研究与创新能力的培养

通过参与科研项目、创新创业项目、学术讨论、发表论文等，学生能够接触学科及专业前沿，培养创新思维和科研能力，为未来的学术研究和职业发展奠定基础。

（五）职业规划与就业指导

通过提供职业规划课程、就业指导服务、岗位实习等，学生能够更好地了解行业需求和发展趋势，明确职业前景，增强职业理想及奋斗目标，不断提升就业竞争力。

二、专业教育与通识教育

在高等职业教育课程体系中，一般将课程划分为专业课程和通识课程，专业课程面向某个特定的专业或学科，而通识课程可以面向所有专业和学科。因其课程性质不同，所对应的专业教育和通识教育在目标、内容和侧重点方面均有所不同。

专业教育主要是针对某一特定领域或专业进行深入研究和学习，旨在培养学生的专业知识和职业技能，使他们具备从事某一职业或领域所需的专业素养和职业能力。专业教育的课程设置通常比较狭窄，知识结构较为单一，主要围绕某一专业或学科展开，注重培养学生的实践能力和职业竞争力。

通识教育则是一种广泛的知识和素养教育，旨在为学生提供多样化的知识和文化体验，培养他们的综合素质和全面发展能力。通识教育的课程设置比较广泛，通常包括人文、社会科学、自然科学等多个领域，注重培养学生的批判性思维、创新能力、沟通能力、表达能力等。

虽然专业教育和通识教育在目标和内容上有所不同，但它们并不是相互排斥的。相反，它们可以相互促进，共同构成完整的高等职业教育体系。在专业教育中，学生需要掌握某一领域的专业知识和技能，但同时也需要具备一定的通识素养，以便更好地适应社会的发展和变化。而在通识教育中，学生可以通过学习不同领域的知识和文

学习笔记

化拓宽自己的视野和思维方式，为未来的专业学习和职业发展打下坚实的基础。专业教育与通识教育的关系如图 4-1 所示。

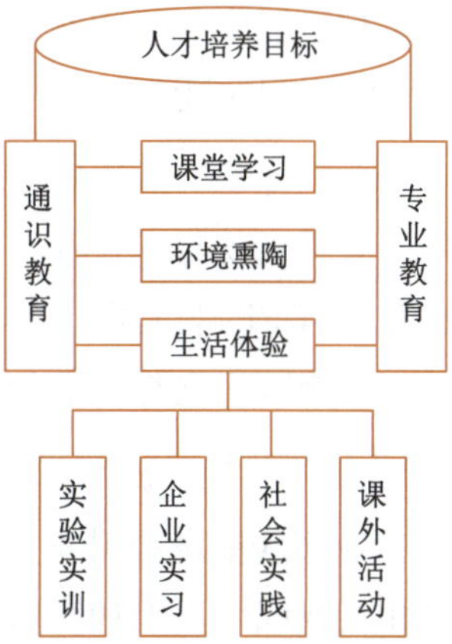

图 4-1　专业教育与通识教育的关系

因此，高等职业教育注重专业教育与通识教育的有机结合，不仅为学生提供专业知识与技能的学习，还为学生提供多样化的通识知识的学习，助力学生德智体美劳全面发展和全面培养。

三、专业教育与专业实践活动

专业教育是高等职业教育的重要组成部分，也是学生走向职业岗位的重要依托。通过课堂教学方式，专业教育为学生提供某一专业或领域所需的知识和技能。它侧重于理论知识的传授和职业能力的培养，使学生具备扎实的专业基础知识和职业素养。

专业实践活动则是将所学专业知识和技能应用于实际情境中，通过实践来巩固和深化理论知识，培养学生形成实践能力和解决问题的能力。专业实践活动可以包括实验、实习实训、岗位实习、项目实践、社会实践等形式，旨在让学生亲身体验和了解职业环境和职业岗位，提升学生的实践能力和职业竞争力。

同时，获得专业技能，需要专业知识的指导和专业思维的引导，更需要在实践活动中持之以恒地学习、模仿、操作和重复训练。由此可见，专业教育与专业实践活动相辅相成，相互促进。专业教育为学生提供扎实的理论基础知识，为专业实践活动提供理论指导和支持；而专业实践活动则可以将所学理论知识转化为实际能力，加深对专业知识的理解和掌握，同时也为学生提供实践经验和职业发展机会。

不同高校对于大学生专业实践活动的实践方式、要求、时间跨度等虽略有不同，但通过形式多样的专业实践活动提升大学生专业技能的目标却是相同的。《中华人民共和国高等教育法》中提出："高等教育的任务是培养具有社会责任感、创新精神和实践能力的高级专门人才，发展科学技术文化，促进社会主义现代化建设。"

大学生要想将在校期间所学的专业知识转化为创造社会财富的能力，不仅要有扎实的专业知识和过硬的专业技能，更需要在专业实践活动中反复训练、精益求精、不断克服困难、勇攀高峰，成为一名高素质复合型人才。

四、专业实践的意义

（一）理论与实践相结合

专业实践能够将所学理论知识与实际工作情境相结合，帮助学生更好地理解和掌握专业知识。同时，通过专业实践，学生可以亲身体验到知识的应用过程，加深对专业知识的理解，也能够发现自身在理论知识方面的不足，促进自身增强学习意识。

（二）培养实践能力和解决问题能力

专业实践注重培养学生的实践能力和解决问题能力。在实践过程中，学生需要运

学习笔记

用所学知识解决实际问题，这不仅能够锻炼他们的实践能力，还能够培养他们的创新思维和解决问题能力。这些能力对于学生未来的职业发展至关重要。

（三）接触职业环境和行业要求

专业实践为学生提供了接触职业环境、认知行业和感受岗位的机会。通过专业实践等方式，学生可以深入了解职业环境和工作要求，明确自身的职业定位和发展方向。同时，还能够建立与职业相关的社交网络，为未来的职业发展打下基础。

（四）提升就业竞争力

专业实践能够提升学生的就业竞争力。通过专业实践，学生可以积累一定的工作经验和实践成果，增加在就业市场上的竞争力。同时，还能够展示自己的专业能力、职业素养和实践成果，提高被录用的机会。

主题二　认知劳动安全卫生

一、劳动安全与保护

（一）劳动安全概述

生产劳动是推动经济发展的关键力量，也是个体实现自我价值、获得物质和精神满足的重要途径。但是，任何种类的生产劳动都会伴随不同类型、不同程度的劳动安全问题，一旦有丝毫松懈或不作为，就会引发劳动事故，造成人员伤亡和财物损失。

1. 劳动安全的内涵

劳动安全主要聚焦在生产劳动过程中，主要是防止中毒、车祸、触电、塌陷、爆炸、火灾、坠落、机械外伤等危及劳动者人身安全的事故发生。

（1）劳动安全是劳动者享有的在职业劳动中人身安全获得保障、免受职业伤害的权利。

（2）劳动者有权了解生产作业场所和工作岗位存在的不安全因素和职业危害，以及了解并掌握生产安全事故、职业病的防范措施和应急处理措施。

（3）劳动者有权对用人单位劳动安全卫生工作中存在的问题提出批评、检举和控告，并有权拒绝违章指挥、强令冒险作业。在劳动过程中，各种可能存在的危险和风险都需要被有效控制和防范，以防止事故的发生，保护劳动者的生命安全。

劳动安全的内涵不仅包括对劳动者人身安全的保护，还涉及提高工作效率、降低工伤率、加强企业形象和社会责任等方面。实现劳动安全需要劳动者和用人单位的共同努力，以及政府和社会的支持与监督。

2. 劳动安全的重要性

（1）劳动安全直接关系到劳动者的生命安全和身体健康。在生产劳动过程中，劳动者可能面临各种潜在的危险和风险，如机械伤害、电气事故、化学中毒等。如果没有有效的劳动安全保障措施，这些危险随时可能导致事故的发生，给劳动者带来严重

学习笔记

的身体伤害甚至生命危险。因此，劳动安全是劳动者最基本的需求和权益，必须得到充分的重视和保障。

（2）劳动安全对于促进经济健康发展具有重要意义。劳动者是经济发展的主要力量，他们的生命安全和身体健康直接影响到企业的生产效率和经济效益。一个安全的工作环境能够激发劳动者的积极性和创造力，提高劳动生产率，为企业创造更多的价值。同时，劳动安全也是企业形象的体现，一个注重劳动安全的企业更容易赢得员工的信任和社会的认可，有利于企业的长期发展。

（3）劳动安全关系到社会稳定、和谐。劳动者是社会的主体，他们的生命安全和权益保障是社会稳定的基础。如果劳动安全得不到保障，频繁发生工伤事故和职业病，不仅会引发劳动者的不满和抗议，还可能引发社会矛盾和冲突。因此，加强劳动安全工作，保障劳动者的生命安全和身体健康，对于维护社会稳定、和谐具有重要意义。

（二）劳动安全事故

1. 劳动安全事故的概念

通常来讲，劳动安全事故是指在生产或劳动过程中发生的、对劳动者人身安全造成威胁或伤害的事件，属于安全事故。

安全事故是指生产经营单位在生产经营活动（包括与生产经营有关的活动）中突然发生的，伤害人身安全和健康，或者损坏设备设施，或者造成经济损失的，导致原生产经营活动（包括与生产经营活动有关的活动）暂时中止或永远中止的意外事件。

2. 劳动安全事故的类型

劳动安全事故根据事故发生的原因、事故过程、事故后果和事故性质，主要有以下事故类型：

（1）物体打击事故：这通常涉及落物、飞溅物、滚动物、弹击物、崩块等造成的伤害。例如，在建筑工地上，未固定好的建筑材料可能因风力或其他原因掉落，击中下方的工人。

（2）车辆伤害事故：涉及企业内各类机动车辆造成的伤害事故。例如，叉车、货车等在企业内部运输过程中可能因驾驶员操作不当或车辆故障导致事故。

（3）机械伤害事故：主要发生在机械设备与工具的使用过程中，如绞、碾、碰、割、戳、切等伤害。这类事故常因设备维护不当、操作不规范或安全防护措施不到位而发生。

（4）起重伤害事故：在起重作业中发生的起重设备损坏、重物坠落、夹挤、物体打击等事故，如起重机械操作失误或超载可能导致重物坠落，造成人员伤亡。

（5）触电事故：电流流经人体或电弧烧灼，造成生理伤害的事故。这类事故通常发生在电气设备维护、操作或使用不当的情况下。

（6）淹溺事故：在水利、建筑、航运等工程以及生产作业中发生的淹溺事故。例如，在水利工程施工中，工人可能因不慎落入水中或防护措施不到位而发生淹溺。

（7）灼烫事故：指火焰烧伤、高温物体烫伤、化学灼伤（酸、碱、盐、有机物引起的体内外灼伤）、物理灼伤（光、放射性物质引起的体内外灼伤），不包括电灼伤和火灾引起的烧伤。

（8）火灾事故：在生产过程中，由于各种原因引起的火灾，并造成人员伤亡或财产损失的事故。

（9）高处坠落事故：由于危险重力势能差引起的伤害，如从平面或立体作业面、坑、沟、洞、井、沟槽、漏斗、容器、装卸平台以及临边、洞口等处坠落的事故。这类事故在建筑、安装、维修等行业尤为常见。

此外，还有一些其他类型的劳动安全事故，如坍塌事故、爆炸事故、中毒和窒息事故、其他伤害事故等。这些事故类型各有其特点和原因，为了保障劳动者的生命安全和身体健康，企业和个人都需要加强安全意识，遵守安全规章制度，采取有效的预防措施来减少和避免事故的发生。

3. 劳动安全事故的等级

劳动安全事故的等级主要是根据事故造成的人员伤亡和直接经济损失程度来划分的。一般而言，劳动安全事故等级分为以下四个级别：

（1）特别重大事故：这是最为严重的事故等级。它通常是指造成 30 人以上死亡，或者 100 人以上重伤（包括急性工业中毒），或者直接经济损失达到 1 亿元以上的事故。这类事故往往具有极大的社会影响，需要政府和相关部门高度重视，并迅速启动应急响应机制。

（2）重大事故：这一等级的事故也较为严重。它通常涉及 10 人以上 30 人以下死亡，或者 50 人以上 100 人以下重伤，或者直接经济损失在 5 000 万元以上 1 亿元以下。这类事故同样需要相关部门迅速介入，并采取有效措施进行调查和处理。

（3）较大事故：较大事故在伤亡人数和经济损失上相对于前两个等级较小，但仍需引起足够重视。它一般是指造成 3 人以上 10 人以下死亡，或者 10 人以上 50 人以下重伤，或者直接经济损失在 1 000 万元以上 5 000 万元以下的事故。对于这类事故，企业和相关部门应当立即启动应急预案，并进行妥善处理。

（4）一般事故：这是事故等级中较轻的一类。它通常是指造成 3 人以下死亡，或者 10 人以下重伤，或者直接经济损失在 1 000 万元以下的事故。尽管这类事故的严重程度相对较低，但仍需加强安全管理，防止事故扩大或再次发生。

需要强调的是，安全事故等级的划分并非一成不变，它可能会随着相关法律法规的修订和完善而有所调整。因此，在实际操作中，企业和个人应当密切关注相关法律法规的变化，确保事故等级的划分和处理符合法律法规要求。同时，加强安全教育和培训，提高劳动者的安全意识和技能，也是预防和减少劳动安全事故发生的重要手段。

4. 劳动安全事故产生的原因

劳动安全事故产生的原因通常是多方面的，可能涉及技术、管理、人为操作、环境等多个因素，主要可以分为以下几类：

（1）违反安全管理规定：在生产、作业过程中，违反国家或企业的安全管理规定，如未按照操作规程进行作业、未执行安全检查等，都可能导致安全事故的发生。

（2）安全生产设施或条件不符合国家规定：如果企业提供的安全生产设施或条件不达标，如缺乏必要的安全防护措施、设备老化或损坏、工作环境存在隐患等，都可能增加事故发生的风险。

（3）人为操作错误：从业人员的操作失误或不当行为，如未经过适当的培训就上岗操作、违反操作规程、疏忽大意等，也是导致劳动安全事故的重要原因。

（4）管理不善：企业管理层对安全生产重视不够，缺乏有效的安全管理制度和应急预案，或者安全生产责任制不落实，都可能导致安全事故的发生。

（5）技术缺陷：使用的设备、技术或工艺存在缺陷，无法满足安全生产的要求，也可能导致事故发生。

（6）环境因素：不利的自然环境条件，如极端天气、地质灾害等，也可能对生产安全造成威胁。

（7）应急处置不当：在事故发生后，如果应急处置措施不当或不及时，可能会导致事故扩大，造成更严重的后果。

（8）监督不力：相关监管部门未能有效履行监管职责，或者监管不严，使得企业存在的安全隐患得不到及时整改。

（9）经济压力：为了追求经济效益，企业可能削减安全投入，忽视安全措施的建设和维护，从而增加事故发生的可能性。

（10）法律法规执行不严：如果相关安全生产法律法规执行不严格，违法成本较低，也可能导致企业在安全生产方面的投入和重视程度不足。

（三）大学生劳动安全防范知识

在大学生活中，无论是日常学习、实验实践，还是参与校外实习、兼职工作，安全始终是至关重要的。掌握必要的安全防范知识，不仅是对自身生命安全的负责，也是对家人和社会的负责。

1. 个人防护知识

（1）个人防护装备的使用。学习如何正确佩戴、保养和保存个人防护装备，如安全帽、安全鞋、防护眼镜、口罩等，并了解各种装备的作用和使用范围。

（2）心理防护。了解劳动防护对心理健康的重要性，并掌握缓解工作压力和处理劳动紧张的方法。

2. 特定环境安全防护知识

1）实验室安全

（1）实验室中的危险品与急救：识别实验室中的危险品，如化学药品、有毒气体、易燃易爆物品，并学习相应的急救措施。

（2）设备的安全使用：了解如何正确使用实验室设备，如试管、试剂瓶、天平等，并避免操作不当导致的危险。

（3）安全出口与逃生通道：熟悉实验室内的安全出口和逃生通道，以便在紧急情况下迅速撤离。

学习笔记

2）高处作业安全

针对高处坠落防护，要了解高处坠落事故的危害和防范措施，并学习正确使用安全带、安全网等防护设备。

3）机械设备操作安全

针对机械设备防护，要了解机械设备的危险部位和安全距离，并学习如何正确操作和保养机械设备，防止机械伤害事故的发生。

3. 工作场所安全知识

（1）针对化学品防护，要学习有关化学品的安全操作规程，了解常见化学品的性质、危害和安全防护要点。

（2）针对火灾防护，要掌握火灾的原因和发生条件，了解火灾逃生的基本要点和方法。

（3）针对电气设备防护，要了解电气设备的危险源和相关安全规程，提高电气安全意识。

4. 打工与兼职安全知识

（1）防范危险工作。要尽量避免从事危险性高、技能要求高的工作，如建筑工等。

（2）警惕不良招聘。对于可能存在不良意图的招聘，如招公关小姐等，要提高警惕，坚决回绝。

5. 安全管理制度与教育培训

（1）管理制度防护。了解并遵守工作场所的安全管理制度和规范，包括风险评估、安全操作规程、紧急预案等。

（2）教育培训防护。参加相关的安全教育和培训，提高安全防范意识和技能，确保在工作中能够正确应对各种安全风险。

（四）劳动保护及工伤处理

1. 劳动保护

劳动保护是指为保障大学生在劳动过程中的安全和健康所采取的一系列措施。这些措施包括但不限于提供安全的工作场所、必要的劳动保护用具、劳动安全教育培训以及制定安全操作规程等。

（1）个人防护。劳动者在从事劳动时，应佩戴适当的个人防护装备，如安全帽、护目镜、防护服、手套等，以防止工伤事故的发生。特别是在高空作业、接触有害物质或操作机械设备时，个人防护装备尤为重要。

（2）设备安全。使用机械设备时，应确保设备状态良好，操作规范。在启动设备前，应进行检查，确保无异常。在操作过程中，要遵循操作规程，不得违规操作。在日常生活及工作中，应遵循标识内容（见图 4-2），遵守设备安全规则。

（3）用电安全。在使用电器设备时，应确保电源插座、电线等完好无损，避免漏电、触电等事故的发生。同时，要注意电器设备的额定功率，避免过载使用。

学习笔记

图 4-2　常见的设备安全标识

（4）消防安全。了解火灾预防和应对措施，如学会灭火器使用方法，熟识常见的消防安全标识，熟悉逃生通道和疏散路线。在发生火灾时，要保持冷静，迅速报警并采取正确的逃生方式。图 4-3 所示为常见的消防安全标识。

图 4-3　常见的消防安全标识

（5）化学品安全。接触化学品时，要了解其性质和危害，佩戴相应的防护装备。在使用和储存化学品时，要遵循相关规定，避免泄漏和污染。

（6）交通安全。要遵守交通规则，注意交通安全。不酒驾、不疲劳驾驶、不超速行驶等，确保自身和他人的安全。

学习笔记

2. 工伤处理

工伤处理是一个涉及多个环节的复杂过程，主要目的是确保受伤的劳动者得到及时、公正的待遇和补偿，同时大学生要掌握必备的急救技能。

（1）工伤认定申请。当劳动者发生工伤事故或被诊断为职业病时，其所在单位应在事故伤害发生之日或被诊断为职业病之日起 30 日内，向社会保险行政部门提出工伤认定申请。如用人单位未在规定时限内提出申请，工伤劳动者或其近亲属、工会组织可以在事故伤害发生之日或被诊断为职业病之日起 1 年内直接向用人单位所在地的社会保险行政部门提出工伤认定申请。

（2）工伤认定。社会保险行政部门在接到申请后，会进行审查，并在符合条件的情况下受理。审查过程中，会要求提交相关材料，如复印件、医疗诊断证明、身份证等。

审查完毕后，如符合认定条件，会在 60 日内（特殊情况下可延长 30 日）做出工伤认定结论通知，并告知单位和个人。

（3）劳动能力鉴定。停工留薪期满或伤情基本稳定后，申请人可以向劳动能力鉴定委员会提出劳动能力鉴定申请。劳动能力鉴定委员会将根据劳动者的伤情和恢复情况评定其劳动能力等级。

（4）待遇与补偿。经认定为工伤的劳动者，可以享受工伤保险待遇，包括医疗费用报销、工伤津贴等。根据劳动能力鉴定结果，如劳动者丧失部分或全部劳动能力，还可以享受相应的伤残待遇。

（5）争议处理。如劳动者或用人单位对工伤认定或劳动能力鉴定结果有异议，可以在规定时限内向相关部门提出申诉或申请再次鉴定。

二、劳动心理卫生

（一）劳动心理卫生概述

劳动心理卫生是涉及劳动者心理健康和劳动环境优化的一个重要领域，主要关注劳动者在劳动过程中的心理状态、情绪调节、压力管理以及心理健康的维护。劳动心理卫生的目标是创造一个有利于劳动者身心健康的工作环境，提高劳动效率，减少工伤事故，并促进劳动者的全面发展。

（二）劳动心理卫生指导

1. 心理健康教育和培训

对劳动者进行心理健康教育和培训，可使他们了解心理健康的重要性，学会识别和应对常见的心理问题，这包括情绪管理、压力应对、人际交往技巧等。

2. 工作环境优化

改善工作环境，减少噪声、污染等不良因素对劳动者心理健康的影响，如合理布置工作场所、提供舒适的休息区域，确保劳动者在良好的环境中工作，这些工作环境改进是劳动者心理健康的重要保障。

学习笔记

3. 合理的工作安排

根据劳动者的能力和需求，合理安排工作任务和工作时间，避免过度劳累和工作压力。同时，鼓励劳动者参与决策和规划，提高他们的工作自主性和满意度，都有利于劳动者产生良好的心理状态。

4. 情绪调节和压力管理

教授劳动者有效的情绪调节和压力管理技巧，如深呼吸、冥想、放松训练等，可帮助他们建立积极的健康心态，以应对工作中的挑战和困难。

5. 建立支持系统

鼓励劳动者与同事、上级和下属建立良好的人际关系，形成相互支持、相互帮助的工作氛围，同时提供心理咨询和辅导服务，为劳动者提供心理支持和帮助，都有利于劳动者产生良好的健康心理。

6. 个人发展和职业规划

关注劳动者的个人发展和职业规划，帮助他们了解自己的职业兴趣和能力特点，制订合适的职业发展计划，这些都有助于提升劳动者的职业满意度和幸福感，减少心理问题的发生。

（三）大学生心理健康教育

大学生心理健康教育是指通过各种形式和方式，帮助大学生建立健康的心理状态，解决心理问题，提升心理素质，增强心理适应能力的过程。这是大学教育的重要组成部分，因为近年来，大学生的心理健康问题日益突出，包括学习压力大、情感困扰、人际关系问题等。

大学生心理健康教育的内容丰富多样，包括心理健康知识的普及、心理健康问题的预防和干预，以及心理健康的维护和促进等。其主要目标包括：

第一，提高心理意识。通过心理健康教育，使大学生了解心理健康的重要性，培养他们自我认识、自我理解和自我调节的能力，增强对身心健康的重视，促进积极的心态和情绪管理。

第二，增强心理适应能力。培养大学生应对生活中各种压力的能力，帮助他们建立积极的心理应对机制，提高应对挫折和困难的能力，以积极的态度面对人生的各种挑战。

第三，培养人际交往能力。通过心理健康教育，帮助大学生培养积极健康的人际交往能力，提高沟通与合作能力，增强与他人的互动和合作能力，建立良好的人际关系。

第四，大学生心理健康教育还强调自我意识与自尊的建立，提供应对挫折与困境的技巧，以及介绍心理健康资源，如心理咨询服务、社会支持组织等。

心理健康对于大学生的身心健康发展至关重要。它不仅是大学生良好品德形成的基础，还能促进大学生智力的协调发展，提高学习效率，并对大学生的审美能力的发展起到促进作用。

学习笔记

在实际操作中，可以通过重新评价法、再定目标法、参加实践法等多种方法来进行心理健康教育。例如，通过重新评价自身，大学生可以调整心态，积极面对大学生活；通过再定目标法，大学生可以设定明确的目标，激发学习动力；通过参加各种实践活动，大学生可以锻炼心理，增强意志，丰富经验，发展才智，从而促进心理的健康与发展。

拓展阅读

以“案”为鉴、防患未然

近年来，随着我国高等教育事业的发展，教学和科研实验活动越来越多，高校实验室安全事故时有发生，这严重威胁师生的生命财产安全，扰乱了学校正常的教学科研秩序、影响了社会的和谐稳定。从已发生的一些实验室安全事故分析可知，事故很残酷，但事故不会无缘无故发生，分析起来都有这样那样的原因，总体而言，事故是可防、可控的。人防大于物防、技防，发生的事故基本上都有人为责任事故。

例如，2022 年 12 月 6 日，某大学化学楼四楼的一间实验室发生一起实验室事故，一博士生灼伤眼部。事故原因：一名博士生设置实验反应装置后离开实验室，怀疑分量及操作失当，导致一个装有高浓度、强碱性氢化钠的烧瓶突然炸裂，化学品喷出两三米外。当时实验室内有另一名博士生，该博士生脸、颈、眼角膜被高浓度化学品灼伤。

针对劳动安全与保护，师生要增强安全意识和掌握相关的安全知识，做到“风险记在心中、隐患及早发现、操作必须规范、事情预先处置”，减少实验室安全事故的发生，把安全事故造成的伤害程度降到最小。

主题三 如何适应职场角色变化

一、职业选择的内涵

职业是人们为了满足社会生产、生活需要，发挥个人的才能、实现人生价值而从事的一种相对稳定的、专门类别的工作。一个合适的职业可以为个人带来稳定的收入来源，满足基本生活需求，从而实现经济独立。此外，通过职业选择，个人还能够找到适合自己的工作领域，充分发挥自身潜力和特长，提升自我价值感和成就感。这种精神上的满足和愉悦有助于提升个人的幸福感和生活质量。因此，对自己进行准确的自我评估和认知，选择适合且热爱的职业，对于个人和社会都尤其重要。

（一）职业选择的步骤

1. 自我认知

在职业选择中，自我认知是一个至关重要的环节。自我认知是指个体对自己的性格、兴趣、能力、价值观以及职业目标等方面的深入了解。通过自我认知，个人可以更准确地评估自己与不同职业之间的匹配度，从而做出更明智的职业选择。

自我认知有助于识别个人的优势和劣势。了解自己的长处和短处，可以使个人在选择职业时更加明确自己的定位。例如，一个善于沟通和人际交往的人可能更适合从事销售或公关工作，而一个具有强烈创造力和艺术天赋的人可能更适合从事设计或艺术相关职业。

自我认知有助于明确个人的兴趣和价值观。职业选择不仅关乎生计，更关乎个人的幸福感和满足感。选择一个与个人兴趣和价值观相符的职业，将更容易在工作中找到乐趣和成就感，从而保持长久的职业热情。

自我认知还有助于制定明确的职业目标。通过深入了解自己的职业期望和发展规划，个人可以更有针对性地选择适合自己的职业路径，避免盲目跟风或随波逐流。

为了提升自我认知，个人可以采取多种方法。例如，可以通过反思自己的过去经历、征求他人的反馈、参加职业咨询活动等方式来加深对自己的了解。同时，也可以通过参加实习、志愿者活动、社会实践等方式来体验不同的职业环境，从而更好地了解自己的职业倾向。此外，也可以借鉴认可度较高的职业倾向测试，如测试 MBTI 人格，通过四个维度（能量获取方式、信息获取方式、决策方式、生活方式）来描述人们在感知、获取信息、决策以及生活方式上的不同，这四个维度各自有两个相对的倾向，组合起来就形成了 16 种不同的人格类型，如 INTJ（内向、直觉、思考、判断）、ENFP（外向、直觉、情感、知觉）等，如图 4-4 所示。每种类型都有其独有的特征和行为模式，有助于人们更深入地理解自己和他人。此类测试广泛应用于职业咨询、团队合作、个人发展等领域，帮助人们更好地认识自己，发挥优势，改进不足。

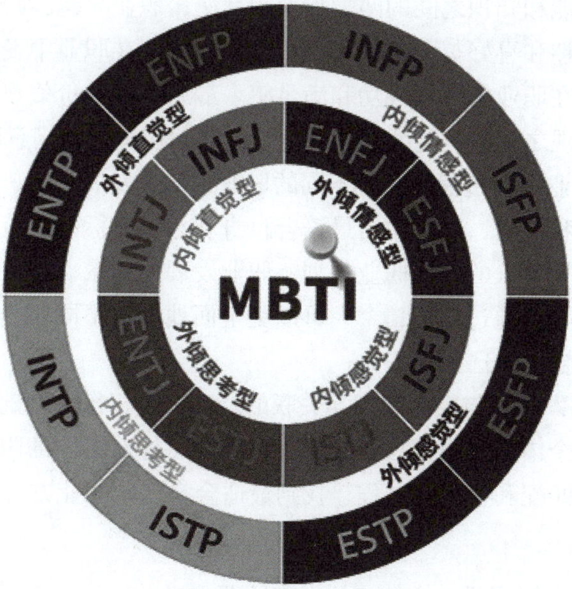

图 4-4　MBTI 人格类型

学习笔记

2. 职业探索

职业探索是职业选择的一个重要环节，它涉及对目标职业进行深入的了解和分析，以确保个人能够做出明智和符合自身发展需求的职业决策。

职业探索的主要目的是帮助个人明确自己的职业兴趣、能力和发展方向，同时了解不同职业的工作内容、工作环境、行业前景等关键信息。通过职业探索，个人可以更准确地评估自己与不同职业之间的匹配度，从而做出更明智的职业选择。

在职业探索过程中，个人可以采取多种途径和方法。首先，可以通过互联网、图书馆、职业咨询机构等途径收集职业信息，了解不同职业的基本情况和要求。其次，可以参加实习实训、志愿者工作、专业实践、社会实践或职业展览等活动，亲身体验不同职业的工作环境和氛围，深入了解职业的具体工作内容和工作要求。此外，还可以与从业者进行交流，获取一手的职业信息和经验分享，以便更全面地了解职业世界。

在职业探索基础上，个人需要进行自我评估，明确自己的兴趣、价值观、能力和职业目标。通过对比自我评估结果和职业探索所获得的信息，个人可以筛选出符合自己特点和需求的职业方向。最后，根据筛选结果制定具体的职业发展规划，包括短期和长期的职业目标以及实现目标的步骤和时间表等。

3. 匹配与权衡

基于自我认知和职业探索的结果，个体需要评估不同职业与自己的匹配程度。

匹配主要是指个人能力与职业要求的匹配、个人兴趣与职业特性的匹配及个人价值观与职业价值观的匹配。首先，职业能力匹配要求个体在选择职业时考虑自身的能力、技能和知识等方面与职业的要求是否相符。一个人的职业选择应该基于他的能力和职业所需的技能和知识之间的匹配程度。其次，职业兴趣匹配是指个体选择职业时，考虑自己的兴趣和喜好与职业是否相符。如果能够在职业中发挥自己的兴趣，那么个体将更有可能在职业上获得成功和满足感。最后，职业价值观匹配则强调个体的价值观与职业价值观之间的契合度，这对于长期的职业发展和满意度至关重要。

权衡则是在职业选择过程中，对不同的职业选项、发展机会、工作环境、薪酬福利等因素进行比较和评估，以便做出最符合自身利益和目标的决策。权衡的过程需要考虑多个方面，包括个人的长期职业规划、职业发展的前景、公司的文化和价值观、工作与生活的平衡等。通过权衡，个人可以更全面地了解不同职业选项的优缺点，从而做出更加明智和合理的选择。

在职业选择中，匹配与权衡是相互关联的。匹配是权衡的基础，而权衡则是为了更好地实现匹配。个体需要根据自身的实际情况和目标对不同的职业选项进行深入的探索和研究，通过匹配和权衡的过程，找到最适合自己的职业方向。

4. 决策与行动

在充分考虑各种因素后，个体需要做出职业选择的决策。

职业选择中的决策与行动是两个紧密相连的环节，它们共同构成了职业选择过程

学习笔记

中的核心部分。决策是对职业目标、职业路径以及职业发展策略进行深入思考后做出的选择，而行动则是将决策转化为现实，通过具体的行为和步骤来实现职业目标。

在决策阶段，个人需要综合考虑自我认知、职业探索以及匹配与权衡的结果。首先，要清晰地了解自己的职业兴趣、价值观、能力及长期目标。其次，要对不同的职业领域、行业趋势和就业机会进行深入探索，以便了解各种职业的特点和要求。最后，通过匹配与权衡，选择最符合个人特点和发展需求的职业方向。

在做出决策后，行动是至关重要的。个人需要制订具体的行动计划，包括如何获取所需的技能、如何寻找合适的职位、如何建立职业网络等。这些行动计划应该具有可行性和可衡量性，以便个人能够追踪进度并调整策略。同时，个人还需要具备执行力和自律性，确保按照计划行事，并逐步实现职业目标。

在职业选择过程中，决策与行动是相互作用的。决策为行动提供了方向和目标，而行动则是决策的具体体现和验证。通过不断的决策与行动，个人可以逐步明确自己的职业方向，积累经验和资源，最终实现自己的职业目标和职业理想。

5. 调整与适应

职业选择并非一劳永逸，随着个人成长和外部环境的变化，个体可能需要不断调整自己的职业目标和计划。这要求个体具备灵活性和适应性，能够应对职业生涯中的变化和挑战。在职业调整与适应过程中，个体需要关注社会趋势和市场需求的变化，以便做出更加明智和可行的职业调整。

（二）职业选择方法

1. 自我评估法

通过深入了解自己的兴趣、性格、能力和价值观，思考自己擅长什么、喜欢做什么，以及希望从职业中获得什么。通过反思、与亲友交流或参加职业咨询活动来加深自我认知。

2. 职业研究法

通过研究不同的职业领域、行业趋势和就业机会，了解不同职业的工作内容、工作要求、工作环境、发展前景和薪资水平。同时，也可以通过网络搜索、阅读行业报告或参加职业展览等方式获取相关职业信息。

3. 实习与体验法

争取实习机会，亲身体验不同职业的工作内容、工作要求和工作环境。与从业者交流，了解他们的职业路径和经验教训。通过实习，可以更直观地感受不同职业是否适合自己。

4. 寻求建议法

与家人、朋友、老师或职业顾问交流，听取他们的建议。他们可能提供一些你未曾考虑过的职业选择或提供有关行业的见解。

学习笔记

5. 制订职业目标与计划

根据自我评估和职业研究的结果，设定明确的职业目标。制订实现这些职业目标的行动计划，包括所需的教育、培训和实践经验。

6. 考虑长远与灵活性

职业选择不仅关乎当前，还需考虑未来几年的发展。要保持职业目标的灵活性，随时准备根据市场变化和个人成长调整职业计划。

7. 关注兴趣与热情

选择与自己兴趣相符的职业更容易投入精力并取得成功。热情是职业发展的动力，选择让你充满热情的职业方向可以最大限度发挥你的潜能。

（三）职业选择的重要性

职业选择的重要性体现在多个方面，它不仅关乎个人的生活质量、成长与满足感，还对社会经济发展有着深远的影响。以下是职业选择重要性的具体体现：

首先，职业选择对个人的生活质量具有决定性影响。一个合适的职业可以为个人带来稳定的收入来源，满足基本生活需求，从而实现经济独立。此外，通过职业选择，个人还能够找到适合自己的工作领域，充分发挥自身潜力和特长，提升自我价值感和成就感。这种精神上的满足和愉悦有助于提升个人的幸福感和生活质量。

其次，职业选择对个人的成长与发展至关重要。通过选择符合自己兴趣和价值观的职业，个人能够在工作中不断学习和成长，积累经验和技能。这种成长不仅有助于提升个人的职业竞争力，还能够为未来的职业发展打下坚实的基础。同时，职业选择也是个人实现自我价值和追求人生目标的重要途径。

再者，职业选择对社会经济发展也具有积极的推动作用。一个合理的职业选择结构有助于优化社会资源配置，提高生产效率。当个人根据自己的兴趣和特长选择职业时，更有可能在相关领域取得突破和创新，推动科技进步和社会发展。此外，职业选择还能够促进劳动力市场的流动和平衡，缓解就业压力，维护社会稳定。

最后，职业选择也是个人实现人生价值和追求幸福的重要手段。通过选择符合自己价值观和人生目标的职业，个人能够在工作中找到意义和乐趣，实现自我价值和社会价值的统一。这种价值的实现有助于提升个人的幸福感和满足感，促进个人和社会的和谐发展。

综上所述，职业选择对于个人和社会都具有重要的意义。因此，在做出职业选择时，个人需要充分考虑自身的兴趣、能力、价值观等因素，同时关注社会需求和发展趋势，做出明智而合理的决策。

二、培养正确择业观

择业观，作为个体在职业选择过程中所持有的态度和观念，直接影响着其职业决策和未来的职业发展。择业观不仅仅是对职业的看法和态度，更是对自我职业发展的一种规划和期望。正确的择业观能够引导个体做出明智的职业选择，为职业生涯奠定坚实的基础；而错误的择业观则可能导致职业决策的失误，甚至影响整个职业生涯的走向。因此，个体在职业选择过程中应树立正确的择业观，以实现个人价值和社会价值的最大化。同时，社会也应加强对个体择业观的引导和培养，为其职业生涯的顺利发展创造良好的环境。

学习笔记

（一）择业观要与劳动价值观相吻合

择业观与劳动价值观密切相连。正确的择业观要求我们既要关注个人的兴趣和发展，也要考虑社会的需求和变化。我们需要在个人理想与现实条件之间找到平衡点，选择那些既符合自己兴趣和能力，又有利于社会进步和发展的职业。

在当今社会，大学生作为新时代的青年力量，其择业观与劳动价值观的形成与发展，不仅关系到个人的职业发展，更对社会的进步与发展产生深远影响。因此，如何使大学生的择业观与劳动价值观相吻合，实现职业与人生的双重价值，是我们需要深入思考的问题。

大学生需要首先树立正确的劳动价值观。劳动是人类社会进步与发展的基石，每个人都应该尊重劳动、热爱劳动。大学生应该认识到，劳动不仅是获取生活所需的方式，更是实现自我价值、展现个人能力的途径。通过劳动，我们可以创造物质财富和精神财富，为社会的发展做出贡献。因此，大学生应该树立正确的劳动观念，珍惜劳动机会，积极投身到各种劳动实践中去。

其次，大学生在择业时应充分考虑劳动价值观。在选择职业时，大学生应该结合自己的兴趣、能力和专业背景，选择那些能够发挥自己优势、实现个人价值的职业。同时，也要考虑职业的社会价值和发展前景，选择那些能够为社会做出贡献、具有广阔发展空间的职业。这样，大学生就能够将个人的职业发展与社会的需求相结合，实现个人价值与社会价值的统一。

此外，大学生还需要在实践中不断提升自己的劳动技能和职业素养。通过参加实习实训、志愿服务、社会实践等活动，大学生可以深入了解职业的特点和要求，提升自己的实践能力和职业素养。同时，也可以通过这些实践活动，不断检验和调整自己的择业观和劳动价值观，使之更加符合社会需求和个人的发展。

最后，大学生应该保持积极向上的心态和态度。在职业选择和发展过程中，难免会遇到各种困难和挑战。但是，只要保持积极向上的心态和态度，勇于面对困难和挑战，不断学习和进步，就一定能够找到适合自己的职业方向，实现职业与人生的双重价值。

大学生择业观与劳动价值观相吻合是一个复杂而重要的过程。通过树立正确的劳动价值观、充分考虑劳动价值观在择业中的应用、提升劳动技能和职业素养以及保持积极向上的心态和态度，大学生可以更好地实现职业与人生的双重价值，为社会的进步与发展贡献自己的力量。

（二）择业观要与个人能力相匹配

对于即将踏入社会的大学生而言，择业是一项重要且复杂的决策过程。在这个过

学习笔记

程中，如何将择业观与个人能力相匹配，成为实现职业发展和个人价值的关键所在。

进入职场前，大学生需要深入了解和评估自己的个人能力，其中包括对自己的兴趣、性格、专业技能、沟通能力、创新能力等方面进行全面的分析。通过自我反思、接受专业评估、参与实习等方式，大学生可以更准确地认识自己的优势和不足，为选择合适的职业方向提供有力的依据。

在形成择业观时，大学生应充分考虑个人能力因素，并根据自己的个人能力设定合理的职业目标，避免盲目追求热门职业或高薪职位而忽视自身的实际情况。

在合理匹配择业观与个人能力时，大学生应注重以下几点：一是选择能够充分发挥个人优势的职业。每个人的能力特点都是独特的，选择与自己能力相匹配的职业，有助于在工作中展现个人价值，实现自我成长。二是选择具有挑战性的职业。适度的挑战能够激发个人的潜能，提升个人能力，实现自我超越。三是关注职业发展的可持续性。大学生在选择职业时，应关注职业的长远发展前景，选择那些具有稳定性和发展空间的职业，为未来的职业发展奠定基础。

为更好地适应不断变化的市场需求和职业环境，大学生还需要不断提升自己的个人能力，通过参加培训课程、实习实训、志愿服务、社会实践等方式，不断提升自己的职业能力和职业素养，增强自己的竞争力。

大学生择业观与个人能力的匹配是一个动态过程。大学生需要深入了解自己的个人能力，设定合理的职业目标，选择适合自己的职业方向，并不断提升个人能力以适应市场需求。只有这样，大学生才能在职业道路上实现个人价值和社会价值的最大化。

（三）择业观要与国家需求相连接

面对新时代，大学生应关注国家需求，以实现个人价值与社会价值相统一为导向，树立正确的择业观。以下一些建议，可帮助大学生将正确的择业观与国家需求相结合：

第一，大学生应积极了解时事，了解国家的发展战略和重点领域。国家的发展需要不同领域的人才支撑，大学生可通过关注国家发布的政策文件、发展规划等，了解国家当前及未来的发展方向和重点领域，从而有针对性地选择职业方向。

第二，大学生应关注国家对于人才的需求趋势。随着经济的转型和科技的进步，国家对于人才的需求也在不断变化。大学生可以通过分析就业市场、行业发展趋势等，了解国家对于人才的需求趋势，进而调整自己的择业观，选择更符合国家需求的职业。

第三，大学生应提升自己的综合素质和创新能力。国家的发展需要具有创新能力、实践能力、团队协作能力等综合素质的人才。大学生可以通过参加实践活动、科研项目、社团活动等，提升自己的综合素质和创新能力，使自己更加符合国家的用人需求。大学生还可以通过参与国家重大项目和社会服务活动等方式，深入了解国家的需求和发展方向，同时积累实践经验和提升社会责任感。

另外，大学生择业观与国家需求的匹配是一个双向选择过程。通过合理的职业规划和努力，大学生可以在满足国家需求的同时实现个人的职业发展和人生价值。

学习笔记

三、职场角色转变

对于许多大学生来说，毕业并不仅仅意味着学术生涯的结束，更是一个全新职场角色的开始。从熟悉的校园环境到充满挑战的职场，这一角色改变既带来了机遇，也伴随着挑战。因此，面对职场角色，大学生应从以下几个方面进行思考和实践：

第一，大学生需要明确，职场是一个充满竞争与合作的地方。与校园中的学习环境和人际关系不同，职场更加注重工作效率、团队合作和成果导向。因此，大学生需要调整自己的心态和态度，以更加成熟、专业的形象迎接职场挑战。在职场中，你不再是学生，而是职业人。这意味着大学生需要对自己的工作负责，积极履行工作职责，并承担相应的责任。与此同时，大学生也需要学会与同事、上级和客户进行有效的沟通和协作，以达成共同的目标。

第二，在适应职场角色的过程中，大学生需要快速学习并掌握相关的职业技能和知识。这包括了解公司的业务流程、掌握行业基本知识，以及学习如何与同事、上级和客户进行有效的沟通。通过不断学习和实践，大学生可以逐步提升自己的职业能力、职业素养和竞争力，为职业发展打下坚实的基础。

第三，在初入职场时，大学生可能会感到迷茫和不确定，但随着时间的推移，大学生应该逐渐明确自己的职业兴趣和发展目标，并制定相应的职业规划。通过不断学习和实践，大学生可以逐步提升自己的职业能力和竞争力，实现个人价值的最大化。

第四，随着职场角色的改变，大学生也需要调整自己的心态和态度，需要保持谦虚和学习的态度，不断吸收新知识，提升自己的能力。同时，大学生也需要保持积极的心态，在职场中，工作压力和竞争往往比校园中更加激烈。因此，大学生需要学会如何合理安排自己的工作时间，避免过度劳累和压力过大，勇敢面对职场中的挑战和困难，相信自己能够克服一切困难，实现职业梦想。

第五，除了职业技能和情绪管理外，大学生还需要注重建立人际关系网络。在职场中，人际关系网络是非常重要的。

总体来说，大学生的职场角色改变是一个充满挑战和机遇的过程。通过明确职场角色、学习职业技能、管理时间和情绪、建立人际关系网络以及保持积极心态，大学生可以成功实现从校园到职场的华丽转身，开启自己的职业发展新征程。

拓展阅读

霍兰德职业兴趣测试

霍兰德职业兴趣测试由美国著名职业指导专家霍兰德编制，主要用于确定被测试者的职业兴趣倾向，进而用于指导被测试者选择适合自身职业兴趣的专业发展方向和职业发展方向。霍兰德提出的六种基本职业类型为：现实型（R）、研究型（I）、艺术型（A）、社会型（S）、企业型（E）、常规型（C）。

现实型（R）：其基本的倾向是喜欢以物、机械、动物、工作等为对象，从事有规则的、明确的、有序的、系统的活动。因此，这类人偏好的是以机械和实物

学习笔记

为对象的技能性和技术性职业。为了胜任，他们需要具备与机械、电气技术等有关的能力。他们的性格往往是顺应、具体、朴实的，社交能力则比较缺乏。

研究型（I）：其基本的倾向是分析型、智慧、有探究心和内省的，喜欢根据观察而对物理、生物、文化的现象进行抽象、创造性的研究活动。因此，这类人偏好的是智力的、抽象的、分析的、独立的、带有研究性质的职业活动，诸如科学家、医生、工程师等。

艺术型（A）：其基本的倾向是具有想象、冲动、直觉、无秩序、情绪化、理想化、有创意、不重实际等特点，他们喜欢艺术性的职业环境，也具备语言、美术、音乐、演艺等方面的艺术能力，擅长以形态和语言来创作艺术作品，而对事务性的工作则难以胜任。文学创作、音乐、美术、演艺等职业特别适合于他们。

社会型（S）：其基本的倾向是合作、友善、助人、负责任、圆滑、善于社交言谈、善解人意等。他们喜欢社会交往、关心社会问题，具有教育能力和善意与人相处等人际关系方面的能力，适合这一类人的典型的职业有教师、公务员、咨询员、社会工作者等以与人接触为中心的社会服务型的工作。

企业型（E）：其基本的倾向是喜欢冒险、精力充沛、善于社交、自信心强。他们强烈关注目标的追求，喜欢从事为获得利益而操纵、驱动他人的活动。由于具备优秀的主导性和对人说服、接触的能力，这一类型的人特别适合从事领导工作或企业经营管理的职业。

常规型（C）：其基本的倾向是顺从、谨慎、保守、实际、稳重、有效率、善于自我控制。他们喜欢从事记录、整理档案资料、操作办公机械、处理数据资料等有系统、有条理的活动，具备文书、算术等能力，适合他们从事的典型职业包括事务员、会计师、银行职员等。

主题四 积极参加校内实习实训活动

一、校内实习实训活动的内容

大学生校内实习实训活动，作为高等教育体系中的重要组成部分，为大学生提供了一个理论与实践相结合的学习平台。这些活动旨在帮助大学生提前了解职场文化，提升专业技能，为未来的职业发展奠定坚实基础。

校内实习实训活动通常涵盖了多个领域，它包括但不限于工程实践、商业实践、医学实践、教育教学实践等。学校会根据专业特点，与企业和机构合作，设立实习岗位，让大学生在专业导师和行业企业技术骨干的指导下，参与实际项目，完成具体任务。这样的实践经历不仅有助于大学生将理论知识转化为实际操作能力，还能让大学生更深入地了解行业企业的现状和职业发展路径。

在实习实训活动中，大学生有机会亲身体验职场的工作氛围和工作流程。大学生需要遵守工作纪律，与团队成员协作，完成任务目标。这种体验让大学生对职场有了更加清晰的认识，也让大学生在未来的求职过程中更加自信和有竞争力。

学习笔记

此外，校内实习实训活动还是大学生提升专业技能和综合素质的重要途径。在实习过程中，大学生需要运用所学专业知识解决实际问题，这有助于大学生巩固和拓展知识体系。同时，通过与团队成员、客户或合作伙伴的沟通协作，大学生还能提升自己的沟通能力、团队协作能力、创新思维等综合素质。

更值得一提的是，校内实习实训活动为大学生提供了建立职业意识和职业规划的宝贵机会。在实习实训过程中，大学生可以更加清晰地认识自己的职业兴趣和发展方向，从而制定出更加合理、有针对性的职业规划。这种规划有助于大学生在未来的求职过程中更有针对性地选择适合自己的岗位，也能帮助大学生在职业发展中少走弯路。

总之，大学生校内实习实训活动是一种非常有益的学习形式。通过参与这些活动，大学生们可以深入了解职场文化，提升专业技能和综合素质，建立职业意识和规划，为未来的职业发展奠定坚实基础。因此，学校应加大对校内实习实训活动的投入和支持力度，为更多大学生提供这样的学习和实践机会。同时，大学生也应珍惜参与校内实习实训活动的机会，充分利用这些机会来提升自己的职业能力和竞争力。

二、校内实习实训的重要性

校内实习实训活动，作为大学教育的重要组成部分，承载着多重意义，对学生个人成长、职业发展和教育教学质量的提升都具有深远的影响。

第一，校内实习实训活动为大学生提供了一个将理论知识与实际操作相结合的平台。在传统的课堂教学中，大学生往往只能接触到抽象的理论知识，而缺乏实际操作的机会。而丰富的校内实习实训活动则能够让大学生在实践中运用所学知识，通过亲手操作、亲身参与，将理论知识转化为实际操作能力。这种理论与实践的结合不仅有助于巩固大学生的知识体系，还能提高大学生的实践能力和解决问题的能力。

第二，校内实习实训活动有助于培养大学生的职业素养和综合能力。

第三，校内实习实训活动还有助于大学生明确职业定位和发展方向。

第四，校内实习实训活动对于提升教育教学质量和社会声誉也具有重要意义。通过实习实训，学校可以更加深入地了解大学生的学习情况和实际能力，从而调整和优化教学内容和方法。同时，实习实训活动还可为学校与企业之间的合作搭建桥梁，促进产学研的深度融合，推动教育教学与产业发展的紧密结合。

因此，学校应该充分重视校内实习实训活动的重要性，加大投入和支持力度，积极推广并不断完善相关机制，帮助学生更好地实现个人价值和职业发展目标，为社会培养更多优秀的人才。

主题五　积极参加创新创业实践活动

一、创新创业实践活动项目介绍

在当今社会，创新创业已经成为推动社会进步和经济发展的重要力量。大学生作

学习笔记

为社会的新鲜血液，他们的创新精神和创业能力对于国家的未来发展具有重大意义。因此，各大高校纷纷开展创新创业实践活动项目（图 4-5），以培养学生的创新思维和创业能力。

图 4-5　第九届山西省“互联网 +”大学生创新创业项目大赛展示

创新创业实践活动项目涵盖了多个领域，如科技创新、文化创意、绿色环保、教育培训、模式创新等。这些项目旨在引导大学生将理论知识与实际操作相结合，通过实践来锻炼大学生的创新思维和解决问题的能力。

例如，针对科技创新项目，大学生可以围绕人工智能、大数据、物联网等前沿科技领域展开研究和实践。大学生可以通过参与科研项目、开发新产品或优化现有技术等方式，将科技创新成果转化为实际应用，为社会带来实际价值。

例如，针对文化创意项目，鼓励大学生挖掘传统文化元素，结合现代审美，创造出独具特色的产品和服务。这类项目不仅有助于传承和弘扬中华优秀传统文化，还能满足消费者对美好生活的追求，推动文化产业的发展。

例如，针对绿色环保项目，大学生可以关注环境问题，致力于开发环保技术和产品。大学生可以围绕节能减排、资源循环利用等方面展开研究和实践，为实现可持续发展贡献力量。

例如，针对教育培训项目，大学生可关注知识经济的兴起，致力于提高教育培训行业的服务质量和效率。大学生可以通过开发在线教育平台、优化教育资源配置等方式，推动教育培训行业的创新和发展。

针对模式创新，大学生可依托信息技术和网络平台，开发全新的商业模式、服务模式、管理模式等，提高行业服务与管理水平和品质，助力社会和经济繁荣发展。

在创新创业实践活动项目中，大学生不仅可以得到专业导师的指导和支持，还可以与来自不同领域的团队成员之间进行交流和合作。这种跨领域的合作有助于拓宽学生的视野，提升大学生的综合素质和团队协作能力。

总之，创新创业实践活动项目是一种富有挑战性和机遇的活动，它强调创新性、自主性、实践性。通过参与创新创业实践活动项目，大学生可以锻炼自己的创新思维和创业能力，为未来的职业发展奠定坚实的基础。同时，通过这些项目的实践，有助于培养符合新质生产力发展要求的创新型人才，有效推动社会产业升级和转型发展。

二、创新创业实践活动的重要性

（一）培养大学生的创新思维与创业能力

第一，创新创业实践活动有助于激发学生的创新思维。在实践活动中，大学生不再局限于传统的思维模式，而是需要面对真实的问题和挑战，从多角度、多层次进行思考。这种开放的思考方式有助于打破思维定式，激发大学生的创新思维。同时，实践活动中的不确定性也促使大学生不断尝试新的方法和策略，进一步锻炼其创新能力。

第二，创新创业实践活动为大学生提供了实践创业能力的平台。通过参与实践活动，学生可以深入了解创业的各个环节，其中包括市场调研、项目策划、团队组建、资源整合等。这种亲身体验的方式有助于大学生将理论知识转化为实际操作能力，提升他们的创业能力。此外，实践活动中的失败和挫折也能让大学生更好地认识创业的风险和挑战，从而培养他们的风险意识和抗压能力。

第三，创新创业实践活动有助于培养大学生的团队协作精神和领导力。在创业过程中，团队协作是必不可少的。通过实践活动，大学生可以学会如何与他人有效沟通、协调合作，共同解决问题。同时，担任团队负责人或项目核心成员的大学生还能在实践中锻炼自己的领导力和组织协调能力。

第四，创新创业实践活动能够增强大学生的社会责任感和使命感。大学生可以在创新创业活动中更深入地了解社会需求和问题，认识到自己作为未来社会建设者的责任和使命。这种责任感和使命感将激励大学生在未来的学习和工作中更加积极地投身创新创业事业，为社会进步和经济发展贡献自己的力量。

第五，创新创业实践活动是培养大学生创新思维和创业能力的关键途径。在创新创业活动中，大学生可以激发创新思维、提升创业能力、培养团队协作精神和领导力，并增强社会责任感和使命感。

（二）拓宽大学生的知识视野与提升综合素质

第一，创新创业活动有助于拓宽大学生的知识视野。在参与这些活动的过程中，学生需要了解并掌握不同领域的知识，如市场分析、产品设计、商业模式、营销策略、创新思维等。这种跨领域的学习让学生有机会接触到更广泛的知识领域，拓宽大学生的知识视野。同时，创新创业活动还要求大学生关注最新的科技动态、市场趋势和行业发展，使大学生能够紧跟时代的步伐，不断更新自己的知识体系。

第二，创新创业活动能够提升学生的综合素质。这些活动往往要求学生具备创新思维、解决问题的能力、团队协作能力、领导力等多项素质。在创新创业实践中，大学生需要不断尝试新的方法、突破传统的思维定式，从而培养大学生的创新思维。同时，面对复杂的问题和挑战，大学生需要学会分析问题、制定解决方案，并付诸实践，从而提升大学生的问题解决能力。在团队中，大学生需要学会与他人合作、沟通、协调，共同完成任务，这有助于培养大学生的团队协作能力和领导力。

第三，创新创业活动还能增强大学生的自信心和抗压能力。在创业过程中，大学生可能会遇到各种困难和挫折，但通过不断努力和尝试，他们能够逐渐克服困难，取得成果。这种经历会让大学生更加自信，并学会如何在压力下保持冷静和坚定。

第四，创新创业活动也有助于培养大学生的社会责任感和使命感。通过参与创新创业实践活动，大学生有机会了解社会需求和问题，从而更加关注社会的发展和进步。同时，大学生会意识到自己的责任和使命，努力为社会做出积极的贡献。

（三）指导大学生积累实践经验与建立良好的人际关系

第一，创新创业活动为大学生提供了积累实践经验的宝贵机会。通过参与这些活动，大学生可以亲身体验创业全过程，其中包括市场调研、项目策划、资金筹集、团队管理等各个环节。这种实践经历能够帮助大学生更好地理解创业的本质和挑战，并学会如何应对和解决创业过程中可能遇到的问题。同时，大学生还能够在实际操作中不断试错、反思和改进，从而不断提升自己的实践能力和水平。

第二，创新创业活动为大学生建立社交网络提供了有效途径。在创业过程中，大学生需要与各种人群进行交流和合作，包括投资人、合作伙伴、行业专家等。这些人群不仅能够为大学生提供宝贵的建议和资源，还能成为大学时未来职业生涯中的合作伙伴，建立起广泛的社交网络。这些社交网络不仅有助于大学生在创业过程中获得支持和帮助，还能为他们未来的职业发展提供更多的机会和可能性。

第三，创新创业活动还能够帮助大学生了解市场和行业动态。在创业过程中，大学生需要对市场和行业进行深入的了解和分析。通过参与创新创业活动，大学生可以接触到最新的市场信息和行业动态，了解市场需求和竞争态势。这种了解有助于大学生在未来的创业或职业生涯中做出更加明智的决策和选择。

（四）增强大学生的就业竞争力与创业成功率

第一，创新创业活动能够锻炼学生的意志力和解决问题的能力，使他们在面对未来的职业挑战时更加从容和自信，帮助大学生提升就业竞争力。

第二，在创业过程中，学生需要不断寻找新的商业机会、探索新的商业模式，这要求他们具备敏锐的观察力和创新的思维。通过参与创新创业活动，学生可以锻炼创新思维，学会从不同的角度思考问题，寻找解决问题的新方法。这种创新思维和创新能力在就业市场上具有很高的价值，能够帮助学生脱颖而出，获得更好的就业机会。

第三，通过参与创新创业活动，大学生可以结识到投资人、合作伙伴、行业专家等人群，建立起广泛的社交网络。这些社交网络不仅可以在创业过程中提供支持和帮助，还可以在就业过程中提供推荐和机会，从而提高大学生的就业竞争力。

三、如何有效参与创新创业实践活动

（一）关注学校及社会创新创业信息

第一，要参与创新创业实践活动，就要密切关注学校发布的创新创业相关信息。许多高校都设有专门的创新创业中心或类似机构，它们会定期发布与创新创业相关的课程、讲座、竞赛、实习和实践机会。通过参加这些活动，大学生可以接触到最新的创业理念、技术和方法，与志同道合的伙伴交流合作，从而不断提升自己的创新创业能力。

第二，合理利用学校的创新创业平台或资源库。这些平台通常提供丰富的创业案例、行业报告、市场分析等资源，可以帮助大学生更好地了解市场趋势和行业动态。同时，大学生也可以在平台上寻找合适的创业项目或合作伙伴，拓展自己的创业网络。

第三，积极关注社会上的创新创业信息。大学生可以通过社交媒体、行业网站、创业论坛等途径了解最新的创业政策、行业动态和市场机会。这些信息不仅可以帮助大学生发现潜在的商业机会，还可以为大学生提供宝贵的创业经验和启示。同时，积极参加校外的创新创业活动，如创业沙龙、路演活动、创业大赛等。通过与其他创业者的交流，大学生可以学习到他们的创业经验和教训，避免走弯路。

第四，要学会将理论与实践相结合。在关注创新创业信息的同时，也要注重将所学知识应用于实际项目中。通过实践，大学生可以更好地理解和应用创新创业理论，提升自己的实践能力和解决问题的能力。

（二）选择适合自身兴趣的创新创业项目

第一，要深入了解自己的兴趣和专长。大学生要思考自身对哪些领域或行业有兴趣，以及自身在哪些方面具备独特的技能和经验。要善于将兴趣和专长相结合，选择与之相关的创新创业项目，能够让自身更加投入和享受整个创业过程。

第二，进行市场调研和分析。了解目标市场的需求和竞争情况，确定项目的可行性和市场潜力。通过查阅相关资料、与潜在用户交流或参加相关行业活动等方式，收集足够的信息来评估项目的潜力和风险。同时，要考虑项目的实际可操作性和可持续性。选择那些符合当前社会和经济发展趋势、具有实际意义和长期发展前景的项目。确保项目具有明确的商业模式和盈利路径，以及可持续的运营模式。

在这个过程中，寻求导师或专业人士的建议和指导也非常重要。与有经验的人士交流，了解他们对项目的看法和建议，可以帮助大学生更好地评估项目的潜力和风险，并做出更明智的决策。

第三，保持灵活和开放的心态。在参与创新创业实践活动过程中，大学生可能会

学习笔记

遇到各种挑战和机遇。保持灵活和开放的心态，愿意接受新的想法和建议，不断调整和优化项目，是确保项目成功的关键。

（三）组建创新创业团队，发挥集体智慧

第一，要明确团队目标和角色分工。在组建团队之前，要明确项目的目标和愿景，确保团队成员对项目有共同的理解和认同。同时，根据团队成员的专长和兴趣，合理分配任务和责任，确保每个人都能发挥自己的优势，为项目的成功做出贡献。

第二，要优选团队成员。团队成员的选择对项目的成败至关重要。在招募过程中，要注重团队成员之间的互补性和协作性，确保团队能够形成合力。同时，建立良好的沟通机制和合作氛围。团队成员之间的有效沟通是发挥集体智慧的关键，可以通过定期召开团队会议、使用在线协作工具等方式，保持团队成员之间的信息畅通和交流顺畅。此外，还要营造积极向上的合作氛围，鼓励团队成员相互支持、共同成长。

同时，注重团队的学习和成长。创新创业是一个不断学习和成长的过程。作为团队成员，要保持持续学习的态度，不断提升自己的知识和技能。可以通过参加培训、阅读相关书籍、分享经验等方式，促进团队成员之间的知识共享和成长。

第三，建立有效的激励机制。为了激发团队成员的积极性和创造力，可以建立合理的激励机制，如设立奖励制度、提供晋升机会等。这些措施可以激励团队成员更加投入地工作，为项目的成功贡献更多的智慧和力量。

（四）制订计划，明确目标与分工

第一，在启动创新创业实践活动之前，团队成员应共同讨论并确定项目总目标，即希望通过这个项目实现什么样的成果或解决什么问题。确保每个成员都对项目总目标有清晰的认识，以便在工作中保持一致的方向和步调。

第二，将总目标分解为若干个子目标或阶段性目标，并为每个子目标制订具体的实施计划和时间节点。这样每个阶段都有明确的任务和成果要求，可以确保项目能够有条不紊地进行。同时，团队成员应根据自己的专长和兴趣合理分配任务，确保任务高效推进。

第三，在制订计划时，应提前预见到可能的风险和挑战，并制订相应的应对措施和预案。这样可以在遇到问题时迅速做出反应，避免影响项目的有效推进。

第四，在项目进行过程中，应定期评估项目的进展和成果，并根据实际情况对计划进行调整和优化。如果发现计划中存在不合理或不可行之处，应及时进行调整，确保项目能够按照预期目标推进并取得预期成果。

（五）勇于尝试，不断迭代与优化

第一，创新创业过程充满未知与挑战，需要敢于迈出第一步，并在实践中不断调整和改进。在创新创业领域，没有固定的成功模式，只有不断尝试和探索才能找到适合自己的道路。即使面临困难和风险，也要敢于迈出第一步，将想法付诸实践。通过实际行动来验证想法的可行性，不断积累经验和教训。

第二，保持开放的心态，接受反馈和批评。在创新创业过程中，他人的意见和建

学习笔记

议往往具有重要的参考价值。要学会倾听他人的反馈，尤其是来自市场和用户的反馈，从中发现问题和不足，及时调整策略和方向。同时，也要勇于面对批评，从中汲取经验和教训，不断提升自己的能力和水平。

第三，注重数据的收集和分析。数据是评估项目进展和效果的重要依据。通过收集和分析数据，可以了解项目的实际情况和市场需求，发现潜在的问题和机会。基于数据进行分析和决策，能够使你的创新创业活动更加科学、精准和有效。同时，创新创业是一个不断优化的过程，需要不断地调整和优化项目以适应市场和用户的需求。在项目执行过程中，要密切关注市场动态和用户需求变化，及时调整项目策略和方向。通过不断优化产品、服务或业务模式，提高项目的竞争力和成功率。

第四，保持耐心和毅力。创新创业是一个长期而艰苦的过程，需要付出大量的时间和精力。在遇到困难和挫折时，要保持积极的心态和坚定的信念，相信自己的能力和潜力。通过持续的努力和坚持，逐步实现自己的创新创业目标。

拓展阅读

以梦为马，不负韶华——重庆大学张炳飞创业事迹

张炳飞，男，共青团员，重庆大学电气工程学院2018级本科生，第十三届重庆市青少年科技创新“市长奖提名奖”获得者、重庆市级“优秀志愿者”、重庆大学“创新创业之星”。牵头组建重庆大学“蔚鼎科技”创新创业团队，解决多元材料复合构件高质量连接难题，获第十七届“挑战杯”全国大学生课外学术科技作品竞赛特等奖；第七届中国国际“互联网+”大学生创新创业大赛全国金奖等，已与国家电网、深圳格瑞瓦特等企业合作，获得意向投资近千万元。

2018年9月，读大一时，张炳飞便进入重庆大学国家重点实验室。他查阅大量文献资料，发现脉冲放电连接技术的应用前景极其广阔。而由于我国对该项技术的研究起步较晚、还不够成熟，当时这项技术一直被国外垄断。

从此，张炳飞组建团队，立志攻克脉冲放电连接技术这一“卡脖子”问题。但攻坚伊始，团队面临没有参考资料、没有经验、没有可循路径的挑战。三年间，他们历经了千余次失败，终于突破多项关键技术，成功研制出具有完全自主知识产权的脉冲放电连接设备，实现了多元材料的可靠连接。此项技术的成功，为助力我国实现“碳达峰”“碳中和”战略目标做出了应有贡献。

主题六 积极参加实习活动

一、实习概述

（一）实习的定义与意义

实习是职业教育重要的教学环节，既是专业学习和技术技能训练的必备途径，

学习笔记

也是锤炼意志品质、提前熟悉岗位、引导融入社会的重要方式，必须高度重视、规范管理。实习包括认识实习和岗位实习。认识实习指学生由职业学校组织到实习单位参观、观摩和体验，形成对实习单位和相关岗位的初步认识的活动。岗位实习是具备一定实践岗位工作能力的学生，在专业人员指导下，辅助或相对独立参与实际工作的活动。

对于职业院校来说，学校会按照专业培养目标要求和教学计划安排，组织在校学生到企业等用人单位的实际工作岗位进行实习活动。它是学生在完成文化基础课、专业理论课以及校内实践课之后，进入社会和工作岗位前的实践性教学环节。在这一阶段，学生具备双重身份，既是学生也是准员工。学校对实习过程进行全程管理，以确保实习的顺利进行和达到预期的效果。

实习的意义在于，它使学生有机会将课堂上学到的理论知识与实际工作相结合，从而更好地理解和掌握专业知识，提升职业能力。此外，通过岗位实习，学生还能够深入了解实际工作环境和优秀企业文化，形成良好的职业素养和求真务实的工作作风。实习也有助于学生树立正确的世界观、人生观、价值观和就业观，为未来的职业生涯发展奠定坚实的基础。

（二）实习与理论学习的关系

实习与理论学习是相辅相成的。理论学习为实习提供了基础知识和理论指导，使大学生能够在实习过程中有明确的目标和方向。而实习则为理论学习提供了实践平台和实例验证，使大学生能够将课堂上学到的知识应用于实际工作中，加深对理论的理解和记忆。

通过实习，大学生可以将在课堂上学到的理论知识转化为实际操作技能，并在实践中不断检验和完善理论知识。同时，实习还能够为大学生带来新的学习问题和挑战，促使其主动学习和深入思考，从而推动理论学习的深入和拓展。

（三）实习在职业生涯发展中的作用

实习在职业生涯发展中起着举足轻重的作用。首先，实习为大学生提供了一个了解行业和职业需求的机会，使其能够更好地把握就业市场的动态和趋势。其次，实习有助于大学生明确自己的职业方向和兴趣所在，从而做出更明智的职业规划。此外，实习还能够提升大学生的职业素质和竞争力，使其在求职过程中更具优势。

通过实习，大学生可以积累工作经验，展示自己的能力和潜力，从而增加就业机会。同时，实习还能够扩展人际关系，为未来的职业生涯发展打下坚实的基础。

总之，实习在大学生的职业生涯发展中扮演着重要的角色。它不仅是大学生将理论知识与实践相结合的重要途径，更是大学生提升职业能力和职业素质，明确职业方向，积累工作经验的宝贵机会。因此，大学生应该积极参加实习活动，为自己的职业生涯发展做好充分的准备。

二、实习前的准备

在实习开始前，设定明确且具体的实习目标至关重要。这有助于大学生在实习过

学习笔记

程中保持清晰的方向，并评估自己的表现。实习目标应与个人的职业规划和专业方向相结合，既要考虑到实习单位的需求，也要体现自己的特长和兴趣。同时，实习目标应具有可量化性，以便大学生在实习结束后进行自我评估和调整。例如，一个合理的实习目标可以是：在实习期间，熟练掌握某一岗位的基本工作流程和操作技能，能够独立完成岗位任务；同时，通过与同事和领导的交流，深入了解行业发展趋势和企业文化，为未来的职业规划提供参考。

选择合适的实习行业与单位是实习成功的关键。学生应根据自己的专业背景、兴趣以及未来的职业规划，来选择实习的行业和单位。同时，也要考虑实习单位的知名度、实力以及提供的实习岗位与自身需求的匹配度。在选择实习单位时，建议学生多方面了解实习单位的信息，其中包括单位的规模、业务范围、发展前景等。可以通过网络搜索、与学长交流或者参加学校的招聘会等方式获取相关信息。此外，还可以关注一些招聘网站或社交媒体平台上的实习信息，以便及时获取最新的实习机会。

准备充分的实习申请材料是获得实习机会的重要一步。学生需要根据实习单位的要求，准备相应的申请材料，如简历、实习申请表、推荐信等。在准备这些材料时，学生应突出自己的专业技能、实践经验以及综合素质，以展现自己的优势和特长。此外，学生还应注意申请材料的格式和排版，确保清晰易读。在撰写简历和实习申请表时，要认真核对信息，确保准确无误。同时，可以提前了解实习单位的文化和价值观，以便在申请材料中更好地展示自己的匹配度。

面对即将到来的实习生活，学生可能会产生一些焦虑或不安的情绪。为了更好地适应实习环境，学生需要进行一定的心理调适。首先，要正视实习的挑战和机遇，保持积极的心态。实习是一个学习和成长过程，遇到困难和挫折时要勇于面对和解决。其次，要增强自信心，相信自己有能力完成实习任务并取得好成绩。同时，要学会调整期望值，不要过分追求完美或期望值过高，以免给自己带来过大的压力。此外，学生还可以提前了解实习单位的工作环境和文化氛围，以便更好地融入其中。在实习前与导师或同事进行简单的交流，了解他们的工作经验和建议，也有助于缓解紧张情绪并更好地适应实习生活。

综上所述，实习前的准备工作需要学生认真对待。通过设定明确的目标、选择合适的实习单位、准备充分的申请材料以及进行必要的心理调适，学生可以为即将到来的实习生活做好充分的准备，并取得更好的实习效果。

三、岗位实习的具体实施

（一）实习岗位的认知与适应

在岗位实习的具体实施过程中，对实习岗位的认知与适应是每位实习生必须经历的关键阶段。这一过程不仅涉及对岗位工作内容、工作职责、工作流程的深入了解，更包括对团队文化、工作环境等多方面的适应与融合。

首先，对实习岗位的认知是实习成功的基石。在实习初期，实习生需要通过多种途径获取关于实习岗位信息。这包括查阅实习单位的官方网站、与导师或前辈交流、

学习笔记

观察同事的工作状态等。通过这些方式，实习生可以逐渐了解实习岗位的职责范围、工作要求以及实习单位的发展状况和行业背景。同时，实习生还应主动向导师或同事请教，了解实习岗位的工作流程和注意事项，以便更好地融入团队和开展工作。

其次，实习岗位的适应是实习生在实习过程中必须面对的挑战。在适应过程中，实习生需要关注以下几个方面：

一是学会应用所学知识与技能。实习生需要将在学校学到的专业知识和技能应用到实际工作中。这要求实习生不仅要熟练掌握岗位所需的基本技能，还要不断学习和提升自己的职业素养，以应对实际工作中可能出现的各种问题。

二是培养团队协作能力。实习生需要与团队成员共同合作完成工作任务，因此良好的团队协作能力至关重要。在实习过程中，实习生应积极参与团队讨论、分工合作，与同事建立良好的工作关系，共同推动项目的进展。

三是提升沟通表达能力。实习生需要学会与同事、领导和客户进行有效沟通。在沟通过程中，实习生应保持礼貌、尊重他人，清晰表达自己的观点和想法，并善于倾听他人的意见和建议。

四是培养积极心态，合理调整工作压力。实习过程中，实习生可能会遇到各种挑战和压力。面对这些困难，实习生需要保持积极心态，勇于面对挑战，并从失败中吸取教训。同时，实习生还应学会合理安排时间、调整工作节奏，以保持良好的工作状态。

加强对实习岗位的认知与适应是岗位实习的重要环节。通过深入了解岗位信息、提高专业技能和团队协作能力、培养良好的沟通能力以及树立积极心态等方式，实习生可更好地适应实习岗位，为未来的职业生涯发展奠定坚实的基础。同时，这一过程也是实习生自我成长和提升的宝贵机会，值得珍惜和把握。

（二）实习工作中的团队协作

在岗位实习过程中，团队协作是实习生需要面临的重要挑战之一。团队协作不仅关乎实习任务的完成效率，更对实习生个人能力的成长和职业素养的提升起到至关重要的作用。

在岗位实习期间，实习生应迅速融入团队，与团队成员建立良好的工作关系。这要求实习生主动与同事交流，了解他们的职责和专长，并尽可能多地参与团队活动，增进彼此的了解和信任。通过积极融入团队，实习生不仅能够更好地了解团队文化和工作氛围，还能够为团队带来新鲜的想法和活力。

实习生应明确自己在团队中的角色和职责。每个团队成员都有自己独特的技能和经验，实习生需要了解自己的职责范围，并在工作中充分发挥自己的优势。同时，实习生也应学会与其他团队成员协作，共同完成任务。在协作过程中，实习生应保持开放的心态，接受他人的建议和批评，不断提升自己的能力和水平。

此外，有效的沟通是团队协作的关键。实习生应学会与不同背景、不同性格的同事进行有效沟通。在沟通过程中，实习生应保持尊重他人的原则，避免产生误解和冲突。同时，实习生还应学会倾听他人的意见和建议，尊重他人的观点，共同寻求解决问题的最佳方案。

在团队协作中，实习生还应注重培养自己的团队精神和合作意识。团队精神是团队协作的核心，它要求每个团队成员都能够为团队的整体利益着想，愿意为团队的成功付出努力。通过参与团队项目、共同解决问题、分享经验和知识等方式，实习生可以逐渐培养自己的团队精神和合作意识，为未来的职业生涯发展奠定坚实的基础。

最后，实习生在团队协作中还应保持积极的学习态度。实习是一个学习和成长的过程，实习生应珍惜与团队成员共事的机会，从他们身上学习更多的经验和技能。通过不断学习和进步，实习生可以不断提升自己的团队协作能力和职业素养，为未来的职业发展打下坚实的基础。

总之，通过积极融入团队、明确职责、有效沟通、培养团队精神和保持积极学习态度等方式，实习生可以不断提升自己的团队协作能力，为未来的职业生涯发展奠定坚实的基础。

（三）实习任务的执行与反馈

在岗位实习过程中，实习任务的执行与反馈是实习生必须面对并妥善处理的重要环节。这一环节不仅关乎实习任务的完成质量，更对实习生个人能力的提升和职业素养的塑造起到至关重要的作用。

实习任务的执行是实习生展现自身能力和专业素养的关键。在接到实习任务后，实习生应认真研读任务要求，明确任务目标，并根据自己的专业知识和技能制订详细的执行计划。在执行过程中，实习生应保持高度的责任心和敬业精神，按照计划逐步推进，确保任务能够按时、按质完成。同时，实习任务的执行也是实习生锻炼自身能力的好机会。在执行任务过程中，实习生可能会遇到各种问题和挑战，这时他们需要积极寻求解决方案，不断尝试和探索，从而提升自己的解决问题能力和创新能力。

同时，仅仅完成实习任务并不够，注重实习任务的反馈也非常重要。反馈是评估任务完成效果、发现问题并寻求改进的重要途径。在完成实习任务后，实习生应主动向导师或同事汇报实习任务完成情况，并虚心接受他们的意见和建议。通过反馈，实习生可以了解自己在实习任务执行过程中的优点和不足，从而有针对性地进行改进和提升。

四、岗位实习中的学习与发展

（一）将理论与实践相结合

岗位实习作为大学生涯中重要的一环，不仅为学生提供了将所学理论知识应用于实际工作的机会，更是他们学习与发展、实现理论与实践相结合的关键阶段。在这一过程中，实习生通过亲身体验和实践操作，不仅深化了对专业知识的理解，还提升了解决实际问题的能力，为未来的职业发展奠定了坚实的基础。

岗位实习为学生提供了一个真实的职业环境，使他们能够亲身感受职场文化和

学习笔记

工作氛围。在岗位实习过程中，实习生通过与同事的交流和合作，逐渐了解了行业的运作机制和职场规则，对职业规划和未来发展有了更明确的认识。同时，实习生还能通过参与实际项目和工作任务体验到工作的乐趣和挑战，从而激发对职业的热情和动力。

岗位实习还是实习生个人能力提升和职业素养塑造的关键阶段。在实习过程中，实习生需要面对各种挑战和困难，通过不断尝试和探索，逐渐提升自己的沟通能力、团队协作能力、创新能力等。同时，实习生还需要遵守职业道德和规范，保持良好的职业形象和态度，从而塑造自己的职业素养和形象。

（二）提升职业技能与职业素养

岗位实习是提升职业技能的重要途径。在实习期间，实习生需要参与实际工作，完成各种任务和项目。这些实际操作不仅让实习生有机会将所学理论知识付诸实践，更能够让他们通过不断的尝试和摸索，逐渐掌握各种职业技能。例如，在市场营销岗位实习中，实习生可以学习市场调研、品牌推广、客户管理等方面的职业技能；在人力资源管理岗位实习中，实习生可以学习招聘、培训、绩效管理等方面的职业技能。这些职业技能的掌握，将有助于实习生在未来的职业道路上更好地应对各种挑战和任务。

岗位实习有助于培养实习生形成良好的职业素养。职业素养是指在工作中应具备的道德品质、职业态度和行为习惯等。在岗位实习期间，实习生需要遵守公司的规章制度，尊重领导和同事，保持积极向上的工作态度。通过与同事的交流和合作，实习生可以学习到职场中的沟通技巧、团队协作能力和解决问题的能力。同时，实习生还需要学会如何处理工作中的冲突和压力，如何保持职业形象和职业道德。这些职业素养的培养，将有助于实习生在未来的职业发展中更好地适应职场环境，取得更好的职业发展。

（三）培养创新思维与解决问题能力

岗位实习为实习生提供了一个真实的、充满挑战的工作环境。在岗位实习过程中，实习生需要面对各种复杂的问题和任务，这些问题往往没有固定的解决方案，需要实习生运用创新思维来寻找新的解决路径。这种环境的熏陶和挑战，使得实习生在解决问题时能够逐渐摆脱传统思维束缚，敢于尝试新的方法和思路。

岗位实习有助于培养实习生的创新思维。在岗位实习过程中，实习生需要不断地学习新知识、掌握新技能，并将其应用于实际工作中。这种学习和实践过程，使得实习生能够逐渐形成一种开放、包容、创新的思维方式。同时，实习生通过与同事和导师的交流与合作，也能够学习到更多的创新思维方法和技巧，进一步提升自己的创新能力。

岗位实习还是培养问题解决能力的重要途径。在岗位实习期间，实习生需要独立或与他人合作解决各种实际问题。这些问题可能涉及技术、管理、沟通等多个方面，需要实习生综合运用所学知识和技能来寻找解决方案。通过不断地解决问题，实习生

学习笔记

能够逐渐积累解决问题的经验和方法，提升自己的问题解决能力。

值得注意的是，创新思维和问题解决能力的培养是一个长期的过程，需要实习生在岗位实习期间不断地学习和实践。实习生需要保持对新技术、新方法的好奇心，敢于尝试新的思路和解决方案；同时，还需要注重反思和总结，从解决问题的过程中吸取经验教训，不断完善自己的思维方式和方法。

（四）了解行业发展动态

岗位实习使实习生能够身临其境地感受行业的氛围和变化，直观地感受行业的脉搏。在岗位实习期间，实习生有机会接触到行业的最新技术、产品和服务，了解行业的竞争格局和市场动态。通过与行业内的专业人士交流，实习生可以获取一手的行业资讯和趋势分析，从而更全面地了解行业的发展状况和未来走向。

岗位实习有助于实习生了解行业的职业发展路径和机会。在岗位实习过程中，实习生可以观察到不同岗位的工作内容和职责，了解不同职业的发展轨迹和晋升路径。通过与同事和导师的交流，实习生还可以了解到行业的职业机会和发展空间，为自己的职业规划提供有益的参考。

岗位实习还能够培养实习生的行业敏感度和洞察力。在实习期间，实习生需要关注行业的最新动态和变化，分析行业趋势和市场需求，为公司的决策提供支持和建议。这种对行业的敏感度和洞察力的培养，将有助于实习生在未来的工作中更好地把握市场机遇和应对挑战。

五、岗位实习成果展示与总结

岗位实习结束后，对实习成果进行展示与总结，既是对个人实习经历的梳理，也是对所学所感的一次深刻反思。其中，实习报告的撰写是实习成果展示的重要形式。实习报告不仅是对岗位实习经历的全面回顾，更是对岗位实习期间所学、所感、所悟的总结和提炼。在撰写实习报告时，实习生需要详细描述实习单位的基本情况、实习岗位的工作职责、实习期间的具体工作内容和成果，以及岗位实习过程中的体会和收获。通过实习报告的撰写，实习生能够系统地梳理实习经历，加深对实习内容的理解和记忆，同时也为未来的求职和职业发展提供了有力的证明材料。

针对岗位实习成果展示与交流，实习生可对完成的一些具体的项目或任务所取得的成果进行展示。这些成果可以通过报告、PPT、实物等形式进行展示和交流。通过展示和交流，实习生可以向导师、同学和实习单位展示自己的工作成果和能力，同时也能够从他人的反馈和建议中不断改进和提升自己。

岗位实习成果展示与总结是一个全面、系统的过程，涉及实习报告的撰写、实习成果的展示与交流、实习经验的总结与反思以及实习对职业发展的影响分析等多个方面。通过这一过程，实习生能够全面展示自己的实习成果和能力，加深对实习经历的理解和记忆，认识自己的优点和不足，明确未来的发展方向和目标，同时也为未来的职业发展提供有益的借鉴和启示。

学习笔记

六、岗位实习后的职业规划

岗位实习经历能够帮助学生清晰地认识自己的职业兴趣、能力和发展方向，从而调整和完善自己的职业规划。同时，根据岗位实习经历合理调整职业生涯规划是实习生必须面对的重要任务。在岗位实习期间，实习生会接触到实际的工作环境和任务，与同事和领导进行交流和合作。这些经历有助于实习生更全面地了解自己的职业兴趣和能力所在，发现自己的优势和不足。因此，实习生需要根据岗位实习经历对自己的职业生涯规划进行反思和调整，明确自己的职业目标和发展方向。

岗位实习与未来职业发展的对接是实习生职业规划中的关键环节。通过岗位实习，实习生可以了解行业的发展趋势、市场需求和职业机会，为未来的职业发展做好充分的准备。实习生根据自己的实习经历和职业规划，可以选择适合自己的职业方向和发展路径，制订具体的职业目标和计划。同时，实习生通过关注行业的发展动态和变化，可以不断更新自己的知识和技能，以适应未来的职业发展需求。

拓展阅读

1 个“严禁”27 个“不得”保障职教生实习权益

2022 年 1 月，教育部等八部门联合印发了新修订的《职业学校学生实习管理规定》(以下简称“新规定”)。

针对以实习为名组织学生到企业务工、赚取‘人头费’、强制实习等问题。新规定以 1 个“严禁”、27 个“不得”划出红线。明确实习协议必须由职业学校、实习单位、学生三方签署，重申不得通过中介机构或有偿代理组织安排和管理学生实习工作。“不得安排与专业无关的简单重复劳动”“不得安排学生从事Ⅲ级强度及以上体力劳动或其他有害身心健康的实习”“严禁以营利为目的违规组织实习”等等。

新规定首次配发了《实习协议示范文本》，明确了必须由职业学校、实习单位、学生三方签署协议后方可实习，同时还明确应当取得学生监护人或家长签字的知情同意书。

三方签署一个规范的实习协议，让许多具体问题有了规范操作的依据。比如保障学生实习报酬。规定要求实习报酬不低于本单位相同岗位工资标准的 80% 或最低档工资标准、支付周期不得超过 1 个月。不得以物品或代金券等代替货币支付或经过第三方转发，不得向学生收取实习押金、培训费、实习报酬提成、管理费、实习材料费、就业服务费或者其他形式的实习费用，不得要求学生提供担保或者以其他名义收取学生财物。再比如不得要求学生上夜班和加班，不得简单套用实习单位考勤制度，不得对学生简单套用员工标准进行考核等。

《实习协议示范文本》具有权威性和公信力，有利于对实习活动提供基础性的制度保障。也是实习管理规范化、阳光化程度不断提高的体现。

学习笔记

主题七 养成终身学习习惯，助力职业发展

一、终身学习的概念及特点

（一）终身学习的概念

终身学习是指社会每个成员为适应社会发展和实现个体发展的需要，贯穿于人的一生的、持续的学习过程。简而言之，就是“活到老学到老”或者“学无止境”。它起源于特殊的社会、教育和生活背景，具有终身性、全民性、广泛性等特点。

终身学习概念并非指一个具体的实体，而是泛指某种思想或原则。概括而言，它指的是人的一生的教育与个人及社会生活全体的教育的总和。这种学习包括了人生的各个阶段及生活领域,以带来启发及进步为目的,涵盖了全部的正规的、非正规的学习。

自 20 世纪后期联合国教科文组织提出终身教育和终身学习后，各国普遍重视并积极实践，启示人们树立终身教育思想，使学生学会学习，更重要的是培养学生养成主动的、不断探索的、自我更新的、学以致用的和优化知识的良好习惯。

（二）终身学习的特点

持续性：终身学习是一个持续的过程，它不仅限于学校或大学教育，而是包括了个人发展的各个方面，如职业发展、兴趣爱好、社会参与等。

全人教育：它关注个人的全面发展，不仅仅是知识和技能的积累，还包括情感、态度、价值观和人格的培养。

自我驱动：终身学习强调个人主动寻求学习机会，而不是被动接受教育。这意味着个人需要有自我反思和自我管理的能力，以便识别自己的学习需求并采取行动。

多样化的学习途径：终身学习可以通过多种形式进行，包括但不限于正规教育、非正式学习、在线课程、工作坊、研讨会、自学等。

适应性：随着社会和技术的快速发展，终身学习使个人能够适应新的工作环境和生活条件，保持竞争力和适应力。

二、职业发展与终身学习的关系

第一，职业发展是一个持续不断的过程，它要求个体在工作领域中不断地提升自我、实现个人价值，并追求更高的职业地位。而终身学习则是实现这一目标的基石，它贯穿于人的整个职业生涯，为职业发展提供源源不断的动力和支持。

第二，终身学习是职业生涯发展的基础。在现代社会，科技进步和行业变革日新月异，职业标准和职业技能也在不断演变。为了保持竞争力并适应这些变化，个人必须持续学习新的知识和技能。通过终身学习，个人能够不断更新自己的专业素养，紧跟行业发展步伐，为职业生涯的持续发展奠定坚实的基础。

第三，终身学习有助于个人在职业生涯中实现转型和升级。随着职业经验的积累和个人兴趣的转变，个体可能会发现自己的职业发展路径发生了变化。此时，通过终身学习，个人可以掌握新领域知识，培养新的技能，从而顺利实现职业转型。这种转

学习笔记

型和升级不仅有助于个人在职业生涯中拓宽发展空间，还可提升个人的综合素质和创新能力，增强在职场中的竞争力。

第四，终身学习还能够提升个人的沟通能力、团队协作能力、领导力和适应能力等，这些能力都是在职场中取得成功的重要因素。通过终身学习，个人可以不断提升这些方面的能力，使自己更加适应职场的需求。同时，终身学习还能够增强个人的适应能力和抗压能力，使个人在面对职场中的挑战和变化时能够从容应对。

综上所述，职业发展与终身学习是相互促进、相互依存的。终身学习为职业发展提供源源不断的动力和支持，职业发展则不断激发个体的学习需求和动力。

三、终身学习提升个人的职业竞争力

在当今日新月异的职业环境中，个人的职业竞争力不再仅仅依赖于初始的教育背景或一时的技能掌握，而是更多地取决于持续学习、不断适应和创新能力。

第一，终身学习有助于个人保持与行业前沿的同步。随着科技的进步和市场的变化，各行各业都在不断发展和更新。通过终身学习，个人能够及时了解并掌握最新的行业知识、技术和趋势，从而在职业竞争中占据先机。这种与时俱进的能力不仅有助于个人在工作中取得更好的成绩，还能够为个人带来更多的职业机会和发展空间。

第二，终身学习有助于个人提升专业技能和综合素质。在职场中，拥有扎实的专业技能和较高的综合素质是获得职业成功的重要因素。通过不断学习，个人可以不断完善自己的技能体系，提升工作效率和质量。同时，终身学习还能够培养个人的沟通能力、团队协作能力、创新能力等综合素质，使个人在职场中更具竞争力。

第三，终身学习还有助于个人适应职业变化和挑战。在职业生涯中，个人可能会面临各种变化和挑战，如岗位调整、职业转型等。通过终身学习，个人可以不断提升自己的适应能力和抗压能力，从容应对这些变化和挑战。这种适应性和韧性是个人在职业竞争中不可或缺的品质。

第四，终身学习还能够增强个人的自信心和成就感。通过不断学习并取得进步，个人会感受到自己的成长和变化，从而增强自信心和成就感。这种积极的心态有助于个人在职业竞争中保持积极向上的态度，不断追求更高的目标和更好的自我。

四、设定学习目标与计划

培养终身学习习惯，需要设定学习目标与计划。一个明确且切实可行的学习目标，以及一个与之相匹配的学习计划，能够帮助我们保持专注、提高学习效率，并最终达成预期的学习成果。

首先，设定目标需要具体，并且与我们的长期规划和个人兴趣相契合。例如，我们可以设定一个学期内掌握一门新的编程语言，或者一个月内读完一本关于行业趋势的专业书籍。这样的目标既具有挑战性，又能够激发我们的学习动力。

其次，制订详细的学习计划是实现目标的关键。学习计划应该包括每天或每周的学习任务、时间安排以及学习资源等。我们可以将学习目标分解为若干个小目标，并

学习笔记

为每个小目标设定具体的完成时间。同时，要合理安排学习时间，确保既有足够的时间投入学习，又不会因过度疲劳而影响学习效果。此外，选择适合自己的学习资源也是非常重要的，学习资源可以是书籍、在线课程、讲座或者与同行交流等。

总之，设定学习目标与计划是培养终身学习习惯的重要步骤。通过明确的目标和切实可行的计划，我们可以更好地规划自己的学习路径，提高学习效率，最终实现个人成长和发展的目标。

五、培养时间管理与自律能力

养成终身学习习惯，培养时间管理与自律能力是至关重要的。良好的时间管理和自律能力能够帮助我们更好地规划学习进程，确保高效完成学习任务，并推动个人成长和发展。

首先，时间管理对于学习至关重要。我们需要合理规划学习时间，确保每天都有足够的时间用于学习。这包括制订详细的学习计划，将学习时间分配到各个学习任务上，并设定明确的目标和期限。同时，我们还需要学会合理分配休息和娱乐时间，避免长时间学习导致的疲劳和厌倦。通过科学的时间管理，我们可以提高学习效率，更好地掌握知识。

其次，自律能力的培养是时间管理的关键。自律意味着能够自我约束、自我激励，坚持按照计划进行学习。要培养自律能力，我们需要养成良好的学习习惯，如每天固定时间学习、保持专注力、避免干扰等。同时，我们还要学会克服拖延症，避免将学习任务推迟到最后一刻。通过不断坚持和锻炼，我们的自律能力会逐渐增强，从而更好地掌控学习进程。

在培养时间管理与自律能力的过程中，我们还可以采取一些具体的策略和方法。例如，利用时间管理工具来规划学习任务和时间安排，设定提醒来避免遗忘；寻求学习伙伴或导师的监督和指导，与他们分享学习进展和心得；制定奖惩机制来激励自己坚持学习等。这些策略和方法可以帮助我们更好地管理时间和培养自律能力。

此外，我们还需要保持积极的学习心态和态度。面对学习中的困难和挑战，我们要保持耐心和毅力，相信自己能够克服困难并取得进步。同时，我们还要学会从失败中吸取教训，不断调整学习策略和方法，以更好地适应学习需求。

六、将传统学习方法与在线学习相结合

随着科技的飞速发展，学习方式也在不断演变。传统学习与在线学习，作为两种主流的学习模式，各有其独特的优势与不足。然而，当我们将这两者结合使用时，不仅能够充分发挥它们各自的长处，还能弥补彼此的不足，为学习者提供更为丰富、灵活和高效的学习体验。

传统学习以其深厚的文化底蕴和面对面的互动特点，为学习者提供了深度思考和直接交流的机会。在课堂上，学习者可以亲耳聆听教师的讲解，与同学们展开讨论，共同解决问题。这种学习方式有助于建立扎实的基础知识和理论体系，培养学习者的

学习笔记

批判性思维和团队协作能力。

然而，传统学习也受到时间和空间的限制。学习者需要按照固定的课程安排进行学习，无法根据自己的兴趣和需求进行个性化的选择。此外，对于那些身处偏远地区或工作繁忙的人来说，参加面授课程可能并不现实。

而在线学习则以其灵活性和便利性受到越来越多学习者的青睐。无论是在家中、办公室还是旅途中，只要有网络连接，学习者都可以随时随地进行学习。在线平台提供了丰富的学习资源，包括视频教程、在线测试和互动社区等，使得学习者可以根据自己的节奏和兴趣进行学习。

但在线学习也存在一些挑战。由于缺乏面对面的交流和互动，学习者可能会感到孤独和缺乏动力。此外，在线学习的自律性要求较高，学习者需要自我管理和规划学习时间，否则很容易陷入拖延和分散注意力的困境。

因此，将传统学习与在线学习相结合，可以充分发挥它们的优势，弥补彼此的不足。例如，学习者可以在课堂上聆听教师的讲解，与同学们进行讨论，然后在课后利用在线平台进行复习和巩固。同时，对于那些无法参加面授课程的学习者，他们可以通过在线平台学习相关课程，并在需要时寻求教师的远程指导。

此外，随着技术的不断进步，混合式学习模式也在不断创新和完善。例如，利用虚拟现实和增强现实技术，可以为学习者提供更为沉浸式和交互性的学习体验；通过智能推荐系统，可以根据学习者的学习行为和偏好为他们推荐个性化的学习资源；而人工智能的应用则可以帮助学习者进行自适应学习，根据他们的学习进度和能力调整学习内容和难度。

温故知新　巩固基础知识

一、名词解释

1. 专业实践活动
2. 劳动安全卫生
3. 岗位实习活动
4. 终身学习

二、填空题

1. 劳动安全卫生是保障劳动者在工作过程中的________和________的基本制度。
2. 创新创业实践活动能够激发学生的________思维和________潜能。
3. 职场角色变化可能由________、组织结构调整或个人发展需求等多种因素引起。

三、简答题

1. 简述专业教育的意义。
2. 如何适应职场角色变化？
3. 创新创业实践活动对个人职业发展有何帮助？
4. 如何正确认识职业发展与终身学习的关系？

学习笔记

劳动光荣　积极参加课外劳动实践活动

1．关注专业实践活动，制订实施计划，探索参与专业实践活动，并全面总结专业实践活动的认识和体会，与同学相互交流劳动经验和劳动成果。

2．关注校内实习实训活动，制订实施计划，探索参与校内实习实训活动，并全面总结校内实习实训活动的认识和体会，与同学相互交流劳动经验和劳动成果。

3．关注创新创业实践活动，制订实施计划，探索参与创新创业实践活动，并全面总结创新创业实践活动的认识和体会，与同学相互交流劳动经验和劳动成果。

4．关注岗位实习活动，制订实施计划，积极参与岗位实习活动，并全面总结岗位实习活动的认识和体会，与同学相互交流劳动经验和劳动成果。

劳动美丽　用情景剧展示劳动实践活动

围绕“积极参与职场劳动实践”这一主题，拍摄系列劳动情景剧。学生可根据剧情自由组合成4～6人的创作和拍摄小组，每组选出一名组长负责整体协调，选择一个具体的工作场景作为情景剧的背景，如办公室场景、项目合作团队、客户服务、生产线作业等。要确保场景贴近现实，能够体现劳动实践中的挑战与成长；要明确每个角色的性格、职责及在剧中的发展变化，包括工作任务的接受、执行过程中遇到的困难、团队成员间的互动（包括冲突与和解）、问题解决、最终成果展示及反思等环节；要确保剧本中能充分展现劳动精神（如勤奋、敬业、创新）、职场礼仪、团队合作、时间管理、沟通技巧等要素。通过情节的发展，传达出积极参与职场劳动实践的重要性，以及如何在实践中学习、成长和贡献价值，营造劳动美丽、劳动崇高、劳动光荣、技能宝贵、创造伟大的氛围。

技能宝贵　开展劳动技能竞赛活动

围绕本单元的各项劳动（或学习）实践活动，以班级为单位，选择若干项具有代表性的劳动技能作为竞赛项目。项目可以包括但不限于办公软件操作、编程技能、机械设计、产品加工、方案编制、市场营销策划、客户服务模拟、烹饪技艺、手工艺制作等。要确保竞赛项目既具有挑战性，又能体现职场的实用性和适用性，培养精湛的劳动（或学习）技能。

考核评价　劳动成果与行为表现评价

通过系列劳动实践与学习，你的劳动表现、学习效果及劳动成果可按如下标准进行评价。

学习笔记

劳动成果与行为表现考核评价表

（考核时间：__________-__________学年__________学期）

序号	评价内容	满分值	评价主体及权重			实际得分
			自评（10%）	组评（20%）	师评（70%）	
1	劳动计划	10				
2	劳动过程	10				
3	劳动态度	10				
4	劳动方法	10				
5	劳动成果	10				
6	沟通表达	10				
7	团结协作	10				
8	创新思维	10				
9	安全规范	10				
10	劳动总结	10				
合计		100				
评价等级						
简述劳动心得						
评级标准		总得分大于85分（含85分），为“优秀”；总得分在85～70（含70分），为“良好”；总得分在70～60（含60分），为“一般”；总得分小于60分，为“待提高”				

学习笔记

单元五 积极参加社会劳动和家务劳动实践

引言

劳动是人类基本的实践活动和存在方式，是人类创造物质财富和精神财富的基本途径，也是人类生存和发展的最基本条件。苏霍姆林斯基认为，“离开劳动，不可能有真正的教育。”因此，他提倡劳动教育要贯穿、融入一切学校教育之中。同时，劳动是培养人、塑造人的关键途径，甚至是最主要、最基本的手段。在教育体系中，学生只有通过劳动，才能充分发挥个人的才干和智力。

对于职业教育来说，开展社会劳动实践教育是培养德智体美劳全面发展的社会主义建设者和接班人，是培养社会需求的高素质劳动者和技术技能型人才的重要活动形式和载体。通过积极社会劳动实践活动，可以促进学生接触社会、感受社会、认知职业、热爱社会劳动、融入社会和服务社会，可以发展学生的核心素养，可以有效提升学生的职业能力和职业素养。

本单元的社会劳动实践内容主要包括参加勤工助学劳动实践、参加社区志愿服务实践、参加社会公益劳动实践、参加社会调研与实践活动、参加家务劳动实践、参加职业技能等级证书培训与认定活动六个部分。

劳动格言

只有通过劳动，思想才能变得健全；只有通过思想，劳动才能变得愉快。两者是不能分割的。

——约翰·罗斯金

教学目标

1. **知识目标**——学习勤工助学、社区志愿服务、社会公益劳动、社会调研实践、家务劳动以及职业技能等级认定培训学习的基础知识、基本技能和安全知识。

2. **能力目标**——学会勤工助学、社区志愿服务、社会公益劳动、社会调研实践、家务劳动以及职业技能等级鉴定培训方面的基本技能，提升社会适应能力。

学习笔记

3. 方法目标——通过社会劳动实践，学会科学制订劳动实践计划（规划），学会沟通与表达（总结），学会团队协作。

4. 素养目标——围绕学生核心素养培养目标，通过社会劳动实践，重点培养人文底蕴、勇于探究、学会学习、健康生活、社会责任、国家认同、实践创新等核心素养（或要素）。同时，引导学生热爱劳动，积极参与社会劳动实践活动，践行新时代劳动精神，感受劳动美丽、劳动光荣、技能宝贵、创造伟大的魅力，构建和谐社会。

主题一 积极参加勤工助学劳动实践

一、勤工助学简介

勤工助学（或勤工俭学）是指学生在学校组织下，利用课余时间，通过劳动取得合法报酬，用于改善学习和生活条件的实践活动，是学校学生资助工作的重要组成部分，是提升学生劳动意识、劳动技能、劳动素养的有效载体，是提高学生综合素质和资助家庭经济困难学生的有效途径，也是实现“三全”育人的有效平台。

最早的勤工助学活动是在 1915 年，由李石曾、蔡元培、吴玉章等人在巴黎成立的“留法学生俭学会”，他们帮助更多的中国人走出国门学习西学，掀起一股勤工俭学留学法国的风潮。在参加勤工助学活动的留学生中，包括周恩来、邓小平等著名人士。早期的勤工助学和爱国救国活动联系在一起，爱国人士为求改变中国弱势和引进西方先进科学文化而积极参加勤工助学活动。

随着勤工助学活动对象逐渐从留学学生回归到大多数的国内学生群体中，勤工助学活动日渐成熟。社会、学校倡导“生活节俭，课余勤工”的勤工俭学思想，并通过国家助学金帮助学生安心学习，完成学业。早期的勤工助学活动主要是针对那些经济困难但想通过勤工来继续求学的贫困学生。目前，绝大多数职业院校都成立了勤工助学活动的组织机构，并对大量在校生继续求学发挥着巨大的帮助作用。

进入新时代，随着国民生活条件的迅速提高和国力的迅猛提升，勤工助学活动不仅改善了在校生的生活质量，而且还帮助在校生在劳动思想认识、劳动实践能力、劳动素养、认识社会等方面提高了认识，加强了历练，加深了学生对专业和职业岗位群的认识，增强了学生的职业认知和职业理想。目前，勤工助学活动逐步成为学校组织学生开展社会实践活动的形式之一，也将原有的“俭学”内涵逐步更新成“助学”，帮助学生完成在校的知识学习、能力学习、实践学习等，以及增加学生的创新创业实践活动。

二、勤工助学的意义

勤工助学活动作为学生资助制度的一个重要组成部分，对于解决学生经济来源问题、锻炼学生动手能力、树立劳动光荣意识、培养自立自强精神以及尽早适应社会等都具有非常重要的意义。

学习笔记

第一，勤工助学不仅充实学生的业余时间和假期生活，而且还可以促进学生德智体美劳全面发展。

第二，通过勤工助学可加强学生的思想教育，培养学生热爱劳动、自强不息、创新创业的奋斗精神，增强学生的综合素质，充分发挥勤工助学的育人功能。

第三，勤工助学不仅有效帮助经济困难学生顺利完成学业，而且也可避免在校生上当受骗，并保障工作安全。

第四，通过勤工助学可培养学生的专业精神、职业精神、工匠精神和服务精神，提升团队合作意识和沟通表达能力。

第五，通过勤工助学可让学生提前接触社会、认知社会，合理调控自身心理认识，促进学生主动适应社会发展，同时也可将所学专业知识与技能运用到实践中去，不断提升职业素养和职业能力，提高就业能力。

三、勤工助学方式

目前，勤工助学方式多局限于家教、直销、直播、服务行业兼职、企事业单位岗位兼职、合伙创业，以及学校提供的图书馆管理、卫生区清洁、食堂兼职、校园引导服务、校园后勤服务等。

四、勤工助学的相关政策

（一）勤工助学岗位安全要求

在校生参加勤工助学前须接受必要的勤工助学岗前培训和安全教育，学校和企事业单位不得安排在校生参加有毒、有害和危险的生产作业以及超过在校生身体承受能力、有碍健康的劳动。

（二）勤工助学劳动报酬

勤工助学岗位既要满足学生需求，又要保证学生不因参加勤工助学而影响学习。学生参加勤工助学的时间原则上每周不超过 8 小时，每月不超过 40 小时。寒暑假勤工助学时间可根据学校的具体情况适当延长。

在校生参加校内非营利性单位的勤工助学活动时，其劳动报酬由勤工助学管理服务组织从勤工助学专项资金中支付；在校生参加校内营利性单位或有专门经费项目的勤工助学活动时，其劳动报酬原则上由用人单位支付或从项目经费中开支；在校生参加校外勤工助学时，其劳动报酬由校外用人单位按协议支付。

在校生参加校内固定岗位的勤工助学，其劳动报酬由学校按月计酬。以每月 40 个工时的酬金，同时原则上以不低于当地政府或有关部门制定的最低工资标准或居民最低生活保障标准为计酬基准，可适当上下浮动。

在校生参加校内临时岗位的勤工助学，其劳动报酬由学校按小时计酬。每小时酬金可参照学校当地政府或有关部门规定的最低小时工资标准合理确定。

在校生参加校外勤工助学的酬金标准不应低于学校当地政府或有关部门规定的最低工资标准，具体数额由用人单位、学校与学生协商确定，并写入聘用协议中。

学习笔记

（三）勤工助学权益

在校生参加勤工助学活动前，应当与有关单位签订聘用协议，以便有效保护自身的合法权益。在校生参加校内勤工助学活动前，应当与学校的勤工助学管理服务部门签订具有法律效力的协议书；在校生参加校外勤工助学活动前，应当与代表学校的勤工助学管理服务部门、用人单位签订具有法律效力的三方协议书。同时，三方协议书应当明确学校、用人单位和学生三方之间的权利和义务，明确意外伤害事故的处理办法以及争议解决办法。

校外用人单位计划聘用学生勤工助学时，须向学校勤工助学管理服务部门提出申请，并提供法人资格证书副本和相关的证明文件。经学校审核同意，学校勤工助学管理服务部门协助用人单位推荐符合工作要求的学生参加勤工助学活动。

五、勤工助学岗位要求

（一）勤工助学岗位的应聘技巧

面对勤工助学应聘岗位及相关要求，学生须在专业方面、心态方面和技能方面做好准备，并根据应聘岗位要求准备相关资料，如个人简历、获奖证书等。递交应聘资料后，可及时询问面试时间。如果初步被录用后，可积极准备面试，在专业方面，要熟知企业的需求，突出自身优势（如技能、能力、特长等），但不虚夸，不自大。回答问题时要简洁明了，既不多说，也不少说。在心态方面，要稳定自己的情绪，沉着而理智。在应聘技巧方面，摆平自己的心态，委婉而机敏，展示自己的人格魅力、吃苦耐劳的毅力、含蓄而大度的形象等。

（二）勤工助学岗位的基本礼仪要求

礼仪能够内强素质外塑形象，如果我们时时刻刻都能以礼待人，就会凸显个人很有修养。因此，学习职场礼仪有助于提升个人素质、方便交际应酬，同时养成良好的职场礼仪也可为自己创造更多的发展机遇。

职场礼仪主要有：与同事相处的礼仪、与上级相处的礼仪、汇报礼仪、乘坐电梯礼仪、使用电话（手机）礼仪、接待来访者礼仪、仪容仪表礼仪、见面礼仪、保持环境卫生礼仪、面谈礼仪等。

例如，向上级汇报工作时，应遵守时间，不提早，也不推迟；注意礼貌，先敲上级办公室的门，经允许后才进门汇报；汇报时要注意仪表、姿态，做到文雅大方、彬彬有礼；语言精练，汇报时口音清晰，声音和语速适当，条理清楚；汇报结束后应等上级示意后可告辞。告辞时，要整理好自己的物品和用过的茶具、座椅。当上级送别时，要主动说“谢谢”“请留步”。

六、合理处理好勤工助学与学习的关系

（一）合理选择勤工助学岗位

在校生参与勤工助学活动时，应在不影响正常上课的基础上，优选工作岗位，既

能保证正常的课程学习，又能通过勤工助学活动锻炼自己的能力，这也是合理处理好学习与勤工助学之间关系的基本原则。

（二）善于将所学知识与技能运用在勤工助学岗位中

在勤工助学过程中，应善于将所学知识与技能运用在工作岗位中，如将计算机知识与技能运用于工作岗位中，不仅提高工作效能，而且实现学以致用，融会贯通，服务社会。

（三）善于培养自身的综合职业能力

现代社会是一个终身学习型社会，非常需要复合型高素质劳动者和技术技能型人才。在校生的综合职业能力需要在实践中获得和积累，因此勤工助学是一个既可以让在校生安心学习，又可以让在校生获得综合职业能力和认知社会的好平台。同时，在校生应认真学好专业知识与技能，这对提高自身的综合职业能力非常有益。

七、如何参加勤工助学活动

首先，要在学有余力的情况下，积极参加勤工助学活动，同时要接受一定程度的勤工助学岗前培训和安全教育；其次，事先要了解一些劳动权益方面的法律法规，如有必要，可签订勤工助学协议，以保护自身的合法权益；第三，要及时调整心态，尽快适应岗位工作要求，并和谐地融入工作团队中，善于沟通和表达，保障勤工助学活动顺利完成。

案例1

勤工助学优秀案例

江西青年职业学院2020级袁文静同学在校期间，认真学习专业知识，成绩优异，热爱志愿服务，是班级副班长，获得校级“二等奖学金”“一星志愿者”等荣誉称号;考取全国计算机等级一级证书。她表示:不断努力前进,严格要求自己,不忘初心，牢记使命，把自己的所学投入到社会需要的地方。

2021年10月，学院建立学生一站式服务中心，袁文静踊跃报名，光荣地成为第一名“驻守人”。她每天准时准点驻守在服务中心，为每一位前来咨询的同学解答疑惑、办理业务……

学院学生一站式服务中心建立伊始，大多数的人并不知晓具体的服务内容，她耐心地给每一位路过的同学宣传普及。半年来，宣传效果显著，“有什么问题去学生一站式服务中心啊！”这是路上的同学口口相传的，既是对袁文静同学工作的认可，也肯定了学院一站式服务中心的重要地位。

一站式服务中心从无人问津到耳熟能详，截至2023年，咨询量达到了每天20人左右。总计办理业务超过400件，咨询人次远超1 000人次，医疗保险成功报销率高达100%。为了不让来咨询的学生跑空，驻守岗位的时间越来越长，从平均工时5个小时到如今的8个小时,既是对同学们负责,也是对工作热情的传递。

学习笔记

袁文静同学即将离开一站式服务中心工作岗位，但是在勤工助学中她感悟了劳动的力量，收获了成长，在拼搏奋斗中绽放出靓丽的青春光芒。

主题二 积极参加社区志愿服务实践

一、志愿服务概述

志愿服务是指在不求回报的情况下，为改善社会、促进社会进步而自愿付出个人的时间及精力所做的服务工作。志愿服务的精神是：奉献、友爱、互助、进步。志愿者通过参与志愿服务，促进了社会的进步，同时自身也得到了很大提升。

联合国前秘书长安南指出：志愿精神的核心是服务、团结的理想和共同使这个世界变得更加美好的信念，从这个意义上说，志愿精神是联合国精神的最终体现，不仅仅是联合国精神的体现，更是人文精神的最高级表现形式。

奉献精神是志愿服务的精髓，是高尚的。志愿者参与志愿服务，不仅提高了自身的办事能力和奉献精神，同时也促进了社会文明和进步。

志愿服务的特征是：志愿性、无偿性、公益性、组织性。

志愿服务的范围主要包括：扶贫开发、社区建设、环境保护、大型赛会、应急救助、公益事业、志愿无偿献血、文化艺术服务、体育健身服务、就业与创业服务、关爱未成年人行动、海外服务等。

志愿服务的功能是:社会动员，社会保障，社会整合，社会教化，促进社会和谐，促进社会进步。

目前，志愿服务活动正向全民化方向和社区化方向发展。志愿服务为发达国家和发展中国家福利的提高和社会进步做出了重要贡献。中国在2015年出台了《志愿服务信息系统基本规范》，同时要求各地尽快建立健全志愿服务联合工作机制。

二、中国注册志愿者

志愿者（volunteer，也称志愿人员、义工、志工）是指不以物质报酬为目的，利用自己的时间、技能等资源，自愿为社会和他人提供服务和帮助的人。中国注册志愿者是根据《中国注册志愿者管理办法》规定的程序，在共青团组织及其授权的志愿者组织注册登记、参加服务活动的志愿者。

中国注册志愿者标识的整体构图是心的造型（见图5-1），通称“心手标”，也是英文volunteer的第一个字母“V”（红色），图案中央是手的造型，也是鸽子的造型（白色）。标志寓意为中国志愿者向社会上所有需要帮助的人们奉献一片爱心，伸出友爱之手，表达“爱心献社会，真情暖人心”和“团结互助、共创和谐”的主题。

图5-1　中国志愿者标志

每年3月5日是中国青年志愿者服务日，12月5日是国际志愿者日。

中国志愿者旗帜和服装以红、蓝、白为基本色调。

中国志愿服务理念是：学习雷锋，奉献他人，提升自己。

中国志愿者誓词："我愿意成为一名光荣的志愿者。我承诺：尽己所能，不计报酬，帮助他人，服务社会，践行志愿精神，传播先进文化，为社会进步贡献力量！"

中国注册志愿者实行星级认证制度。注册机构根据志愿者注册后参加志愿服务的时间累计，认定其为一至五星志愿者。注册机构对星级志愿者认定后，在其注册证及相关标识上进行标注，星级志愿者佩戴相应标志。具体的认证标准是：

志愿者注册后，参加志愿服务时间累计达到30小时的，认定为"一星志愿者"；参加志愿服务时间累计达到60小时的，认定为"二星志愿者"；参加志愿服务时间累计达到100小时的，认定为"三星志愿者"；参加志愿服务时间累计达到200小时的，认定为"四星志愿者"；参加志愿服务时间累计达到300小时的，认定为"五星志愿者"。

三、志愿服务是德育的重要载体

目前，学校已将志愿服务纳入德育教育计划中，依托学生专业技能特长，组织学生深入城乡社区、厂矿企业、乡村等，广泛开展各类志愿服务和社会实践活动。同时将学雷锋活动和志愿服务结合起来，建立完善的志愿服务长效工作机制和活动运行机制，弘扬"奉献、友爱、互助、进步"志愿精神，推动志愿服务活动广泛深入开展，把志愿服务活动做到社区、做到企业、做进家庭、做到乡村。大力组织学生向道德模范、劳动模范、最美人物、身边好人等先进典型学习，丰富志愿服务的内涵和形式。

四、如何开展志愿服务活动

开展志愿服务活动，要坚持自愿参加、持之以恒、量力而行、讲求实效的原则，同时要宣传奉献、友爱、互助、进步的志愿服务精神，体现学习雷锋、奉献他人、提升自己的志愿服务理念，表达"爱心献社会，真情暖人心"和"团结互助、共创和谐"的主题。事先要制定周密的志愿服务活动方案，科学组织，保障安全。

（一）制定志愿服务活动方案

制定志愿服务活动方案包括活动主题、指导思想、活动目标、活动背景、组织方式、活动内容、活动地点、活动要求、活动流程、活动口号、注意事项、安全要求等。

（二）自愿参加，持之以恒

自愿参加是志愿者服务活动的主要特征之一，也是志愿服务活动的前提。对于参加者而言，志愿者行动的魅力就在于它将"要我参加"变为"我要参加"，充分尊重参加者的主体地位，注重调动参加者的积极性和主动性。

志愿服务活动要做到经常化、制度化、长期化；要健全组织，稳定队伍，建立制度，形成机制，长期坚持；要保持工作和人员的相对稳定和连续。

（三）量力而行，讲求实效

开展志愿者服务活动要根据学校和自身的条件量力而行，志愿服务活动内容要从

学习笔记

实际出发，将主观愿望和客观实际结合起来，把社会需求和志愿服务能力结合起来，实事求是，量力而行，不搞形式。

讲求实效就是办实事，这是志愿服务行动的出发点。通过志愿服务活动为社会、为群众办实事。

（四）加强管理，树立形象

对志愿者队伍要加强管理，做到活动经常开展、队伍不断壮大。学校和社区志愿者在开展志愿服务活动时，要佩戴统一标志（如帽子、服装、臂章），如图 5-2 所示。志愿者要积极践行“自愿、奉献、友爱、互助、进步”的宗旨，热心服务，树立良好形象。每次开展志愿服务活动时，都要收集好详细的活动资料，以及每位志愿者的服务时间、地点、对象等，做到有规则、有记录（如文字、图片）、有总结。

图 5-2　志愿者服装

（五）学习志愿服务规范，树立安全意识

参加志愿服务活动前，务必要熟知志愿服务岗位基本要求，并按岗位规范要求进行操作、指导和服务，同时要加强安全管理和服务礼仪，做到志愿服务活动安全有序地开展。

案例 2

志愿服务成就美好人生

2022 年，王腾仪是山西大学研究生支教团团长，带领团队开展各类支教志愿活动，并开展助力乡村振兴战略，响应团中央号召，全脱产投身广西那坡县六个国家重点帮扶村，多元化开展“青马＋驻村”乡村振兴行动。

那坡县地处中越边境，乡村条件艰苦。驻村期间，王腾仪组织队员入户走访当地脱贫户和监测户 1 000 余户，全力做好“一册一卡一人”工作，强化涉农惠民政策宣传，主导编撰驻村工作笔记 10 余万字，整理乡村振兴工作材料 20 余册。

其间，带领团队结合自身专业所长深入六所乡村小学、五个党群服务阵地开展“七彩课堂”“送教入户”等关爱帮扶行动，克服饮食、气候、交通等诸多不便，深入山区走访学生家庭，爱心陪伴14名困难家庭留守儿童共度假期，为26户山区留守、残障儿童提供送教入户课程。在本次驻村帮扶行动中，他被评选为团中央乡村振兴优秀志愿者。

之后，王腾仪又奔赴山西大学校地合作县——广西西林县，开展支教志愿服务。在服务县域基层教育综合改革实践中，致力于打造“一地一品”精品育人活动、孵化少数民族青少年服务阵地，帮助不同地区在文化方面增进了解，为各民族交往交流交融架设沟通桥梁。

在支教服务中，为助力偏远地区学子成长成才，王腾仪本着“以受援地为基”的原则，有效整合社会资源，开展“手拉手”献爱心、“护苗计划”、“暖冬行动”等爱心募捐活动，累计筹措奖助学金6 000余元，捐赠各类学校紧缺物资5 000余件。在服务地策划组织各类志愿活动超过400小时，志愿服务时长达4 600小时，用实际行动不断巩固拓展脱贫攻坚成果与乡村振兴战略有效衔接，将青春汗水挥洒在广袤的基层大地。

王腾仪在志愿行动中，不仅教授学生知识，还向他们传递积极乐观的心态，帮助他们树立正确的三观，助力他们健康快乐地成长。

主题三 积极参加社会公益劳动实践

一、公益劳动概述

公益劳动是指服务于公益事业、不取报酬的劳动，也是学校劳动技术教育和学生社会实践内容之一。通过公益劳动可以培养学生为人民服务、为公众谋利益的良好思想品德；有利于促进学生接触社会、深入生活、认识社会。同时，学生参加各种社会公益劳动实践，有助于形成良好的社会风尚。

二、公益劳动内容

公益劳动内容包括工农业生产劳动和各种服务性劳动，如参加植树造林，打扫卫生、垃圾分类，维持交通秩序、交通安全宣传，帮助烈军属、残疾人、老年人，依托专业优势开展科技服务社区、文化展示、科普宣传、防疫等。

三、公益劳动是德育的重要载体

公益劳动是德育途径之一，也是社会公益事业的一部分，其目的是使学生形成尊重劳动并养成热爱劳动的好习惯、好品质和好态度。通过公益劳动有利于培养学生全心全意地为人民服务，为社会主义事业服务的思想；有利于培养学生形成自觉自愿地为公共利益服务而不计报酬的劳动态度；有利于培养学生形成关心集体、关心他人、团结互助、遵守纪律、爱护公共财物等思想品德；有利于引导学生形成劳动光荣、劳

学习笔记

动伟大、劳动美丽的正确劳动观；有利于学生陶冶情操、美化心灵、认知社会，强化学生建设家园的热情，强化学生的家国情怀意识。

四、如何开展公益劳动活动

学校开展公益劳动应遵守不影响正常教学活动原则，从本校和本地区的实际情况出发，安排学生合理参加力所能及的公益劳动。

学校开展公益劳动时，应有目的、有方案、有计划，并分主题对学生进行思想教育和安全教育，讲明公益劳动的意义与目的，引导学生自觉自愿地参加为社会服务的无偿劳动。同时，要照顾学生的年龄特点、性别特点和个别差异，妥善安排劳动项目和时间，避免公益劳动负担过重。要充分发挥学校共青团和学生会的作用，使公益劳动有广泛的群众基础。教师在公益劳动中要以身作则，深入实际，在与学生的共同劳动中加强教育、指导、检查和评价。

班级组织公益劳动时，应以不影响班级的正常课程教学为前提，从班级的专业优势和实际情况出发，让学生力所能及地开展公益劳动实践，同时向学生讲清楚公益劳动的意义和目的，积极引导，科学组织，安全实施。

五、社区公益劳动实践活动

社区是若干社会群体或社会组织聚集在某一个领域里所形成的一个生活上相互关联的大集体，是社会有机体中最基本的单元，如居民区、大学区、矿区、军营区、商业区、旅游区、港口区、自然保护区、工业园区、科技园区、创新创业园区等。整个社会是由一个个或大或小的社区所组成的。任何一个社区就是一个规模不等的具体的小社会，是整个大社会的不同程度的缩影。社区具有某种互动关系和共同文化维系力，是在一定领域内相互关联的人群所形成的共同体及其活动区域。社区包括一定数量的人口、一定范围的地域、一定规模的设施、一定特征的文化、一定类型的组织，是聚居在一定地域范围内的人们所组成的社会生活共同体。

学校组织社区公益劳动是职业院校开展公益劳动的重要形式之一，它为学生认知社会、服务社会、拓展素质、构建和谐社会、发挥专业优势提供了一个好平台，是培养和提高学生的社会责任感和家国情怀意识、促进学生健康成长成才的重要途径之一。同时，通过长期的学校与社区的共建活动，对改善社区的日常管理、构建“学校、社会、家庭”三位一体协同育人机制、构建和谐校园、丰富社区的文化氛围具有很好地促进作用。

学生参加社区公益劳动，通常以班级（或小组）形式进行，劳动的内容包括社区卫生清扫、垃圾分类行动、防疫，服务社区老年人、小孩、军烈属，上门提供专业技术服务（如电脑维修、汽车保养）、科普宣传（如科学使用电梯）、文化宣传、健康宣传、安全教育、隐患排查、健康服务、一对一服务等。

案例 3

学习笔记

暑期“三下乡”社会实践活动

大学生暑期“三下乡”社会实践活动是大学生广泛接触社会、增长见识、锻炼成材的有效途径。大学生利用暑期，融入基层，用脚丈量祖国大地，了解国情民情，服务国家发展，参与农村经济振兴，对学生、对社会都有十分重要的意义。

大学生暑期“三下乡”社会实践活动应与服务本地区区域经济社会发展相结合，深入开展实践育人和乡村振兴、传统文化、社会观察工作，注重提高学生的核心素养。

大学生暑期“三下乡”社会实践活动应注意以下几点：

第一，从活动设计角度出发。创新“品牌化”活动设计，搭建社会实践、志愿服务、课题研究为一体的综合平台。一方面，活动设计中将思想政治理论课融入实践育人。对学生进行习近平新时代中国特色社会主义思想理论指导，讲清活动的党情、国情、省情大背景，提高学生参与活动的认知，明确参与活动的目的和使命。让学生在交流会中感悟思想伟力，汲取奋进力量。创新思想政治教育方式，在交流会上渗透核心素养。另一方面，充分发挥自身专业优势，组织学院学生参与乡村文明建设，服务当地乡村振兴。将“三下乡”变成“常下乡”，使活动品牌化、项目化、专业化。

第二，从专业特色角度出发。根据学校专业设置将暑期社会实践分为若干子项目，如房屋测量测绘、园林景观设计、绘制文化墙、维修电脑等活动，充分调动学生参与社会实践的积极性。学生通过学习相关知识，在实践中提高专业素养和职业能力。

第三，从团队组建角度出发。首先，鼓励思政和专业老师参与暑期“三下乡”社会实践活动指导，提高理论联系实际的能力，提高专业活动的服务水平，鼓励学生学以致用。其次，采用多种评价方法，如加强定量评价，依托学院网络化教学平台对学生暑期“三下乡”开展过程性评价，并开展互评与自评相结合的方式。最后，把评价结果有效合理地运用到思想育人、课程育人、实践育人、文化育人培养中，如利用过程性评价引导学生积极主动地学习，加大对评价结果的反馈与激励，实现评价效果的最大化。

将学生从教室带到社会实践中去，利用暑期“三下乡”社会实践活动，从专业的角度出发，将实践活动与专业紧密联系起来，结合学生专业特点，通过合理的任务设置和任务分配来达到提高学生核心素养能力。在整个社会实践活动过程中，要树立以学生为主体、以教师为主导的理念，通过调动学生的积极性增强学生的获得感和认同感。

学习笔记

主题四 积极参加社会实践与社会调查研究活动

一、社会实践

（一）社会实践概述

广义的社会实践是指人类认识世界、改造世界的各种活动的总和，是人类发现真理、运用真理、验证真理、发展真理的基础，即全人类或大多数人从事的各种活动，包括认识世界、利用世界、享受世界和改造世界等。

狭义的社会实践是学生利用假期开展实习或是在校外实习，主要以学生个人主动参与以及体验为主，是巩固所学知识、吸收新知识、学以致用、促进学生全面发展的好平台。社会实践是学生走向社会的重要锻炼环节，有利于提高学生的创新精神和实践能力，是实施素质教育的好载体。开展社会实践有利于学生加深对本专业的认知，确认未来适合的职业岗位群，增强职业理想，并在心理上做好向职场过渡的准备，增强就业竞争优势。

（二）社会实践形式

社会实践主要分为校内社会实践和校外社会实践两大类型。

1. 校内社会实践

在充分发挥学生的工作能力条件下，让学生从事校内一些岗位实践，如校园迎宾活动、校园卫生值日与检查、校园纪律维护、家长会服务与引导、大型校园活动秩序维护、防疫、防火防盗安全检查、主题宣传活动等。此外，还可以参加图书馆的图书整理、登记工作，帮助实验室整理仪器设备，帮助计算机中心进行电脑系统与硬件维护，参与校园公益劳动（如卫生清洁、食堂帮厨等）。

2. 校外社会实践

校外社会实践包括勤工俭学、家教、打零工、社会调查、专业实习（包括有偿和无偿）、素质拓展（或第二课堂）、社区义工、支教、支农、公益宣传、参观和考察等。例如，学生在教师指导下，针对某一社会现象（如绿化效果与空气质量关系），开展资料查询、走访、实地考察等，收集信息，学习分析信息，撰写调查报告。通过社会调查活动，学生运用所学知识，培养信息收集能力、观察能力、分析能力、交往能力、表达能力和协作能力，不断提高自身综合职业能力。

再如，学生可利用节假日走上街头（或社区），开展公益主题宣传，提高公众对某一社会现象（如垃圾分类、节约水资源、交通安全、法律知识、禁烟等）的关注，增强公众的科普意识，构建和谐绿色环保的美丽家园。

（三）社会实践的意义

社会实践是促进学生全面发展、理论联系实际的好平台，具有实践性、开放性、自主性。开展社会实践，为提升学生的综合职业素质提供了广阔的活动空间，有利于

学习笔记

学生认知社会、增长才干、锻炼能力、培养核心素养，实现学以致用、融会贯通，并有利于学生积累社会生活经验和专业实践经验，助力学生尽快融入社会；有利于学生践行社会主义核心价值观，增强实现中华民族伟大复兴的共同理想和信念，增强历史使命感和社会责任感；有利于促进学生德智体美劳全面发展，培养复合型高素质劳动者和技术技能型人才。

（四）开展社会实践的基本原则

开展社会实践以遵循学生成长规律、促进学生全面发展为基本原则，具体包括以下几点：

1. 育人为本原则

合理融入课程思政理念，构建“思政课程＋课程思政”大格局，落实“三全育人”体系，确保思想政治教育内容贯穿在社会实践的全过程中。

2. 实践育人原则

坚持理论联系实际，注重社会实践内容的针对性、实效性、实践性和综合性，提高社会实践活动的吸引力、趣味性、适用性。

3. 坚持校内与校外社会实践相结合原则

合理整合校内外社会实践资源，探索课内与课外社会实践相结合、集中与分散社会实践相结合、校内与校外社会实践相结合、校园与家庭相配合的原则，构建“学校、社会、家庭”三位一体化社会实践体系，积极创造条件助力学生参加社会实践活动。

（五）如何组织社会实践活动

学校组织社会实践活动要以认知社会、服务社会为主要内容，以班级（或小组）形式进行，以安全措施为根本保障，以形式多样的主题活动为载体，以稳定的校企实践基地为依托，以建立长效机制为保障，以教师指导团队为支撑，引导学生走出校园，深入社会、深入社区、深入企事业单位、深入乡村，立足全面发展，开展教学实践、专业实习、素质拓展（或第二课堂）、社会调查、劳动实践、志愿服务、公益活动、勤工助学等，在社会实践中增长才干，助力构建和谐社会，培养学生树立正确的世界观、人生观和价值观。

二、社会调查研究

（一）社会调查研究概述

社会调查研究是指人们为达到一定目的，有意识地通过对社会现象的考察、了解、分析、研究来了解社会真实情况的一种自觉认识活动。例如，开展对中国城市基本公共服务力的调查研究。

社会调查研究是一种自觉认识活动，它涉及四个要素：社会调查研究的对象是社会现象，社会调查研究要使用一定的方法，社会调查研究有一定的目的，社会调查研究要有实际的调查效果。

学习笔记

社会调查研究应有的态度是：第一，求益的态度，即力求促进社会进步，解决社会问题，增进人民幸福；第二，求实的态度，即尊重客观事实，不“唯上”，不“唯书”；第三，求教的态度，即眼睛向下，虚心向群众学习与求教。

社会调查研究常用的调查方法有问卷法、文献法、访问法、观察法等。其中，问卷法是通过合理设计问卷，采用开放式、封闭式或混合式问卷进行信息收集；文献法是通过书面材料、统计数据等文献资料对研究对象进行间接调查；访问法是通过交谈获得信息资料；观察法是通过现场观察，凭借感觉的印象搜集数据资料。

社会调查研究有一些必须遵循的原则，概括起来主要有客观性原则、科学性原则、系统性原则、理论与实践相结合原则、伦理道德原则等。

（二）社会调查研究的程序

社会调查研究的程序涉及选题阶段、准备阶段（准备调研内容、准备调研工具、确定调研对象）、调研阶段（收集资料，实施调查）、分析阶段（审核、整理、统计、分析信息资料）、总结阶段（撰写《×××××社会调查研究报告》）。其具体步骤如下：

第一步：选题。根据当前国家经济社会发展和相关的方针政策，以及自己（或团队）的兴趣和学识，并结合社会调查研究的要素特征，选定一个值得研究的问题，如小城镇建设、乡村振兴、美丽乡村生态、居民生活新需求、退耕还林成效、时间利用调查等。选题时可积极查阅文献资料或咨询相关教师。

第二步，计划。紧扣选定的主题，参照相关资料，提出不同层次的问题，并确定系统的调查项目。例如，要研究小城镇建设问题，就要提出其必要性和所需条件等问题，每个问题又包含了若干小问题。

第三步，设计指标。指标就是用一定的数量和单位来描述调查对象，如某地区的人口和人均收入等。要用各种数量指标和质量指标从各方面完整地揭示调查对象的本质特征，保证其纵向和横向的可比性。

第四步，拟定提纲。就是用提纲的形式将以上的准备确定下来，对所有提出的问题和项目加以精选，分轻重缓急，使其系统化和完整化。

第五步，选择适当的调研方式和方法。常用的调研方式有普遍调研（对调研对象的每个部分每个分子毫无遗漏地逐个调研）、典型调研（选择一个或若干个具有代表性的单位或个人做全面、系统、周密的调研）、个案调研（对社会的某个个人、某个人群或某个事件、某个单位所做的调研）。常用的调研方法有问卷法、文献法、访问法、观察法等。

第六步，培训与准备。请有关专家对调研人员进行必要的培训，包括调研态度和调研技能的培训。此外，还应该注意筹备必要的资金和物质条件，作好与被调研单位的接洽工作，并争取有关单位的支持，保证调研工作顺利开展。

（三）社会调查研究实践

围绕某一主题，班级分工合作，按照不同的分工、调研内容和完成时间，团结合作，科学组织，系统开展主题调查研究活动，然后系统分析信息资料并完成《×××××

社会调查研究报告》。

学习笔记

主题五　积极参加家务劳动实践活动

一、家务劳动概述

家务劳动是指家庭成员在日常的家庭生活中必须从事的一种无报酬劳动，它包括整理内务、洗衣做饭、照看孩子、购物、清洁卫生、照顾老人（或病人）、房屋设施维护与维修、家具与电器设备维护与维修等。在不同的文化和不同的社会中，家务劳动的分工情况有所不同。

调研结果表明，为了让自己的孩子有个好成绩，64% 的学生家长不让孩子做家务；经常帮父母做家务的孩子仅占 1/4，且每天劳动的时间在半小时以内。一些父母说，如今的孩子变懒了，不愿帮父母做家务，也不会做家务；而一些学生则抱怨，是父母不让自己做家务，结果便造成自己很少做家务。从调研结果来看，学生不参加家务劳动，主要原因是家长不让做。学校教师认为，如果学生长期不参加家务劳动，时间长了，会养成“衣来伸手，眼中无活，饭来张口”的不良习气，使学生养成懒惰的不良习惯，最后导致学生产生厌恶劳动、轻视劳动的不健康心理。在调研采访中，一些学生自己也认为，长期不参加家务劳动，会产生依赖心理和对劳动的陌生感。但令人遗憾的是，一些不让孩子做家务劳动的家长还没有认识到这一点。

目前，在家务劳动内容上，绝大多数学生所做的仅仅是卫生清扫、洗衣服以及做一些简单的饭菜等。因此，非常需要拓展家庭劳动的内容和项目。

教育专家指出，让孩子经常参加一些力所能及的家务劳动，不仅不会影响孩子的学习，反而会促进孩子的学习，并能提升孩子的综合职业素养。教育专家认为，孩子在结束了学校一天的紧张学习后，回到家拖拖地、洗洗碗、洗洗衣服、整理家务、帮助做饭等，可以通过这些劳动有效地消除学习中的紧张感，减轻疲劳度，从而使孩子精力更充沛。另外，父母同孩子一起参加家务劳动，还是同孩子进行沟通的好机会。因为通过劳动、聊天，可以拉近孩子和父母之间的距离，亲情的交融会给孩子在学习、生活、精神上给予新的力量。

教育专家认为，家务劳动也是培养一个人劳动素养和劳动观的绝好课堂，它与学校开设的劳动课一样，完全能够达到培养孩子多种素养的目的。一些家长在家不让孩子参加家务劳动，而是花钱让孩子到所谓的吃苦夏令营去接受锻炼，可以说是舍近求远。

教育专家指出，在未来的社会中，身体素养的好坏和劳动意识的强弱将是一个人能否取得成功的关键所在。如果不让孩子做家务，将使孩子养成过分依赖父母的习惯，会造成孩子独立性差、生活自理能力差、劳动观念淡薄、沟通表达和合作能力差等不良习惯，这将会对他们的成长带来不利影响。教育专家认为，学校应在这方面多做一些引导和宣传工作，可以把家务劳动列为学生的必修课程之一，对学生必做的家务劳动做出规定，努力做好学生父母的说服教育工作，把开展家务劳动开发成一个培养学

学习笔记

生良好劳动习惯的教育渠道，让学生养成热爱劳动的好习惯，探索构建“学校－家庭”协同劳动育人机制。

二、家务劳动的形式

家务劳动是家庭生活中不可或缺的重要劳动，主要包括家居保洁、整理内务、衣物洗涤、垃圾分类、饮食制作、家庭护理、家庭设施设备维护与维修、购物、废物利用等，见表 5-1。

表 5-1　各类家务劳动项目一览表

序　号	家务劳动名称	具 体 内 容
1	家居保洁	及时清理房间的垃圾，保洁家具、保洁地面、保洁厕所等
2	整理内务	按照美学要求分类摆放物品、衣物等，做到床铺整洁
3	衣物洗涤	培养自理能力，清洗衣物、洗床单等
4	垃圾分类	树立绿色环保理念，合理进行垃圾分类，打造生态家园
5	饮食制作	学习美食制作方法，制作可口、养生、健康的饭菜
6	家庭护理	学习护理技术，护理家庭病人、老人、小孩
7	家庭设施设备维护与维修	学习家具维护维修技术，保障家庭家具正常使用
8	购物	学习购买日用品的经验，学会勤俭持家
9	废物利用	树立绿色环保意识，创新应用家庭废物，制作工艺品等，丰富家庭生活内涵

三、开展家务劳动的意义

通过家务劳动，引导学生科学使用专用工具，创新劳动工具，提高劳动技巧，提高劳动效能，树立劳动安全意识，体验劳动成果，聆听父母的指导和点评。同时，通过家务劳动实践活动，让学生全面认知家庭劳动的琐碎和不易，体会家庭平凡劳动的意义，体会父母的操劳和辛苦，培养感恩父母的孝心，也为自己未来组建家庭奠定家务劳动经验。

四、开展家务劳动实践的基本原则

积极开展家务劳动是家庭和谐幸福的“润滑剂”和“纽带”，很多家务劳动实际上并不复杂，并不占用很多时间。开展家务劳动要遵循以下基本原则：

（一）先简后繁原则

帮助父母做家务，要先从力所能及的劳动项目开始，不要求多，如先做好家庭卫生保洁、衣物洗涤、垃圾分类等劳动，然后逐步做一些复杂的劳动。如果自己不会做，千万别逞能，否则会给父母添乱。

（二）长期坚持原则

回到家里，要始终养成眼中有活的习惯，主动做家务，养成经常做家务的好习惯，这是开展家务劳动实践的根本目的。

（三）合作完成原则

有些家务劳动不是一个人能完成的，要分工合作，共同完成家务劳动，提高劳动效能和安全性，这也是构建和谐幸福家庭的好活动。

（四）创新实践原则

有些家务劳动需要小窍门，需要认真思考、创新劳动方法与技巧、创新劳动工具才能高效完成家务劳动。因此，不要小看家务劳动，这其中也蕴含很多小科技、小窍门、小发明、创新工具等，需要认真思考，将所学知识与家务劳动紧密结合，才能感受家务劳动的无限魅力。

五、如何开展家务劳动实践活动

要树立爱劳动的态度和习惯，并虚心向父母学习，在父母的指导下逐项从以下几个方面进行实践：

（一）家居保洁

家居保洁包括房间保洁、物品保洁和电器设备保洁等。

1. 房间保洁

房间保洁是指使用清洁设备、工具和药剂等，对居室内的顶棚、墙面、地面、阳台、隔断、护栏、家具、厨房、卫生间、庭院等部位进行清扫保洁，以便达到环境清洁、杀菌防腐、病虫害防治、物品保养目的的一项家务活动。

房间保洁涉及墙面保洁、门窗保洁、家具保洁、地面保洁、卫生间保洁、厨房保洁、物品保洁等。

房间保洁（见图 5-3）分为日常保洁和定期保洁两大类。通常主卧室、次卧室、书房、客厅等需要进行日常保洁；墙面、家具、电器设备、卫生间、厨房、门窗、物品等需要定期进行保洁。

图 5-3　房间保洁

房间保洁的基本原则是：由上到下全面吸尘原则和由里向外逐步保洁原则。

学习笔记

开始清洁之前要先将准备工作做好，这样可避免来回取拿工具浪费时间、造成二次污染。开始保洁前先将必要的保洁用具，如扫帚、鸡毛掸子、水桶、清洗布、拖把、清洗剂、吸尘器、刀片等准备好，清洁时也可以在房间中间铺上小垫子放置这些用具。

房间保洁主要流程如下：

第一步：将房屋内的杂物进行简单的清理，特别是体积较大的垃圾，要先将其清理出房间，为下一步的保洁创造良好的空间。

第二步：根据由上到下全面吸尘原则，先用扫把、吸尘器等将房间的墙面、家具表面的灰尘清扫一遍。

第三步：根据由里向外逐步保洁原则，一般先从最里边的主卧开始清洁；拖地板时要注意从角边往中间、从里边往外边的原则来拖地。

第四步：主卧室、次卧室保洁后，再做书房保洁。

第五步：阳台的清洁应先从护栏开始再到玻璃；清洁玻璃时，先将纱窗拆卸下来清洗干净放置晾干，随后再从上至下清洁玻璃框，随后用玻璃刮具清洁玻璃表面；此时纱窗基本晾干，再装回原处。

第六步：开始进行厨房清洁，厨房清洁要注意用随身携带的小工具擦拭高处、边角以及平时容易忽视的地方。

第七步：对客厅进行清洁。

第八步：对厕所进行全面清洁。

第九步：家庭消毒，如进行常见病菌的家庭消毒、家庭宠物及宠物用品的消毒、空气清新等。

第十步：虫害及其防治，如对苍蝇的防治、对蚊子的防治、对蟑螂的防治、对蚂蚁的防治、对螨虫的防治、对老鼠的防治等。

2. 物品保洁

房间内的物品（如文具、书籍、美容用品、玩具、调料等）保洁过程比较简单，属于定期保洁。

第一步：要制订好每个房间物品保洁时间计划和顺序，然后按部就班分别对各个房间的物品进行保洁。

第二步：准备好清洁布和清洗剂。

第三步：对每个物品逐步进行保洁。

第四步：物品保洁完成后，要学会整理物品，做到物品摆放整齐、美观，方便使用。

第五步：学会使用废旧物品制作整理盒等，分类摆放物品，践行绿色生活。

3. 电器设备保洁

房间内的电器设备主要包括开关、电视机、电冰箱、空调、电风扇、电脑、饮水机、吸尘器、抽油烟机、洗衣机、灯具等，其保洁过程比较精细，也属于需定期保洁设备。在对电器设备进行保洁时，要注意用电、燃气及化学制剂的使用安全，需要仔细操作和规范操作。

学习笔记

第一步：要制订好每个房间电器设备的保洁时间计划和顺序，然后按部就班分别对各个房间的电器设备进行保洁，同时注意关闭电源，注意清洁安全。

第二步：准备好清洁布和清洗剂。

第三步：对各电器设备逐步进行保洁。

第四步：电器设备保洁完成后，做到物品摆放整齐、美观、使用方便。

（二）整理内务

整理房间内的物品看似很简单，其实是个人审美情趣和创新思维的体现，通过房间整理内务（见图 5-4）有助于提高生活品质。整理内务涉及客厅整理、卧室整理、厨房整理、卫生间整理、阳台整理、庭院整理。整理内务需要按照美学要求，分类摆放物品，如沙发、花卉、衣物、工具、食品等，做到床铺整洁，物品摆放美观、整齐、有序，生活用品使用方便。

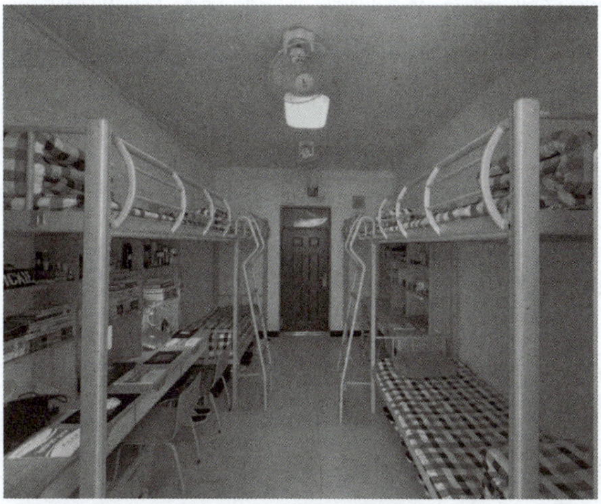

图 5-4　房间内务整理

（三）衣物洗涤

衣物洗涤很有讲究，需要认真学习和思考，切勿随意对衣物进行洗涤。

1. 不同类型的衣服洗涤方法

（1）新买衣物的洗涤。新买衣物不管什么品牌，都会有一定程度的褪色，因此最好与其他衣物分开洗涤，且不要加洗涤剂，以防褪色。

（2）褪色衣物的洗涤。对于容易褪色的衣物，可先将衣物放在含 5% 食盐的温水中浸泡半小时后再洗。

（3）鲜艳衣物的洗涤。鲜艳衣物洗涤完成后，进行漂洗时，可加少量薄荷清油（也可用花露水代替）浸泡 10 min，脱水 2 ～ 3 min，低温烘干。

（4）白色衣物的洗涤。白色衣物的洗涤应分开和单独洗涤。

（5）硬领衬衣的洗涤。衬衣硬领一般是用麻布或树脂布做的，洗涤时要先用洗衣

学习笔记

液浸泡 15 min，然后用软刷轻轻刷洗衬衣硬领。切不可拧干衬衣硬领，也不可用力搓擦衬衣硬领，容易引起硬领变形。

（6）很脏衣物的洗涤。洗涤很脏的衣物时，不是增加洗涤剂用量，而是增加洗涤次数。

（7）紧身衣物的洗涤。洗涤紧身衣物时，可用弱酸性或中性洗涤液，不可用力搓擦。

2. 各类服装存放方法

（1）棉、麻类服装存放方法。存放时，衣服须洗净、晒干、折平，衣橱、柜箱、聚乙烯包装袋都要保持清洁干净和干燥，防止霉变。白色服装与深色服装存入时最好分开，防止沾色或泛黄。

（2）丝绸类服装存放方法。收藏时，为防潮防尘，要在服装面上盖一层棉布或把丝绸服装包好。白色服装不能放在樟木箱内，也不能放樟脑丸，否则易泛黄。

（3）呢绒类服装存放方法：各种呢绒类服装穿着一段时间后，要晾晒拍打，去除灰尘。不穿时放在干燥处。宜悬挂存放，且将织物反面外翻，以防褪色风化，出现风印。存放前，应洗净、烫平、晒干，通风晾放一天。高档呢绒类服装，最好挂在衣橱内，勿叠压，以免变形而影响外观。在存放全毛或混纺服装时，要将樟脑丸用薄纸包好，放在衣服口袋里或衣橱、箱子内。毛绒类服装宜与其他服装隔开存放，以免掉绒掉毛，玷污其他服装。

（4）化纤类服装存放方法。人造纤维类服装宜平放，不宜长期吊挂，以免因悬垂而伸长。在存放含天然纤维的混纺织物服装时，可放少量樟脑丸或去虫剂，但不要接触；对涤纶、锦纶等合成纤维类服装，则不需放樟脑丸，更不能放卫生球，以免其中的二萘酚对服装及织物造成损害。

（四）垃圾分类

垃圾分类可以促进资源回收利用，实现垃圾减量，优化人居环境。因此，我们平时应树立绿色环保理念，根据家庭条件，应科学进行垃圾分类，打造绿色生态家园。目前，生活垃圾一般可分为四大类：可回收垃圾、厨余垃圾、有害垃圾和其他垃圾。

1. 可回收垃圾

可回收垃圾（再生资源）是指回收后经过再加工可以成为生产原料或者经过整理可以再利用的物品，它主要包括废纸类、塑料类、玻璃类、金属类、电子废弃物类、织物类等。

2. 厨余垃圾

狭义的厨余垃圾是指有机垃圾，它分为熟厨余垃圾，如剩菜、剩饭、菜叶，生厨余垃圾，如果皮、蛋壳、茶渣、骨、贝壳，泛指家庭生活饮食中所需用的来源生料及成品（熟食）或残留物。但广义的厨余垃圾还包括用过的筷子、食品的包装材料等。

学习笔记

3. 有害垃圾

有害垃圾是指存有对人体健康有害的重金属、有毒的物质或者对环境造成现实危害或者潜在危害的废弃物，主要包括废药品、废杀虫剂、废消毒剂、废油漆、废溶剂、废矿物油、废化妆品、废胶片、废相纸、废荧光灯管、废温度计、废血压计、废充电电池，以及废扣子电池、碱性电池、锂电池、镍镉电池等。

4. 其他垃圾

其他垃圾包括除上述几类垃圾之外难以回收的废弃物，通常根据垃圾特性采取焚烧或者填埋的方式处理，主要包括使用过的卫生纸、复写纸、传真纸、照片、离心纸、蜡纸、转印纸、塑料光面废纸、妇女用卫生巾、婴儿纸尿布、餐巾纸、烟蒂、陶瓷制品、衣服、鞋类、石棉瓦、白板、木质玩具、雨鞋、木质家具、橡胶制品、轮胎等。

（五）饮食制作

1. 认知饮食文化

饮食是一种文化，是物质文化和社会风俗各部分中最能反映民族和地区特色的一个组成部分。中华美食博大精深，誉满天下。中国的饮食文化源远流长。几千年来，人们经过不断地总结，已形成了中华美食的八大菜系，即鲁菜、川菜、粤菜、闽菜、苏菜、浙菜、湘菜、徽菜。

一个菜系的形成与它的悠久历史以及独到的烹饪特色分不开。同时也受到这个地区的自然地理、气候条件、资源特产、饮食习惯等影响。有人将“八大菜系”用拟人化的手法描绘为：苏菜、浙菜好比清秀素丽的江南美女；鲁菜、徽菜犹如古拙朴实的北方健汉；粤菜、闽菜宛如潇洒典雅的俊男；川菜、湘菜就像内涵丰富充实、才艺满身的名士。中国“八大菜系”的烹调技艺各具风韵，其菜肴之特色也各有千秋。中原文化历史悠久，文化底蕴丰厚。中原菜是“八大菜系”的根源。

（1）鲁菜。鲁菜是历史悠久、技法丰富、见功力的菜系，也是黄河流域烹饪文化的典型代表。鲁菜起源可追溯到商朝末年，太公望（别名姜太公、姜子牙）所创制的代表性菜品太公望红焖鸡、齐桓公时期的代表菜卤煮鸡杂、新莽时期的鸡丝汤等，发祥地是山东的日照市，鲁菜前身是由药膳（食疗养生）为起源。在西周、秦汉时期，鲁国都城曲阜和齐国都城临淄，都是相当繁华的城市，饮食行业盛极一时，名厨辈出。宋以后鲁菜就成为“北食”的代表，明、清两代，鲁菜已成宫廷御膳主体，对京、津、东北各地的影响较大，后由济南和胶东两地的地方菜演化而成。济南菜擅长爆、烧、炸、炒，其著名品种有“糖醋黄河鲤鱼”（见图 5-5）、“九转大肠”、“汤爆双脆”、“烧海螺”、“烧蛎蝗”、“烤大虾”、“清汤燕窝”等。胶东菜以烹制各种海鲜而驰名，口味以鲜为主，偏重清淡，其著名品种有“干蒸加吉鱼”“油爆海螺”等。新中国成立后，创新名菜的品种有“扒原壳鲍鱼”“奶汤核桃肉”“白汁瓢鱼”“麻粉肘子”等。

学习笔记

鲁菜讲究原料质地优良，以盐提鲜，以汤壮鲜，调味讲求咸鲜纯正，突出本味。鲁菜多数菜肴要用葱姜蒜来增香提味，炒、熘、爆、扒、烧等方法都要用葱，尤其是葱烧类的菜肴，更是以拥有浓郁的葱香为佳，如“葱烧海参”“葱烧蹄筋”等。

图 5-5　糖醋黄河鲤鱼

（2）川菜。川菜以取材广泛、调味多变、菜式多样、口味清鲜、醇浓并重，以善用麻辣调味著称，并以别具一格的烹调方法和浓郁的地方风味而闻名，融会了东南西北各方的特点，博采众家之长，善于吸收和创新。在秦末汉初时期川菜就初具规模。川菜在唐宋时期发展迅速，明清已富有名气，如今川菜馆遍布世界。正宗川菜以四川成都、重庆两地的菜肴为代表。重视选料，讲究规格，分色配菜主次分明，鲜艳协调。川菜特点是酸、甜、麻、辣、香、油重、味浓，注重调味，离不开三椒（即辣椒、胡椒、花椒）和鲜姜，以辣、酸、麻脍炙人口，为其他地方菜所少有，形成川菜的独特风味，享有“一菜一味，百菜百味”的美誉。川菜烹调方法擅长于烤、烧、干煸、蒸。川菜善于综合用味，收汁较浓，在咸、甜、麻、辣、酸五味基础上，加上各种调料，相互配合，形成各种复合味，如家常味、咸鲜味、鱼香味、荔枝味、怪味等 23 种。川菜代表菜肴的品种有“鱼香肉丝”、“宫保鸡丁”、“水煮肉片”、“夫妻肺片”、“麻婆豆腐”、“回锅肉”（见图 5-6）、“泡椒凤爪”、“灯影牛肉”、“口水鸡”、“香辣虾”、“麻辣鸡块”、“川味火锅”、“鸡豆花”、“板栗烧鸡”、“辣子鸡”、“酸菜鱼”、“甜皮鸭”等。

图 5-6　回锅肉

（3）粤菜。粤菜即广东菜，狭义的粤菜指广州府菜，也就是一般指广州菜。西汉

学习笔记

时期就有粤菜记载，粤菜在明清时期发展迅速，20 世纪随着对外通商，粤菜吸取西餐的某些特长，推向世界，仅美国纽约就有粤菜馆数千家。粤菜是以广州、潮州、东江三地的菜为代表而形成的。粤菜的原料较广，花色繁多，形态新颖，善于变化，讲究鲜、嫩、爽、滑，一般夏秋力求清淡，冬春偏重浓醇。调味有五滋（香、松、臭、肥、浓）、六味（酸、甜、苦、咸、辣、鲜）之别。其烹调擅长煎、炸、烩、炖、煸等，菜肴色彩浓重，滑而不腻。著名的菜肴品种有“盐焗鸡”、“蚝油牛肉”、“烤乳猪”、“干煎大虾碌”、“冬瓜盅”（见图 5-7）等。

图 5-7　八宝冬瓜盅

（4）闽菜。狭义的闽菜是指以福州菜为主，闽菜发源于福州，最早起源于福建福州的闽县；广义的闽菜是以福州菜为基础，后又融合闽东、闽南、闽西、闽北、莆仙五地的风味菜。闽菜特点是讲究佐料调味，重鲜香，偏重咸辣，色调美观，淡爽清鲜，讲究汤提鲜，擅长烹制各类山珍海味。闽菜烹调方法擅长于炒、熘、煎、煨，尤以“糟”最具特色。由于福建地处东南沿海，盛产多种海鲜，如海鳗、蛏子、鱿鱼、黄鱼、海参等，因此，多以海鲜为原料烹制各式菜肴，别具风味。

目前，闽菜形成了三大特色，一是长于红糟调味，二是长于制汤，三是长于使用糖醋。著名的闽菜品种有“佛跳墙”、“醉糟鸡”、“酸辣烂鱿鱼”、“烧片糟鸡”、“太极明虾”、“清蒸加力鱼”、“荔枝肉”（见图 5-8）、“福州鱼丸”、“醉排骨”等。

图 5-8　荔枝肉

学习笔记

（5）苏菜。苏菜起始于南北朝时期，唐宋时期以后，苏菜与浙菜成为“南食”两大台柱。苏菜是由苏州、扬州、南京、镇江四大菜为代表而构成的。苏菜特点是浓中带淡，鲜香酥烂，原汁原汤，浓而不腻，口味平和，咸中带甜。苏菜烹调技艺擅长于炖、焖、烧、煨、炒。苏菜烹调时用料严谨，注重配色，讲究造型，四季有别。苏州菜口味偏甜，配色和谐；扬州菜清淡适口，主料突出，刀工精细，醇厚入味；南京、镇江菜口味醇，玲珑细巧，尤以鸭制的菜肴负有盛名。著名的苏菜品种有“清汤火方”、“鸭包鱼翅”、“苏州松鼠鳜鱼”、“西瓜鸡”、“盐水鸭”、“扬州大煮干丝”、“无锡酱排骨”（见图 5-9）、“镇江红烧河豚”、“盱眙十三香龙虾”等。

图 5-9　无锡酱排骨

（6）浙菜。浙菜富有江南特色，历史悠久，源远流长，是中国著名的地方菜种。浙菜是以杭州、宁波、绍兴、温州等地的菜肴为代表发展而成的。浙菜选料追求“细、特、鲜、嫩”，其特点是清、香、脆、嫩、爽、鲜。浙江盛产鱼虾，又是著名的风景旅游胜地，湖山清秀，山光水色，淡雅宜人，故其菜如景，不少名菜来自民间，制作精细，变化较多。浙菜烹调技法擅长于炒、炸、烩、熘、蒸、烧。久负盛名的浙菜有“西湖醋鱼”、“生爆鳝片”、“东坡肉”（见图 5-10）、“龙井虾仁”、“干炸响铃”、“叫化童鸡”、“清汤鱼圆”、“干菜焖肉”、“大汤黄鱼”、“爆墨鱼卷”、“锦绣鱼丝”等。

图 5-10　东坡肉

学习笔记

（7）湘菜。湘菜又称为湖南菜，是中国历史悠久的八大菜系之一，早在汉朝就已形成。湘菜是以湘江流域、洞庭湖区和湘西山区的菜肴为代表发展而成的。湘菜制作精细，用料广泛，多以辣椒、熏腊为原料，口味多变，品种繁多，讲求实惠，色泽上油重色浓，口味注重香鲜、酸辣、软嫩。湘菜烹调方法擅长腊、熏、煨、蒸、炖、炸、炒。著名的湘菜品种有“组庵豆腐”、“剁椒鱼头”（见图 5-11）、“腊味合蒸”、“东安子鸡”、“麻辣子鸡”、“红煨鱼翅”、“汤泡肚”、“冰糖湘莲”、“金钱鱼”等。

图 5-11　剁椒鱼头

（8）徽菜。徽菜即安徽菜，是以皖南菜为代表的皖南菜、皖江菜、合肥菜、淮南菜、皖北菜的总称。徽菜以安徽特产为主要原料，选料朴实，在采用民间传统烹调技法的基础上，注重吸收其他菜系的技艺之长。徽菜主要风味特点为咸鲜为主，突出本味，讲究火功，重油重色，味鲜浓郁，汤汁厚重，味道醇厚，保持原汁原味。徽菜在烹调方法上以烧、炖、焖、蒸、熏等技艺为主。徽菜主要起源于古徽州（今黄山市），早在南宋时期，就形成了一个雅俗共赏、独具一格、自成一体的著名菜系，如“沙地马蹄鳖，雪中牛尾狐”就是那时的著名菜肴了。著名的徽菜品种主要有：“符离集烧鸡”、“火腿炖甲鱼”、“腌鲜鳜鱼”、“火腿炖鞭笋”、“雪冬烧山鸡”、“奶汁肥王鱼”、“毛峰熏鲥鱼”、“胡氏一品锅”、“徽州蒸鸡”、“徽州毛豆腐”、“清汤白玉饺”和“翡翠虾仁”（见图 5-12）等。

图 5-12　翡翠虾仁

学习笔记

2. 研学家庭饮食制作技能

研学家庭饮食制作技能，需要按如下内容进行初步的学习和练习：

第一步：学习营养搭配知识，按照“4+1”营养金字塔，配置每日的膳食，即每日应当包括“粮、豆类”“蔬菜、水果”“奶和奶制品”“禽、肉、鱼、蛋”四类食物，以这四类食物为基础，适当增加“盐、油、糖”。

第二步：学习买菜、洗菜、配菜、和面、包饺子、蒸馒头、制作面条、煮饭、洗餐具、收拾饭桌等技能。

第三步：学习刀工，如切菜（见图 5-13）、切肉、鱼肉加工等。

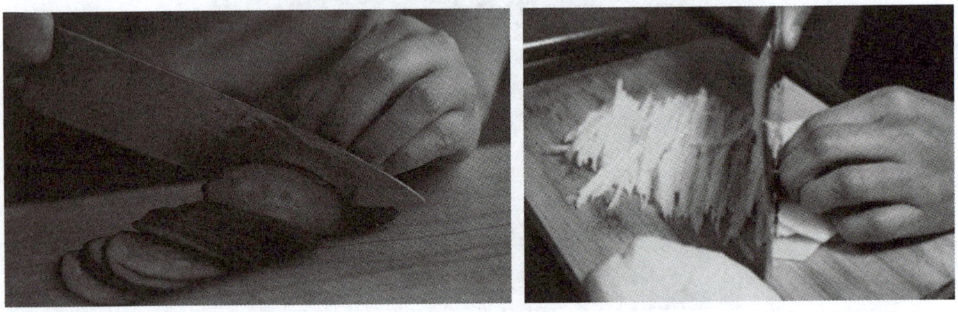

图 5-13　切菜

第四步：根据喜欢的饮食口味，尝试学习具体的面食、米饭、热菜、冷菜等的制作方法和技巧。

3. 为父母制作一份美食

在逐渐掌握饮食制作知识与技能的基础上，尝试进行饮食创新制作，并根据父母喜欢的菜系，为父母创新制作某一种类的面食、米饭、热菜、冷菜等，最后与父母共享和交流制作饮食的经验与技巧，不断提高饮食烹制水平，共同构建和谐幸福家庭。

（六）家庭护理

家庭护理主要是护理病人的生活，关注其体温、脉搏、呼吸、血压等，这些生命体征的变化都反映出病人疾病的好转或者恶化。此外，还应注意病人皮肤黏膜的变化和呕吐物及大小便的颜色、量、形状、次数等。我国孝道文化强调幼敬长、下尊上，要求晚辈尊敬老人，子女孝敬父母，爱护、照顾、赡养老人，让老人颐养天年，享受天伦之乐，这种孝道文化无论过去、现在还是将来，都具有普遍的社会意义，因此为了更好地照料家中的老人或病人，需要学习一下基本的家庭护理知识与技能。

1. 学习家庭护理基本技能

家庭护理包括医疗护理、生活护理、饮食护理、心理护理等。

（1）医疗护理。它包括治疗护理、用药护理、诊察护理等。其中治疗护理包括退热、输液、输氧、排气、排炎、导尿等；用药护理包括督促病人用药，正确服用，观察药物不良反应等；诊察护理包括化验标本的正确采集、做各类检查时的护理等。

（2）生活护理。它包括照顾病人的清洁卫生，如洗头、口腔清洁、淋浴、更衣、

学习笔记

辅床、修剪指（趾）甲等，以及一些必要的消毒等。同时，任何疾病的好转、康复都需要充足的休息和睡眠，因此，生活护理必须创造安宁的环境，保证病人充分的休息与睡眠。

（3）饮食护理。根据病人病种病情的需要，护理人需要制作特定的病号饭，科学合理安排病人饮食，以保证病人补充足够的营养，促进病人机体恢复。

（4）心理护理。当人患病后，特别是某些患较严重疾病的人，患病后会产生不同程度的心理负担，如恐惧、焦虑、烦躁、不安、失眠等，这些都将影响病人的康复。因此，如何减轻病人心理压力是护理的基本内容之一。

2. 家庭护理基本要求

（1）了解护理对象的护理内容，及时向专业医护人员请教，使病人得到尽可能规范和完善的护理服务。

（2）病人居室光线要充足，居室的温度、湿度要适宜，相关日常生活配套设备要齐全。

（3）护理动作要规范、迅速、轻柔，切忌生拉硬拽，避免给病人增加不必要的痛苦。

（4）注意病人的卧位，要保证卧姿舒适。除需要暴露部分身体之外，其余部分要适当遮挡，并注意保暖。

（5）注意清洁卫生操作，护理者要衣帽整洁，最好戴口罩，操作前后要用消毒肥皂洗手。

（6）仔细做好心理护理，了解病人心理状态，做好心理疏导工作。对病人要和蔼可亲，语言要温柔、体贴、入心，使病人尽可能处于接受治疗的最佳心理状态。

（7）护理操作完毕后，整理好病人的衣服被褥，尽可能使病人感觉轻松和舒适。

（8）认真规范地做好病情观察记录和护理记录，以便主治医师参照。

（七）室内空气治理及家庭设施设备维护与维修

家庭设施设备维护与维修包括室内空气治理、房屋基础设施维护与维修（如房屋墙面与地面维护与维修、门窗维修、水暖检修、电路检修等）、家具维护与维修、家电设备维修等。以上家庭设施设备维护与维修业务绝大多数需要专业人士操作，但一些简单的维护和维修工作，我们可在学会使用专业工具、熟知基本知识与技能，以及保障安全的情况下自己进行。

1. 室内空气治理

室内空气治理是指清除室内有毒有害气体，如甲醛、氨、苯系物、TVOC（总挥发性有机化合物）等，使其污染指数达到国家标准。室内空气治理是通过某种方法净化空气，将室内对人体有害的物质进行氧化还原、中和反应、催化分解，还原成对人体没有伤害的物质（水，二氧化碳），进而达到室内净化空气的目的。

家庭室内空气治理主要有如下方法：

（1）居室保持开窗通风。开窗通风让自然风来净化室内空气，这比任何产品都有效，即使使用了空气净化产品也应该保持室内通风，这样不仅有助于自然净化，而且

学习笔记

流通的空气也有助于空气净化产品发挥自身的吸附作用。

（2）居室内摆放绿色植物净化空气。虎皮兰、吊兰、仙人球、芦荟（见图 5-14）、龟背竹、一叶兰等绿色植物具有一定的吸附甲醛功能，在家里摆放一些绿色植物，既可去除甲醛，同时还可美化居室环境。植物虽然可以吸附甲醛，但植物的吸附能力有限，单独靠植物清除甲醛并不现实，只能起到一个辅助作用。

图 5-14 芦荟

（3）居室可设置纳米吸附剂。纳米吸附剂具有优先吸附甲醛、苯、TVOC 等有害气体的功能，可达到净化室内空气净化效果。

（4）采用物理方式净化室内空气。例如，使用活性炭等材料对污染气体进行吸附，就是目前最好的物理净化室内空气方法。

2. 房屋基础设施维护与维修

房屋居住时间长了，其内部的基础设施难免会出现各种维修问题，如需进行房屋墙面与地面的维护与维修、门窗维修、水暖检修、电路检修等。如果家中基础设施出现问题，一般情况下要请专业人员进行维修，如给水系统更换管道、排水系统更换管件、维修供暖系统、更换门锁、改造电路电线、安装网络等。

如果我们自己有一定的专业知识与技能，也配备了专业工具，可在保证安全操作条件下，自己动手解决房屋基础设施的维护与维修问题。例如，紧固螺母（螺栓）、维修桌椅、更换门吸、更换水龙头、疏通排水地漏（见图 5-15）、疏通坐便器（见图 5-16）、更换灯泡、更换各种灯具开关、安装五金挂件等。

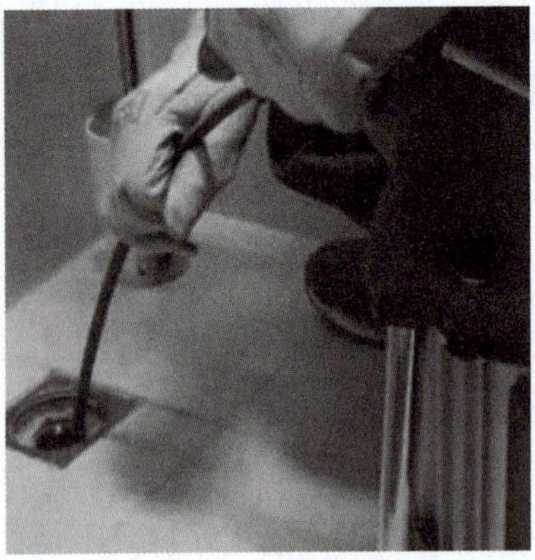

图 5-15 疏通排水地漏

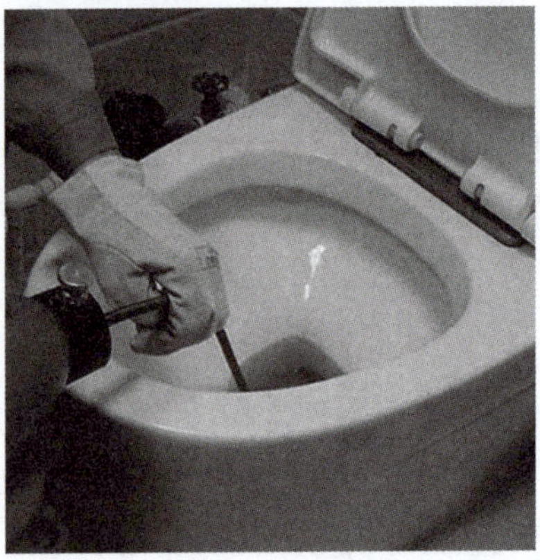

图 5-16 疏通坐便器

3. 家具维护与维修

家庭所用家具按功能分类，可分为过道家具、客厅家具、卧室家具、书房家具、餐厅家具、卫浴家具、厨卫家具（设备）和辅助家具等，如图 5-17 所示。

图 5-17　家具

（1）过道家具。例如，鞋柜、衣帽柜、玄关柜、隔断、雨伞架等。

（2）客厅家具。例如，沙发（三人沙发或者单人）、沙发椅、长（方）茶几、角几（放电话、茶具）、电视柜、酒柜以及装饰柜等。

（3）卧室家具。例如，床、床头柜、榻、衣柜、梳妆台、梳妆镜、挂衣架等。

（4）书房家具。例如，书架、书桌、椅子、文件柜等。

（5）餐厅家具。例如，餐桌、餐椅、餐边柜、角柜、吧台等。

（6）卫浴家具。例如，洗脸盆、坐便器、淋浴屏、浴缸、花洒、墩布池、小便斗、手纸篓、地漏等。

（7）厨房家具。例如，橱柜、挂柜、灶具柜等。

家具维护应定期进行，木制家具清洁时，可用柔软的抹布或海绵以温淡的肥皂水进行擦洗，干透后，再用家具油蜡涂刷使家具光亮。家具维修应请专业人员指导，小问题可以借助专业工具（如电钻、锤子、螺丝刀等）自己动手进行维修。

4. 家用电器维护与维修

家用电器（图 5-18）主要是指在家庭及类似场所中使用的各种电器和电子器具，又称民用电器、日用电器。家用电器让人们从繁重、琐碎、费时的家务劳动中解放出来，为人类创造了更为舒适优美、更有利于身心健康的生活和工作环境，提供了丰富多彩的文化娱乐条件，已成为现代家庭生活的必需品。

（1）家用电器种类。包括开关、台灯、挂灯、电吹风、电风扇、冷风机、空调、抽油烟机、电灶、电冰箱、微波炉、电磁灶、电烤箱、电热水器、电饭锅、洗碟机、吸尘器、饮水机、净水器、扫地机器人、洗衣机、空气去湿器、加湿器、干衣机、电熨斗、地板打蜡机、电子玩具、电脑、电热毯、电热被、电热服、空间加热器、电动

学习笔记

剃须刀、整发器、超声波洗面器、电动按摩器、微型投影仪、电视机、收音机、录音机、录像机、摄像机、组合音响、烟火报警器、电子门铃、电话等。

图 5-18　家用电器

（2）科学使用家用电器。在使用家用电器过程中，应将家用电器放置在合适的环境中，避免高温环境、潮湿环境、腐蚀环境，并保障家用电器安全使用。

（3）家用电器清洗。要重视家用电器清洗，因为家用电器经过一段时间使用后，其强烈的静电会牢固吸附大量灰尘和污垢，使得家电内部逐渐变成家庭内藏污纳垢、滋生细菌的“窝点”，给家人的健康带来较大危害。而且，环境中的静电微粒、金属尘埃、油烟等会在家用电器的元件和电路板上形成一层污垢膜，使得家电运行时产生的热量不能正常散发，严重影响家用电器的稳定性和正常运行，导致耗电量增大、使用寿命缩短、功能紊乱、短路、烧坏电子元件，甚至引发火灾等。因此，根据家用电器的特点和功能，选择科学安全的清洗方法，对家电进行彻底地清洗和消毒，让家用电器更加清洁，更有利于家人的身体健康。

（八）购物

购物看似很简单，实际上蕴含很多技巧、方法、生活理念和持家经验，显示了平凡生活中的琐碎和不易。因此，建议同学们向父母学习购物经验，学会勤俭持家，增强感恩父母的情感。

在购物时，首先要树立货比三家意识，不怕麻烦、勿急，看看哪家的物品便宜点；第二，要注意物品的质量，做到经济实惠；第三，多注意商家有没有优惠活动，做到物美价廉；第四，把为家族购物当作生活乐趣，增添家庭和谐幸福。

学习笔记

（九）家庭废物利用

开展家庭废物利用活动不仅需要树立绿色环保意识，还需要利用所学知识与技能对家庭废物进行创新设计与应用，制作创新工艺品、收纳盒、桌椅、玩具等，美化庭院和居室，增添生活乐趣，方便生活物品保存和查找等。例如，将各种精致的小型包装盒进行废物利用，制作抽屉的分区盒，提升抽屉利用效能，方便进行物品分类分盒存放，保持抽屉整洁有序。再如，利用废花盆制作特色花卉（见图 5-19），利用铝制易拉罐、洗涤剂瓶等制作艺术品（见图 5-20），利用废牛奶瓶制作艺术花篮，利用扇贝壳制作艺术蜡烛基座等。可以说，家庭废物利用可以让你有无限遐想，你有多少创新想法，就能创作出很多新奇的作品，同学们赶快动手实践吧。

图 5-19　特色花卉

图 5-20　洗涤剂瓶制作的艺术品

主题六　积极参加职业技能等级证书培训与认定活动

一、职业技能等级证书概述

职业技能等级证书是反映劳动者职业技能水平的凭证，各类职业技能等级证书具有同等效力，持有证书人员享受同等待遇。

2019 年，国务院常务会议决定分步取消水平评价类技能人员职业资格，推行社会化职业技能等级，会议指出，按照党中央、国务院部署，深化“放管服”改革，将

学习笔记

技能人员水平评价由政府认定改为实行社会化等级认定，接受市场和社会认可与检验。这是推动政府职能转变、形成以市场为导向的技能人才培养使用机制的一场革命，有利于破除对技能人才成长和弘扬工匠精神的制约，促进产业升级和高质量发展。会议确定，从 2020 年 1 月起，除与公共安全、人身健康等密切相关的消防员、安检员等七个工种依法调整为准入类职业资格外，用一年时间分步有序将其他水平评价类技能人员职业资格全部退出国家职业资格目录，不再由政府或其授权的单位认定发证；同时，推行职业技能等级制度，制定发布国家职业标准或评价规范，由相关社会组织或用人单位按标准依规范开展职业技能等级评价、颁发证书。已发放的水平评价类技能人员职业资格证书继续有效。会议要求稳妥推进现有职业资格实施机构职能调整，做好工作衔接。

根据《国务院关于印发国家职业教育改革实施方案的通知》（国发〔2019〕4 号）文件精神，鼓励职业院校学生在获得学历证书的同时，积极取得多类职业技能等级证书，拓展就业创业本领，缓解结构性就业矛盾。职业院校内培训可面向社会人群，职业院校外培训也可面向在校学生。各类职业技能等级证书具有同等效力，持有证书人员享受同等待遇。职业院校内实施的职业技能等级证书分为初级、中级、高级，是职业技能水平的凭证，反映职业活动和个人职业生涯发展所需要的综合能力。

有序开展学历证书和职业技能等级证书所体现的学习成果的认定、积累和转换，为技术技能人才持续成长拓宽通道。职业院校对取得若干职业技能等级证书的社会成员，支持其根据证书等级和类别免修部分课程，在完成规定内容学习后依法依规取得学历证书。对接受职业院校学历教育并取得毕业证书的学生，在参加相应的职业技能等级证书考试时，可免试部分内容。

二、职业技能等级证书认定

国家择优遴选职业技能等级认定培训评价组织。职业技能等级认定培训评价组织应对接职业标准，与国际先进标准接轨，按有关规定开发职业技能等级标准，负责实施职业技能考核、评价和证书发放。政府部门加强监管，防止出现乱培训、滥发证现象。行业协会积极配合政府，为培训评价组织提供好服务环境支持，不得以任何方式收取费用或干预企业办学行为。

三、如何获取职业技能等级证书

想获得职业技能等级证书，一定要认准经人力资源社会保障部门备案公布的评价机构。可以通过参加职业技能等级认定机构组织的培训和认定取证，也可通过参加人力资源和社会保障部门主办的职业技能竞赛取证。

拓展知识

职业资格证书和职业技能等级证书的区别

两者的级别不同：职业技能等级证书是一个证明大家所从事的岗位应具备的

学习笔记

技术能力的证书。职业资格证书是国家证书制度的一个组成部分，它通过国家法律、法令和行政条规的形式，由国家相关职能部门认定和授权机构来实施，在全国范围内通用，对劳动者的从业资格进行认定的国家证书。

两者的定位不同：职业技能等级证书是经职能部门备案公布的评价机构（或企业）每年进行技能认定工作时，通过对理论知识、实际操作操能力的考核给出的等级证明。职业资格证书是表明劳动者具有从事某一职业所必须具备的学识和技能的证明，证明劳动者具有和达到某一职业所要求的知识和技能标准。

温故知新　巩固基础知识

一、名词解释

1. 勤工助学　2. 志愿服务　3. 公益劳动　4. 社会实践　5. 社会调查研究　6. 家务劳动

二、填空题

1. 在校生参加校内勤工助学活动前，应当与学校的学生勤工助学管理服务组织部门签订具有法律效力的________书。

2. 志愿服务的精神：奉献、________、________、进步。

3. 志愿服务的特征是：志愿性、________性、________性、组织性。

4. 志愿服务的功能是：社会________；社会________；社会整合；社会教化；促进社会和谐；促进社会进步。

5. 中国志愿者旗帜和服装以________、________、白为基本色调。

6. 中国志愿服务理念是：学习________，奉献他人，提升________。

7. 公益劳动内容包括工农业________劳动和各种________性劳动。

8. 社会实践主要分为________社会实践和________社会实践两大类型。

9. 公益劳动内容包括工农业________劳动和各种________性劳动。

10. 家务劳动主要包括家居保洁、整理________、衣物________、垃圾________、饮食制作、护理患者、家庭设施设备维护与维修、为家族购物、废物利用等。

11. 家庭护理包括医疗护理、________护理、________护理、心理护理等。

12. 目前，中国生活垃圾一般可分为四大类：________垃圾、________垃圾、有害垃圾和其他垃圾。

三、简答题

1. 勤工助学岗位的应聘技巧有哪些？

2. 如何组织社区志愿服务活动？

3. 如何组织社会公益劳动活动？

4. 开展社会实践的基本原则有哪些？

5. 社会调查研究的步骤有哪些？

6. 开展家务劳动实践的基本原则有哪些？

学习笔记

劳动光荣　积极参加课外劳动实践活动

1. 关注勤工助学，制订实施计划，探索参与勤工助学劳动实践活动，并全面总结勤工助学劳动实践活动的认识和体会，与同学相互交流劳动经验和劳动成果。

2. 关注社区志愿服务，制订实施计划，探索参与社区志愿服务实践活动，并全面总结社区志愿服务实践活动的认识和体会，与同学相互交流实践经验和实践成果。

3. 关注社会公益劳动，制订实施计划，探索参与社会公益劳动实践活动，并全面总结社会公益劳动实践活动的认识和体会，与同学相互交流劳动经验和劳动成果。

4. 关注社会实践与社会调查研究活动，制订实施计划，探索参与社会实践与社会调查研究活动，并全面总结社会实践与社会调查研究活动的认识和体会，与同学相互交流实践经验和实践成果。

5. 关注家务劳动实践活动，制订实施计划，探索参与家务劳动活动，并全面总结家务劳动活动的认识和体会，与同学相互交流劳动经验和劳动成果。

6. 关注职业技能等级证书培训与认定活动，制订参与计划，探索参与职业技能等级证书培训与认定活动，并与同学分享职业技能等级证书培训与认定活动的认识和体会。

劳动美丽　用情景剧展示劳动实践活动

围绕本单元的各项劳动实践活动，同学之间团结协作，组织拍摄一段有关勤工助学、社区志愿服务、社会公益劳动、社会实践、社会调查研究、饮食制作的微视频，向班级、老师和学校展示美丽的劳动实践过程，营造劳动美丽、劳动光荣、技能宝贵、创造伟大的氛围。

技能宝贵　开展劳动技能竞赛活动

围绕本单元的各项劳动实践活动，以班级为单位，针对家务劳动的某一技能（或几项技能综合），全班以分组（或以个人）参赛方式，开展劳动技能展示和竞赛活动，培养精湛的劳动技能。

考核评价　劳动成果与行为表现评价

通过积极参加系列劳动实践与学习活动，你的劳动表现、学习效果及劳动成果可按如下标准进行评价：

学习笔记

劳动成果与行为表现考核评价表

（考核时间：________-________学年________学期）

序号	评价内容	满分值	评价主体及权重			实际得分
			自评（10%）	组评（20%）	师评（70%）	
1	劳动计划	10				
2	劳动过程	10				
3	劳动态度	10				
4	劳动方法	10				
5	劳动成果	10				
6	沟通表达	10				
7	团结协作	10				
8	创新思维	10				
9	安全规范	10				
10	劳动总结	10				
合计		100				
评价等级						
简述劳动心得						
评级标准		总得分大于85分（含85分），为“优秀”；总得分在85～70（含70分），为“良好”；总得分在70～60（含60分），为“一般”；总得分小于60分，为“待提高”				

学习笔记

参考文献

[1] 教育部职业教育中心研究所. 劳动教育读本 [M]. 北京：高等教育出版社，2021.

[2] 盛鸿宇. 新时代大学生劳动教育 [M]. 北京：中国铁道出版社有限公司，2024.

[3] 徐军，宁齐元. 新时代大学生劳动教育教程 [M]. 北京：中国铁道出版社有限公司，2022.

[4] 安鸿章. 劳动实务 [M]. 北京：北京理工大学出版社，2020.

[5] 潘维琴，王忠诚. 劳动教育与实践 [M]. 北京：机械工业出版社，2022.

[6] 新时代劳动教育理论与实践编写组. 新时代劳动教育理论与实践 [M]. 北京：新华出版社，2020.

[7] 韩莉莉. 新时代马克思劳动观的内涵与价值 [J]. 人民论坛.

[8] 孙科炎. 中华传统技艺 [M]. 北京：高等教育出版社，2017.

[9] 重庆市卫生健康委员会. 公众卫生应急技能手册 [M]. 北京：人民卫生出版社，2019.

[10] 乐国安. 社会心理学 [M]. 北京：中国人民大学出版社，2009.

[11] 徐智华. 劳动法学 [M]. 北京：北京大学出版社，2008.

[12] 潘维琴，王忠诚 . 劳动教育与实践 [M]. 北京：机械工业出版社，2021.

[13] 袁国，徐颖，张功 . 新时代劳动教育教程 [M]. 北京：航空工业出版社，2020.

[14] 史钟锋，董爱芹，张艳霞. 新时代大学生劳动教育 [M]. 北京：清华大学出版社，2023.

[15] 卢进，蔡林礼，徐礼超. 劳动实践教程 [M]. 北京：高等教育出版社，2023.

[16] 朱艳，田丽红. 大学生生活指导 [M]. 北京：电子工业出版社，2019.

[17] 莫玲玲，杜峰，夏小惠. 大学生劳动教育 [M]. 北京：中国人民大学出版社，2022.